《歌谣》周刊与新文学的建构

张 敏◎著

新华出版社

图书在版编目（CIP）数据

《歌谣》周刊与新文学的建构 / 张敏著. -- 北京：
新华出版社，2020.11
　　ISBN 978-7-5166-5480-4

　　Ⅰ. ①歌… Ⅱ. ①张… Ⅲ. ①期刊研究－中国②新文
学(五四)—文学研究 Ⅳ.①G255.2②I206.6

　　中国版本图书馆 CIP 数据核字(2020)第 214086 号

《歌谣》周刊与新文学的建构

作　　者：张　敏

责任编辑：徐　光

封面设计：品诚文化

出版发行：新华出版社

地　　址：北京市石景山区京原路 8 号　　　　　　邮编：100040

网　　址：http://www.xinhupub.com

经　　销：新华书店

　　　　　新华出版社天猫旗舰店，京东旗舰店及各大网店

购书热线：010-63077122　　**中国新闻书店购书热线：**010-63072012

照　　排：成都品诚文化传播有限公司

印　　刷：四川科德彩色数码科技有限公司

成品尺寸：170mm×240mm

印　　张：18.5　　　　　　　　　字　　数：322 千字

版　　次：2020 年 11 月第一版　　印　　次：2020 年 11 月第一版印刷

书　　号：978-7-5166-5480-4

定　　价：68.00 元

河南省哲学社会科学规划项目：延安文艺"人民性"建构的传统民间资源向度研究（2019BWX006）阶段性成果

河南省软科学项目：河南红色歌谣的搜集整理和推广传播研究（202400410339）阶段性成果

中国博士后科学基金第 67 批面上资助项目：延安文艺"人民性"建构的形式机制与美学阐释（2020M672189）

河南省博士后基金资助项目："歌谣"与新文学的"人民性"研究（1901025）

河南科技学院高层次人才科研启动经费项目：《歌谣》周刊与新文学的"现代"建构（2018030）

目 录
Contents

绪　论

　　19 世纪末 20 世纪初的中国历史，既是社会现代转型的开端，也是文学现代启蒙的起始。在社会现实层面，科学、民主、平等的价值观念推动了各个方面的变化，而在文化文学领域则出现了比较复杂的体验和现象：一方面渴求西风美语能带来人文价值革新，认为西方的价值体系和人文观念能够革新中国文化文学，另一方面在国家民族的危亡中无法完全抛弃传统，期冀在西方的启示下通过整理国故而推陈出新，抑或是说，转型中的知识分子希望能从本民族的文化资源中寻求建构新文学的力量，从民族之根中得到建设新文学的启示，并想象着从中挖掘出面向新时代的具有中国独特经验的文学表达。新文学不仅需要从西方文化中获取合法性的凭据，更需要从本民族的文化传统中寻求历史凭证。《歌谣》周刊即是在这样的历史语境中产生的。

　　1918 年初，刘半农和沈尹默提出在全国范围内征集歌谣的主张，他们的建议得到了北大校长蔡元培的采纳。是年 2 月 1 日，《北京大学日刊》即刊登征集全国近世歌谣的简章，拉开了歌谣运动的序幕。周作人、胡适等新文化先驱陆续加入，掀起民间文学研究的热潮。为了对歌谣进行更好的搜集、整理与研究，北大歌谣研究会借助国学门这一平台于 1922 年 12 月 17 日创办了《歌谣》周刊，刊登从各地征集来的歌谣以及研究性的理论文章。在这一过程中，歌谣中的风俗和方言问题浮出水面并亟待解决，国学门随之成立了风俗调查会和方言研究会，并将《歌谣》周刊当作两会的刊物和学术交流的媒介，以讨论研究风俗和方言之各种问题。1925 年 6 月 28 日《歌谣》周刊在出满 97 期后并入北京大学研究所《国学门周刊》。1936

年 4 月 4 日，《歌谣》周刊在文学大众化的时代大潮中复刊，重新专注于讨论歌谣对新文学的范本意义。复刊后出版两卷 53 期，1937 年 6 月 26 日停刊。《歌谣》周刊历经 20 世纪的 20 年代和 30 年代，前后共出版了 150 期，是现代文化史上持续时间较长，影响较大的期刊之一。

《歌谣》周刊在知识分子乃至知识民众中间产生了不小的影响，刘半农、周作人、胡适、顾颉刚等以前所未有的热情把目光放在歌谣、谚语、传说这些原本不登大雅之堂的底层文学中，与其说这是民族民间文学的复兴，倒不如说是一群有志于新文化和新文学建设的知识分子，对长期被忽略的中国"小传统"① 的发现和再认识，是他们在社会转型期中的文化革新与文学建设的重要表征。抑或是说，通过对歌谣的发掘、研究、阐释、转化进而重构新的文学传统。

雷蒙·威廉斯曾言"在历史上任何一个社会力量明显变动的时期，我们需要直面的最困难的任务，都是重新衡量那些被继承下来的传统的复杂过程"。② 在百年后的今天，我们回顾和反思中国文化文学发生发展的历程，首先应该观照传统文化再认识和建构新兴文化的起点，它不仅记录和反映着 20 世纪早期中国文学探索革新的宝贵经验与复杂矛盾，也在一定程度上影响了一个世纪以来文学的发展轨迹。从这个意义上，《歌谣》周刊与《新青年》等刊物一样，具有透视文化革新和文学审美的重要意义，然而学界对它的研究，却远远不及《新青年》《晨报副刊》《小说月报》等名刊。

通过对《歌谣》周刊诞生发展的考察，对原始资料的细致整理和爬梳剔抉，发现五四以来的重要作家、文学思潮、文学现象以及文学理论都绕

---

①所谓"小传统"，来自美国人类学家 Robert Redfield 的社会分层理论，后来余英时、钟敬文等学者对此都进行了阐释。尽管有所不同，但总的来说，大传统指上层精英文化，小传统指一般的社会大众，尤其是乡民或俗民所代表的生活文化。Robert Redfield. Peasant Society and Culture. Chicago：University of Chicago press，1956，p70；余英时：《士与中国文化》，上海：上海人民出版社，2003 年，第 129—134 页；钟敬文：《话说民间文化》，北京：人民日报出版社，1990 年，第 2—4 页。

②Raymond Williams . Culture and Society：1780—1950. New York：Columbia University Press，1983. P322. 转引自曹成竹：《歌谣运动的"情感结构"—关于中国歌谣运动的回顾与反思》，博士学位论文，南京大学，2011 年，第 1 页。

不开它。直接参与歌谣征集活动的有刘半农、周作人、胡适、鲁迅、沈尹默、沈兼士、钱玄同、李大钊、黎锦熙、何植三、顾颉刚、林语堂、钟敬文、台静农、梁实秋、朱光潜、朱自清、李长之、林庚、沈从文、陈梦家、徐芳、李素英等，间接受歌谣运动影响的有郭沫若、刘大白、郑振铎、徐志摩、李金发等，也就是说，五四文学革命的重要核心人物几乎都参与了北京大学歌谣征集活动。20世纪30年代的一些重要文学理论家和诗人、作家也参与其中，新文学的色彩和广泛的影响可见一斑。

20世纪20年代《歌谣》周刊与新诗的关系自不待言，与生俱来地带有证明白话新诗可行性与正当性的重大使命。五四时期平民文学、方言文学思潮以及白话文运动、国语建设、方言调查等文学活动都与《歌谣》周刊有着千丝万缕的联系。"一切新文学来源于民间"，《歌谣》建构了新文学的另一传统，引导了民族语言形式和民间审美走向。同时，它集中刊载了大量的情歌、儿歌、妇女歌，与五四"人的文学"有着内容上的同构，是转型的知识分子对传统的民间歌谣进行的现代意义重构，推进了立人、儿童的发现、妇女解放等新文学的重大启蒙主题。复刊后的《歌谣》同样与20世纪30年代的新诗建设与语言革新有着紧密关联。新诗发展到20世纪30年代，面临着"中文写外国诗"的质疑，如何创作中国的新诗成为迫切需要解决的问题。20世纪30年代《歌谣》从正反两面进行着新诗的本土化和诗性探索，蕴含着新诗发展的自我焦虑，是中国新诗自我发展愿望之体现。歌谣内涵的变化和记录方式的改变呈现出新文学语言革新的曲折性与复杂性，其注重民众接受的思想自觉预示着新文学大众化、民间化、通俗化的发展趋向。

可以说，作为新文化运动产儿的《歌谣》周刊多层面地参与并渗透于新文学的发展建构中。进一步说，以北大为中心的歌谣运动本身就是五四文学革命的题中之义，从20世纪20年代《歌谣》的诞生发展到20世纪30年代《歌谣》内容方式的变迁本身就是新文学自我建构的有机组成部分，是新知识分子在西方文学影响之外开辟的中国新文学的另一传统。《歌谣》周刊既作为不可或缺的文化因子对新文学起到启迪、促进、推动作用，又是传统与现代、平民（大众）与贵族（精英）、本土（民族）与外来（西方）、激进与保守等力量的张力反应，体现了新文学发展过程中的复杂曲折和艰难。而在以往的研究中，这一点鲜有得到充分的认识和关注。因此，《歌谣》周刊虽然是本土民间资源参与新文学建构的个案，却可见微知著，无论对于新文学研究还是期刊本身都具有重要的意义，一定程度上能推进现有成果。

一方面，对于新文学研究的意义。《歌谣》周刊较之《新青年》等名刊看似不起眼，却关涉民族国家、传统重构、文化革新、审美变迁等重大理论问题，集中了周作人、刘半农、胡适等文学革命大将，与新文学的思想建设、语言革新、新诗建构紧密相关，而且跨越两个时代，体现出新文学观念由五四到20世纪30年代的变迁，因此《歌谣》的角度能够形成极具凝聚力的视角，以此窥见本土（民族）/外来（西方）、平民（大众）/贵族（精英）、保守/激进等不同力量在新文学中的冲突抵牾、博弈渗透、嬗变转化，也深切体会中国新文学由传统向现代转型中的独特经验和民族民主诉求。有学者指出，"新文学"指发端于文学革命的一个新的文学传统，它应该在包括旧文学、俗文学（民间文学）的混沌中交际、对抗、包容、互换，在复杂的场域与对话体中论述才能有更广阔的背景可供论述。①我们从《歌谣》周刊以及相关的实践活动为角度观照新文学，可以为新文学的建构增添一个必要的考察角度，它对于我们更好地认识新文学的发生，丰富对中国新文学的理解有着深远的意义。比如周作人的平民文学观、儿童学理论都是学界研究得相当成熟的领域，但本书的研究可以为这些观念的发生发展提供别样的视角。同样，对于方言文学创作、言文一致的意义与限度、新诗的自我建构也是如此。

另一方面，对于期刊本身的研究价值。学界往往把《歌谣》周刊看作歌谣征集活动自然而然的结果，将刘半农、周作人、胡适等视为"歌谣共同体"整体论之，并把复刊后的《歌谣》视为此前的延续。这种思路能够集中评价刊物的社会意义与思想价值，却有不少理论盲点，对很多问题无

---

①王风：《文学革命的胡适叙事与周氏兄弟路线——兼及"新文学""现代文学"的概念问题》，《中国现代文学研究丛刊》，2006年第1期。

法给予充分合理的解释：为什么 1918 年初北大就开始歌谣征集，直到近 5 年后《歌谣》周刊才得以诞生？始于平民文学的《歌谣》为何走向了精英学者的专业研究？复刊后的《歌谣》为何无疾而终？如果从社会历史的外在层面探讨这些问题，则很难透彻理解深层原因，而如果将《歌谣》的形成发展视为新文学自我建构的有机部分，就能避免认识上的整体化和简单化。"歌谣共同体"参与征集活动本是他们各自对新文学的不同想象与建构；从 20 世纪 20 年代到 30 年代《歌谣》的变化其实是新文学各种矛盾张力的自然体现。这种思路能深入探查到刊物诞生发展的内在轨迹，进而推动《歌谣》周刊乃至歌谣运动的研究。

综上，选题意义与写作意义集中于两个方面：一、从《歌谣》周刊透视新文学，为其发生发展提供新鲜且重要的视角和元素，以此丰富对新文学的认识，窥见中国新文学自我建构过程中的复杂经验和民族性诉求。在当下文化自信的语境下[①]，为百年新文学的民族性本质贡献自己的一份思考；二、从新文学反观《歌谣》周刊，在特定的历史语境与文化场域中，寻绎其诞生发展的深层轨迹，考察其间民族、民主、民间的缠绕与互动，不同参与者对"平民""歌谣"这些核心概念迥异且不断变化的想象与建构，以此来弥补现有研究的整体简单之弊，为百年前的歌谣运动呈上细致的回顾与反思。

关于《歌谣》周刊及其相关研究，目前学界大致集中于以下三个方面：

一是论述《歌谣》周刊对开创民俗学学科、培育一代民间文化学者的重要意义。如钟敬文《"五四"时期民俗文化学的兴起》（《北京师范大学学报》，1989 年第 3 期）、陈永香《对北大歌谣运动的再认识》（《上海师范

绪论

XULUN

大学学报》，2000 年第 8 期)、朱爱东《双重视角下的歌谣学研究——北大〈歌谣周刊〉对中国歌谣学研究的贡献》(《思想战线》2002 年第 2 期)、王文宝《北大歌谣研究会与〈歌谣〉周刊》(《文史知识》，1998 年第 5 期)、《〈歌谣周刊〉与北京大学风俗调查会》(《民俗研究》，1986 年第 2 期)、刘锡诚《北大歌谣研究会与启蒙运动》(《民间文化论坛》，2004 年第 3 期)，他们将《歌谣》周刊看作是民俗学学科创立的代表刊物，强调其对于中国现代民俗学、民间文艺学的开创性意义。1962 年，《歌谣》周刊创刊 40 周年时，一些亲历者写下了回忆文章，如常惠《回忆〈歌谣〉周刊》(《民间文学》1962 年第 6 期)、顾颉刚《我与〈歌谣〉》(《民间文学》1962 年第 6 期)、魏建功《〈歌谣〉四十年》(《民间文学》，1962 年第 1－2 期)、周启明《一点回忆》(《民间文学》，1962 年第 6 期) 等。新时期以来，民俗学者在《歌谣》创刊 60、70、80、90 年之际往往推出纪念文章，如夏学銮《纪念北大〈歌谣周刊〉六十周年 北京大学民俗学会成立》(《北京大学学报》，1983 年第 1 期)；钟敬文《〈歌谣〉周刊·我与她的关系——纪念该刊创刊 70 周年》(《民间文学论坛》，1992 年第 6 期)；陈岗龙《钟敬文先生与北大〈歌谣周刊〉》(《民族艺术》，2002 年第 2 期)；高有鹏、施爱东、陈建宪等《〈歌谣〉周刊创刊九十周年纪念专辑》(《民间文化论坛》，2012 年第 6 期) 等。这些文章为本书提供了不少史料上的支持。

二是从思想史、文化史的角度研究"歌谣运动"，《歌谣》周刊作为运动中心而被分析探讨。颇具影响力的几部专著有洪长泰著、董晓萍译《到民间去——中国知识分子与民间文学 1918—1937 (新译本)》(中国人民大学出版社，2015 年)；赵世瑜《眼光向下的革命——中国现代民俗学思想史论》(北京师范大学出版社，1999 年)；徐新建《民歌与国学——民国早期"歌谣运动"的回顾与思考》(巴蜀集团，2006 年)；曹成竹：《歌谣运动的"情感结构"——关于中国歌谣运动的回顾与反思》(南京大学，2011 年博士论文)。这些成果将歌谣运动与当时的社会历史语境相联系，认为中国社会的转型和剧变与新知识群体的观念转变是一个交互的过程，侧重于知识分子的文化姿态。特别是曹成竹的博士论文借用马克思主义文化批评家雷蒙·威廉斯的"情感结构"理论来分析歌谣参与者的情感诉求和心理张力，新颖而深入，本书从中受益匪浅。另有户晓辉《现代性与民间文学》（社会科学文献出版社，2004 年）、吕微《现代性争论中的民间文学》（《文学评论》，2000 年第 2 期）从现代性视野下的"民"的内涵问题入手，认为包括歌谣征集运动在内的文学潮流是知识分子的现代性体验与民族国家建构的渴望之间张力作用的结果，侧重于对历史语境中歌谣现代性特征的发现与挖掘。张弢《现代报刊中的"歌谣运动"研究》（南京师范大学 2013 年博士论文），从传媒学的角度对《歌谣》周刊的传播进行分析，认为歌谣运动是借助报刊传媒而呈现的知识分子的文化反思。这部分研究成果不乏真知灼见，对本书的写作有很大的思想启示。

三是围绕歌谣运动与新文学的互动进行研究。一些论述民间文学与作家文学之关系的专著中有内容和《歌谣》周刊相关。代表成果有王光东《新文学的民间传统——"五四"至抗战前的文学与"民间"关系的一种思考》（山东教育出版社，2010 年）、陈泳超《中国民间文学研究的现代轨辙》（北京大学出版社，2005 年）、高有鹏《中国现代民间文学史论》（河南大学出版社，2004 年）、刘锡诚《20 世纪中国民间文学学术史》（中国文联出版社，2014 年）等。这些著作均涉及了刘半农、周作人、胡适、朱自清等新文学作家的民间文学实践以及两者之间的互动交融。一些成果侧重五四时期民间资源对新文学的价值意义，如王文参《五四新文学的民间文学资源》（兰州大学，2006 年博士论文）、刘进才《新文学建构中的民间语言资源——以〈歌谣〉周刊、〈国语周刊〉为中心》（专著《语言运动与中国现代文学》第七章，中华书局，2007 年）、赵黎明《开辟新文学的另一种传统——〈歌谣〉周刊活动与五四新文学的构建》（《长江学术》，2009 年第 1 期）、《五四歌谣方言研究与"国语文学"的民族性诉求——以北大"歌谣研究会"及其〈歌谣〉周刊的活动为例》（《学术论坛》，2005年第 12 期）、胡慧翼《论"五四"知识分子先驱对民间歌谣的发现》（《西南民族大学学报》，2003 年第 3 期）、姚涵《"歌谣"与五四新文学的生成》（《文艺争鸣》，2007 年第 5 期）。还有一部分成果着重从歌谣与新诗的关系进行论述，如张桃洲《论歌谣作为新诗自我建构的资源：谱系、形态与难题》（《文学评论》，2010 年第 5 期）、汪青梅《歌谣与新诗——歌谣运动的理论论争和创作实践考察》（《文艺争鸣》，2011 年第 11 期）、刘继林《民间话语与五四新诗》（华中师范大学，2011 年博士论文）、《民间歌谣与五四新诗的现代性建构》（《厦门大学学报》，2017 年第 5 期）等。这些成果都看到了歌谣运动与新文学之间的关系，探寻新文学中的民间传统和民间文学资源，或讨论民间文学与作家文学的互动，或侧重五四新文学的民间资源，或着重论述歌谣与新诗的关系。

以上成果是本书展开的学术基础，为文章写作提供了史料的支持、思想的启发和方法论的启示。综观现有成果，仍然有研究的空间：

一、缺乏对《歌谣》周刊本身的全面的探讨。《歌谣》周刊常被纳入"歌谣运动"①中进行论述，亲历者或民俗学者看重的都是与五四文学革命相对应的 20 世纪 20 年代《歌谣》，对复刊后的《歌谣》周刊重视不够。要么一笔带过，要么将它们放置在共同的话语空间，鲜有看到两个年代之间内在的变化差异，也没有对刊物形成的波折、期间的调整变化以及两次停刊的原因做出深入分析。另外，研究过于整体化，未能充分呈现歌谣共同体中的不同个人的多维文学诉求、情感姿态以及不断变化的歌谣观念。

二、缺乏对《歌谣》周刊与新文学建构之间的内在关联做具体而细致的探寻，在研究刊物与新文学的关系时，也多论述五四时期。一些研究其至认为复刊后的《歌谣》对 20 世纪 30 年代文学特别是新诗没有明显影响而缺乏价值意义②，鲜有看到其正是新文学自我建构、自我发展中的矛盾体现与探索表征。

本书将《歌谣》周刊本身作为研究对象，从它的产生背景（始）、20 世纪 20 年代到 30 年代的发展变化乃至两度停刊（终）进行讨论，探讨新文学之间的各种张力；试图突破"影响论"这一后设思路，不去孤立谈论刊物对新文学的影响（外），而是将《歌谣》以及围绕此而进行的实践活

---

①钟敬文将"歌谣运动"限定在 1918—1925 年之间，并未包括 1936 年的"复活"活动。这成为学界普遍认可的看法。钟敬文：《"五四"前后的歌谣学运动》，《中国民间文学论文选（1949—1979）》（上册），上海：上海文艺出版社，1980 年，第 389 页。
②刘继林：《民间话语与五四新诗》，博士学位论文，华中师范大学文学院，2011 年，第 85 页。

动视为新文学自我建构的有机组成部分（内），从《歌谣》周刊这一具体个案来探寻本土的民间资源是如何作为重要的文化因子参与、促进、内化于新文学之中的，考察"歌谣共同体"在引进西方传统的同时开辟的本土民间传统，从而呈现中国新文学建构的另一片风景以及其中的经验乃至困境。在原始史料挖掘的基础上，进一步思考中国新文学的民族性与现代性问题。

对于《歌谣》周刊的研究，以往多采用民俗学、语言学、传媒学、社会学等研究方法，而本书在借鉴这些方法的同时，更多的是将研究对象放置在新文学发展的历史脉络中，力求以开阔的文学史视野去观照这份刊物，考察其与新文学的内容建设、形式革新，与文学思潮、现象以及作家、作品的关联，坚持跨学科研究中的"文学性"研究，通过广泛并细致阅读相关文献对《歌谣》周刊与五四至 20 世纪 30 年代新文学之间的互动进行客观系统的描述。本书研究时基本采用的是原始史料，特别是《歌谣》周刊乃第一手材料，通过对大量原始材料的细致梳理、爬梳剔抉、分类整理，对登载歌谣的数量统计、重点文章的文本细读来发现并捕捉其中的文学问题，并凝练提升至理论上的探讨。同时，还采用了比较研究的方法，对于 20 世纪 20 年代与 30 年代的《歌谣》周刊进行对比研究，考察新知识分子对歌谣内涵的不同理解、记录歌谣方式的变化、对歌谣不同层面文学价值的汲取，由此看到新文学观念的发展变迁，体察"歌谣"这一符征与符旨之间有着巨大张力的特殊文学资源在新文学建构中的参与和作用。

第一章 "歌谣共同体"的想象
与《歌谣》周刊的诞生

　　一百年前，蔡元培接受刘半农、沈尹默的建议于 1918 年 2 月 1 日的《北大日刊》头版上发布特殊而醒目的《校长启事》①，以北京大学校长的名义向全体师生乃至内地各处的报馆、学会及杂志社征集全国的近世歌谣②。同时刊登的还有刘半农起草的《北京大学征集全国近世歌谣简章》，对征集事宜做进一步的说明并提出要在相当期限内刊印《中国近世歌谣汇编》和《中国近世歌谣选粹》。③ 这般大张旗鼓、兴师动众，把不登大雅之堂、民众口耳相传的歌谣视为珍宝广泛征集和研究是前所未有的现象，由此拉开了歌谣运动的序幕，并以北京大学歌谣征集处为中心向四处蔓延开来。新文学大将刘半农、周作人、胡适、沈尹默、钱玄同、鲁迅等致力于民族新文学的重建，在批判旧的文言文学形式和庙堂文学、正统文学的同时，不约而同地向下发起、参与了歌谣征集活动，构成了一个鲜明的"歌

---

　　①蔡元培：《校长启事》，《北京大学日刊》，1918 年 2 月 1 日，第 1 版。具体如下："教职员及学生诸君公鉴：本校现拟征集全国近世歌谣，除将简章登载日刊，敬请诸君帮同搜集材料，所有内地各处报馆、学会及杂志社等，亦祈各就所知，将其名目、地址函交法科刘复君，以便邮寄简章，请其登载。此颂公绥。（简章见本日纪事栏内）蔡元培敬白"。

　　②当时北京大学不但是全国最高学府，而且是全国最高教育行政机关，统管全国教育，行使今天教育部的职能。《北京大学校史（1898—1949）》（增订本），第 11—12 页，北京大学出版社 1988 年；张弢：《现代报刊中的歌谣运动研究》，博士学位论文，南京师范大学，2013 年，第 18 页。

　　③刘半农：《北京大学征集全国近世歌谣简章》，《北京大学日刊》，1918 年 2 月 1 日，第 1—2 版。

谣共同体"。① 不过，"歌谣共同体"展现了多维关注点，他们参与歌谣征集其实源于各自对新文学的不同想象与建构，例如刘半农看重歌谣是新诗创作的宝贵资源，胡适青睐其完全符合自己对言文一致白话语言的期待，而周作人则着眼于其中"感人的力"。"民族的诗"在歌谣共同体那里有着不同的理解和阐释，诗人趣味与歌谣本真存在之间发生冲突，歌谣场域中不同参与者对平民文学的理解也存在抵牾碰撞。征集过程的困难与波折就在所难免，以致无法完成拟刊行的歌谣《汇编》和《选粹》。后来，周作人修改了简章，借助北大研究所国学门的平台，与歌谣同人一并于1922年12月17日创办了《歌谣》周刊，以继续未竟的歌谣事业。作为新国学的歌谣既契合了新知识分子对中国本土的文化认同，又满足了民族与民主、文学与科学等有所差异又互相缠绕的多重诉求，由此确立刊物"学术"和"文艺"的研究目的与办刊宗旨。《歌谣》周刊以自己独特的存在多方面推动和促进了新文学和新文化的建设。

第一节　歌谣征集运动：五四文学革命的题中之义

北大歌谣征集运动常被视为中国现代民俗学的开端，在民俗学及民间文艺学科领域被大书特书。其实它最初由新文学发生的动力而起，是五四文学革命的题中之义和有机组成部分。一个显明表征是1918年3月《新青年》4卷3号将《启事》和《简章》转载，与陈独秀的《驳康有为共和平议》、钱玄同和刘半农上演的双簧戏——《致〈新青年〉的公开信》和《复王敬轩书》，以及刘半农、沈尹默、胡适、陈独秀四人的同题新诗《除夕》同时刊登，显示出新文化同人将北大歌谣运动纳入文学革命场域中的用心。歌谣作为重要的本土民间资源参与到新文学的思想观念、语言形式

①徐新建：《民歌与国学——民国早期"歌谣运动"的回顾与思考》，新北：花木兰文化出版社，2014年，第6—8页。

特别是新诗的构建之中，不仅体现了新文学思想、语言、文体建构的思路，而且还多方面推动促进了新文学的发展。

为更好地说明歌谣征集运动的新文学意义，本节选取歌谣共同体中三个最具代表性的人物——刘半农、胡适、周作人，考察他们为何、如何进入歌谣征集运动中，一方面窥见歌谣征集运动成为五四文学革命题中之义的具体轨迹，另一方面明晰他们对歌谣的理解阐释本是源于各自对新文学的想象和建构。

一、刘半农：启迪新诗创作

关于北大征集的缘起，刘半农九年后的回忆颇具文学色彩，不断地被后来的研究者所征引。[①]他明确道出征集歌谣，是为了找到"好的文章"。可以说，这是一位有着丰富实践经验的文学创作者对好文、好诗的搜寻。

1917 年 5 月，尚在上海从事文学创作和翻译的刘复响应《新青年》文学革命的号召，发表了《我之文学改良观》，从如何改革散文、韵文以及标点符号的使用等方面提出具体的建设性意见，"破坏旧韵重造新韵""增多诗体"等主张显示出其改良思路更贴近文学自身。之前，他就已经在《新青年》上频频崭露头角，发表译作《爱尔兰爱国诗人》《火焰诗七首》《咏爱国诗人三首》《割爱六首》《悲天行三首》等系列作品，总题为《灵霞馆笔记》。刘半农的文笔，连周作人也相当认可，"原是些极为普通的东西，但经过他的安排组织，却成为很可诵读的散文，当时就很佩服他的聪明才力"[②]。正是《新青年》重要作者的身份使得蔡元培将其聘入北京大学，与胡适、周作人等诸多留学博士学者一起跻身教授之列，以此来壮大新文学团体的势力。

---

①刘半农这样回忆道："那天，正是大雪之后，我与尹默在北河沿闲走着，我忽然说：'歌谣中也有很好的文章，我们何妨征集一下呢？'尹默说：'你这个意思很好。你去拟个办法，我们请蔡先生用北大的名义征集就是了。'第二天我将章程拟好，蔡先生看了一看，随即批交文牍处印刷五千份，分寄各省官厅学校。中国征集歌谣的事业，就此开场了。"刘半农：《国外民歌译•自序》，北新书局，1927 年，第 1 页。

②周作人：《知堂回想录（下）•卯字号的名人三》，止庵校订，北京：北京十月文艺出版社，2013 年，第 455 页。

进入北大之后，刘半农仍然延续了对文学写作，特别是对新诗的关注和实践。白话诗是最难攻克的新文学堡垒，在新的文化场域下该如何突破？他在《诗与小说精神上之革新》中鲜明提出了新诗观，"做诗本意，只须将思想中最真的一点，用自然音响节奏写将出来，便算了事，便算极好"①，是"将古人作文之死格式推翻""打破崇拜旧时文体之迷信"② 的发展。

曾经多年的底层生活经验使刘半农在翻译西方文学之外，发现了民众口中的歌谣，认为它有着自然真实的美学特征，长短不限，不拘格律，遣词造句无比灵活，抒情表意明白清楚，既有助于新诗摒弃古典诗词的格律，打破旧诗对诗歌形式的束缚，同时又能用朴实自然、不尚雕琢的语言自由地表达情感。"爱阔大，不爱纤细；爱朴实，不爱雕琢；爱爽快，不爱腻滞；爱隽趣的风神，不爱笨头笨脑的死做"，③ 这正是新诗人刘半农的审美偏好和艺术吁求。

在他起草的《北京大学征集全国近世歌谣简章》中，专门规定了选择征集歌谣的条件："入选之歌谣当具左列各项资格之一：一、有关一地方、一社会或一时代之人情风俗政教沿革者；二、寓意深远有类格言者；三、征夫野老游女怨妇之辞，不涉淫亵，而自然成趣者；四、童谣谶语，似解非解，而有天然之神韵者。"④ 寓意深远、不涉淫亵、自然成趣、天然神韵……这些词无不显示出他浓厚的文学倾向以及从歌谣中找到好文章的心理预设和审美期待。

自发起歌谣征集，3 个多月，刘半农就收到了"校内外来稿已有八十余起，凡歌谣一千一百余章"。⑤他将这些各地歌谣"选其最佳者，略加诠

---

①刘半农：《诗与小说精神上之革新》，《新青年》第 3 卷第 5 号。

②刘半农：《我之文学改良观》，胡适编：《中国新文学大系·建设理论集》，上海：良友图书公司，1935 年，第 66 页。

③刘半农：《国外民歌译·自序》，北新书局，1927 年，第 2—3 页。

④刘半农：《北京大学征集全国近世歌谣简章》，《北京大学日刊》，1918 年 2 月 1 日，第 2 版。

⑤《歌谣选由日刊发表》，《北京大学日刊》，1918 年 5 月 20 日，第 1 版。

订"①，登载在《北大日刊》的《歌谣选》专栏里，"日刊一则"，陆续刊登，至1919年5月22日为止，共发表歌谣148首。自然，选择的标准仍然是文学眼光和文艺诉求。如1918年10月28日，刘半农挑选了常熟沈讷公君寄来的歌谣《亮月亮》，在对其字句进行标注之后，点评道："末三句似解非解、似续非续。论其文是歌谣中最妙境界。②"正如有研究者指出："通常的歌谣或其他民俗材料，在刘半农的视野中，其文艺性会受到更多重视，并进而影响着他的其他文艺活动，这是刘半农与民间文艺缔结的颇为惹人注目的特殊因缘。"③

在征集、整理与编订民间歌谣的过程中，刘半农的新诗创作深受启发，无论自然的诗的音节、流利质朴的美学风格还是灵活多变的诗体艺术都给予他诸多灵感和帮助。《江阴船歌》（1919）、《瓦釜集》（1926）、《扬鞭集》（1926）里的诗作都带有歌谣深深的痕迹。他并不谦逊地说自己"在诗的体裁上最会翻新鲜花样的。当初的无韵诗，散文诗，后来的用方言拟民歌，拟'拟曲'，都是我首先尝试"。④周作人认为当时最好的两个白话诗人是刘半农和沈尹默⑤，而他们恰好是歌谣征集的最初发起者。歌谣运动对新诗创作的启迪并非限于刘半农、沈尹默等诗人，在进步师生中间大范围地产生了影响。当时是北大学生的顾颉刚、容肇祖多年后都深情提及当年歌谣运动与"新国风"创作的关系。⑥

北大歌谣征集活动辐射全国，不少持新文化立场的报刊媒体都进行了积极响应。"校外的报张杂志常常刊登一些歌谣，有时也登讨论歌谣的文章，很引起一般青年注意和爱好，民间文学逐渐的活跃起来。"⑦除《新青

---

①《歌谣选由日刊发表》，《北京大学日刊》，1918年5月20日，第1版。

②刘复：《歌谣选（五四）》，《北京大学日刊》，1918年10月28日，第5版。

③陈泳超：《刘半农对民歌俗曲的借鉴与研究》，《中国现代文学研究丛刊》，2001年第1期。

④刘半农：《扬鞭集·自序》，北新书局，1926年，第2页。

⑤周作人：《扬鞭集·序》，《语丝》第82期，1926年6月7日。

⑥顾颉刚：《我和歌谣》，《民间文学》，1962年第6期；容肇祖：《忆〈歌谣〉和〈民俗〉》，《民间文学》，1962年第6期。

⑦常惠：《回忆〈歌谣〉周刊》，《民间文学》，1962年第6期。

年》呼应之外，南北两大报——北京的《晨报》和上海的《时事新报》，分别于 1920 年 10 月 26 日和 11 月 1 日专门开辟歌谣栏目。[①] 顾颉刚 1919 年于苏州养病期间受到《北大日刊》登载歌谣的鼓舞，从家乡亲戚友人那里搜集吴歌，"一年之中，居然记下了 300 余首"，[②] 刊登在《晨报》上，并把研究范围扩大到方言、谚语、谜语、唱本等[③]。此时远在广东省海丰县从事基础教育的钟敬文同样是看到了《北大日刊·歌谣选》才引发了对民间文学的兴趣。其他一些报纸如《学艺》《新生活》《少年》《妇女杂志》也开始登载歌谣、谚语、童话等民间文学，连地方性报纸如广东的《群报》乃至地方小报《陆安日报》也都经常登载一些歌谣。[④] "新期刊继《北大日刊》之后而发表歌谣谚语，已成为一种风气"，[⑤] "其影响已经由大学的成员扩大到各地个别的热心人士"[⑥]，特别是五四运动以后更得到了各地报刊的广泛响应。

这种大规模对歌谣征集研究的风气现象恐怕不能仅从新诗创作的领域内得到全面合理的解释，应该说，它和五四时期新知识分子普遍支持的白话文运动以及平民化的社会思潮有着密切关系。歌谣征集不仅是这些思潮的体现，还以自身的实践活动参与其中并推动它们向纵深处发展。

二、胡适：推动白话文运动

有研究者指出："歌谣征集运动不仅与建立包含'整理国故'在内的现代白话文学术体系的使命密切相关，也承担了证明白话文之可行性、正

①陈泳超：《作为运动和作为学术的民间文学》，"教育：知识生产与文学传播"学术研讨会论文。

②顾颉刚：《我和歌谣》，《民间文学》，1962 年第 6 期。

③顾颉刚：《吴歌甲集自序》，《歌谣》周刊第 97 号，1925 年 6 月 28 日，第 2 版；顾颉刚：《我和歌谣》，《民间文学》，1962 年第 6 期；《古史辨·自序》中也有所提及。

④钟敬文：《民间文艺学及其历史——钟敬文自选集》，济南：山东教育出版社，1998 年，自序第 1 页。

⑤魏建功：《〈歌谣〉四十年（下）》，《民间文学》，1962 年第 2 期。

⑥魏建功：《〈歌谣〉四十年（上）》，《民间文学》，1962 年第 1 期。

当性的使命。"① 胡适发起的白话文运动旨在建立言文一致的现代民族国家语言形式。

1917年，胡适在《文学改良刍议》中提出"不避俗字俗语"、实则是言文合一的白话文学观点，阐明新文学的要求与推行语体文的主张②。陈独秀则发表了措辞更为激烈的《文学革命论》，提出了与后来的歌谣研究密切相关的"三大主义"。③ 几乎同时，在北大任教的文字大家章太炎的门生钱玄同积极响应，从语言文字进化的角度说明了白话文取代文言文的必然性。④ 主张白话的文学革命者都不乏破的勇气，关键是文言废后如何立的问题。不管是"八事"还是"三大主义"，只是理论的倡导却缺乏切实可行的实践性。面对旧派文人不屑置辩的姿态以及对白话文特别是用白话作诗的各种质疑，他们急需为白话文学的合法性寻找凭证。歌谣运动正是为文学革命者提供了重要的资源。

早在1916年，尚在美国留学的胡适就隐约看到了可以从民间文学入手来寻求中国文学问题的解决方案。梅光迪、任叔永对胡适白话作文的思路以及"作诗如作文"的主张不以为然，固执坚持诗的文字与文的文字的区别。但是当胡适写信给梅觐庄阐述宋元白话文学的重要价值时，梅却一反常态，相当赞成其意见，回信道："文学革命自当从'民间文学'（Folklore，Popularpoetry，Spoken Language，etc.）入手，此无待言。"⑤这充分表明当时留美知识分子受西方民俗学研究和民间文艺学的影响，认识到民间文学在文学革命中的价值意义。梅的反馈令胡适相当振奋，看到了本土的民间文学对其白话文主张的重要作用。

---

①林少阳：《从章太炎的"音"至歌谣征集运动的"音"》，王中忱、董炳月编《东亚人文》，北京：三联书店，2008年，第191页。

②胡适：《文学改良刍议》，胡适编：《中国新文学大系·建设理论集》，上海：良友图书公司，1935年，第34—38页。

③陈独秀：《文学革命论》，胡适编：《中国新文学大系·建设理论集》，上海：良友图书公司，1935年，第44—46页。

④钱玄同：《寄胡适之》，胡适编：《中国新文学大系·建设理论集》，上海：良友图书公司，1935年，第79页。

⑤胡适：《逼上梁山——文学革命的开始》，姜义华主编：《胡适学术文集·新文学运动》，北京：中华书局，1993年，第201页。

胡适虽然不是歌谣运动的最初发起者，但当他接触到这些民众口中"真正的民间文学"时，表现出难以掩饰的兴奋和由衷的语言认同，立即积极投身于征集活动。有研究者指出：胡适语言思想的主要核心是要"最大多数人"能够接受，体现了"新民"启蒙文学的核心关怀[1]，这也是新文化同人虽对"白话文"有不同理解但能大致接受并支持白话文运动的思想基础。如果说之前古代的民间文学样式还无法完全符合胡适对白话文的期待，那么，民众口耳相流的歌谣与他主张的"最大多数人接受""言文一致""不避俗字俗语"等语言标准有着高度的吻合。胡适从歌谣心口如一、鲜活淋漓、自然流畅、不事雕琢的口语表达中看到自己的语言理想实现的希望，所以将其视为绝佳的白话文学范本，成为特定历史时期对中国小传统的语言选择。

由此胡适成为歌谣运动异常坚决的支持者。1918 年 5 月 28 日，《北大日刊》登载了胡适搜集的绩溪民歌《做天难做二月天》。1920 年冬，他向歌谣研究会赠送一册流行于安徽绩溪的歌谣，后来还协同妻子江冬秀一起向《歌谣》周刊投稿[2]。在这一时期的日记中，胡适多次记录了阅读民间歌谣的感受，如看到《益世报》上登载的歌谣——《浦棍子车》："浦棍子车，呱达达，一摇鞭，到了家。爹看见，抱包袱；娘看见，抱娃娃。哥哥看见瞅一瞅，嫂子看见扭一扭。不用你瞅，不用你扭，今天来了明天走。爹死了，我念经；娘死了，我唱戏！哥哥死了，烧张纸，嫂子死了，棺材边上抹狗屎！"胡适记下"这真是绝妙的民间文学。这种无名作者，向不知'孤儿行'为何物，而他们的作品不但可上继'孤儿行'，而且远胜'孤儿行'"。[3]

---

①朱晓江：《"新文学"内部的歧见：对"新文明"的不同想象——以梁启超、胡适、周氏兄弟为中心的考察》，《中国现代文学研究丛刊》，2014 年第 11 期。

②《歌谣》周刊第 28 期登载了胡适征集安徽民歌的《月亮起》："月亮起——做贼偷米，聋的听见，哑的叫起。跷的赶着，瞎的认米。"江冬秀的《韭菜花》："韭菜花，满地铺，金担银担嫁小姑。小姑、小姑命不好，一嫁嫁了个驼背老。上床又要背，下床又要驮隔壁邻居莫笑我！前世姻缘没奈何。"（原注：此歌写婚姻问题。未作无奈何之语，一委之天命，尤悲楚。）以及《东边来了个小学生》，《歌谣》第 28 期，1923 年 10 月 10 日，第 3—6 版。

③胡适：《白话诗》，姜义华主编：《胡适学术文集·新文学运动》，北京：中华书局，1993 年，第 416 页。

从本土民间口传的歌谣中，胡适不仅坚定了白话文是一流文学的观点，而且成为他评判文学作品艺术高低的标准，对他的文学语言以及文学史建构产生了很大的影响，得出了"民间的小儿女，农夫村妇，旷男怨女，歌童舞妓，弹唱的，说书的，都是文学上的新形式与新风格的创造者"的结论①，凝练出"一切新文学的来源都在民间"的思想，并沿着这条思路一直发展下去。

三、周作人：促进"人的文学"

征集原本不登大雅之堂的歌谣运动一时间能获得广泛的社会响应，还有重要的思想文化原因——五四平民化思潮以及由此而来的对民众、劳工同为"人"的认识②。胡适说"活的文学"和"人的文学"是新文学运动的两大理论，③如果说"活的文学"（白话文）的先驱者是胡适，那么，"人的文学"的先驱者自然非周作人莫属。有意思的是，周作人"人的发现"同样与其早年征集研究歌谣、童话及神话的实践经历有着密切的关联。

周作人对歌谣的兴趣肇始于留日期间，"1906 年我在日本东京得到英国安德路朗的几本关于神话的书，对于神话发生兴趣，因为神话与传说和童话有密切的关系，所以对于童话也十分注意，又因童话而牵连及于儿歌……"④受安德路朗用文化人类学、民俗学的方法解释神话的思路影响，加上他童年时就"喜欢多事""热衷于十字街头"⑤，周作人对日本的风俗文化产生兴趣，从社会中流动的语言（落语、川柳、狂言）中，他看到了日

---

①胡适：《白话文学史》，长沙：岳麓书社，2010 年，第 16 页。

②1918 年 11 月，蔡元培作为学界领袖发表了著名演说，他以民主平等和眼光向下的视角率先喊出"劳工神圣"的口号，并且把"我们"这些"学校职员、著述家、发明家"也纳入"劳工"的范围内。蔡元培：《劳工神圣》，《蔡元培全集》第 3 卷，杭州：浙江教育出版社，1997 年，第 464 页。

③胡适：《中国新文学大系·建设理论集导言》，刘运峰编《中国新文学大系导言集（1917—1927）》，天津：天津人民出版社，2009 年，第 16 页。

④周启明：《一点回忆》，《民间文学》，1962 年第 6 期。

⑤周作人：《十字街头的塔》，《语丝》第 15 期，1925 年 2 月 23 日。

本底层人民的生活情感、审美意识与价值伦理。①回国之后，周作人继续关注神话、传说、童话和歌谣，在绍兴教书期间接连写了《童话略论》《童话研究》《古童话释义》《儿歌之研究》，一再表达了研究童话民歌的目的是探究"诗之起原"，进而了解"人生若何"②，也就是说，从歌谣童话中去了解人类学意义上的"人"之起源以及特定社会境遇下"人"的文化存在。

　　1914 年，时任绍兴县教育会会长的周作人在《绍兴县教育会月刊》发表《征求绍兴儿歌童话启》，以个人名义征集越国歌谣。③ 有研究者从民俗学术的角度阐释其知识的广博与趣味的独特④；这自然是一个方面，然而本书认为他更多是对民族"种性"，即本民族特定文化下人的探究。童话儿歌是艺文之起源，最能反映各个民族人的原初根性，⑤ "与民族思想及习俗相合"，⑥ 民间文学其实就是民族文学的根基。具体来讲，周作人征集绍兴儿歌童话是希望从地方的原生态文本材料中洞察深藏民间的国民心态和

　　①赵世瑜：《眼光向下的革命—中国现代民俗学思想史论（1918—1937）》，北京：北京师范大学出版社，1999 年，第 277 页。

　　②周作人：《儿歌之研究》，1914 年 1 月 20 日刊《绍兴县教育会月刊》第 4 号，钟叔河编：《周作人散文全集》（1898—1917），桂林：广西师范大学出版社，2009 年，第 300 页。

　　③启事原文如下：作人今欲采集儿歌童话，录为一编，以存越国土风之特色，为民俗研究，儿童教育之资料。即大人读之，如闻天籁，起怀旧之思，儿时钓游，故地风雨，异时朋侪之嬉戏，母姊之话言，犹景象宛在，颜色可亲，亦一乐也。第兹事繁重，非一人才力所能及，尚希当世方闻之士，举其所知，曲赐教益，得以有成，实为大幸。周作人：《征求绍兴儿歌童话启》，1914 年 1 月 20 日刊《绍兴县教育会月刊》第 4 号，见钟叔河编：《周作人散文全集》（1898—1917），桂林：广西师范大学出版社，2009 年，第 292 页。

　　④陈泳超：《中国民间文学研究的现代轨辙》，北京：北京大学出版社，2005 年，第 80—82 页。

　　⑤周作人在不同民族的各自童话风格之中看到了各国"人"的特性："爱尔兰童话，率美艳幽怪，富于神思；斯拉夫居阴寒之地，所言深于迷信……东方思想浓郁而夸诞，多岛海童话亦优美多诗味，马达加斯所传，特极冗长，在虾夷、澳洲诸族，则以简洁胜……日本文教虽承中国之流，而其民爱物色，多美感，洒脱清丽，故童话亦幽美可赏，胜于华土……"周作人：《童话研究》，1913 年 8 月刊《教育部编纂处月刊》1 卷 7 期，钟叔河编：《周作人散文全集》（1898—1917），第 263 页。

　　⑥周作人：《童话略论》，1913 年 11 月 15 日刊《绍兴县教育会月刊》第 2 号，钟叔河编：《周作人散文全集》（1898—1917），第 276 页。

第一章　"歌谣共同体"的想象与《歌谣》周刊的诞生

民众文化心理。① 之后，周作人的文学思想几经变化，1916－1917 年的袁世凯称帝、张勋复辟事件使他由民族主义者转向了世界主义者，1921 年左右又由世界主义再次转回了民族主义。然而他着眼于歌谣"人"之探寻的研究思路却是一脉相承。如果说民国初年关注的是各民族不同的人之特性，1918 年文学革命场域下是大人类主义立场的人本思想，五四后则重回民族文化中人的认识诉求，不断表达"民歌是表达民族心情"②"歌谣是民族的文学"③ 的观点。

1918 年 9 月周作人参与了北大的歌谣征集活动，大量的儿歌、情歌以及反映妇女生活的歌谣使得他看到了庙堂之外未被正统文化所驯化和污染的人的真性情与真境遇，促使他深入思考中国情境下人的问题。12 月，他就在《新青年》5 卷 6 号上发表《人的文学》，是"当时关于改革文学内容的最重要的宣言"，④ 周作人提出"（中国）人的问题从来未经解决，女人、小儿更不必说了"。他敏锐地看到歌谣故事对于认识时代中"人"的作用："关于这宗风俗的歌谣故事，我们还要拿来研究，增点见识。"⑤ 在 1919 年所作《中国民歌的价值》中也说民歌"能够知道'社会之柱'的民众的心情"。⑥ 这是周作人一直以来研究歌谣童话的深远思考，也是他进入歌谣运动时富有现代性意味的独特眼光。有学者指出，"与其说新文化是'反传统'的，倒不如说新文化是'反正统'的"，⑦周作人正是以人性的健全、

---

① 另外提及的是，鲁迅在周作人之前也征集过歌谣。1913 年 2 月，时任教育部职员的鲁迅在教育部的《编纂处月刊》上发表《拟播布美术意见书》，号召"当立国民文术研究会，以理各地歌谣、俚谣、传说、童话等。详其意谊，辨其特性，又发挥而光大之，并以辅翼教育"。同样着眼于歌谣等"国民文术"于国民性认识和建设的意义，显示出周氏兄弟留日期间受章太炎溯源复古的影响，为民族种性寻根的诉求。

② 周作人：《海外民歌译序》，1927 年 4 月 9 日《语丝》第 126 期，收入《谈虎集》。

③ 周作人：《潮州畬歌集序》，同上在《语丝》合题《两种歌谣集的序》。

④ 胡适：《中国新文学大系·建设理论集导言》，刘运峰编《中国新文学大系导言集（1917－1927）》，天津：天津人民出版社，2009 年，第 25 页。

⑤ 周作人：《人的文学》，《新青年》第 5 卷第 6 号。

⑥ 周作人：《中国民歌的价值——〈江阴船歌〉序》，《歌谣》第 6 期，1923 年 1 月 21 日，第 8 版。

⑦ 耿云志：《新文化的源流与趋向·序言》，欧阳哲生：《新文化的源流与趋向》，长沙：湖南出版社，1994 年，第 1－2 页。

自然的发展为参照，从小传统中挖掘出反传统的资源并赋予现代性的意义，肯定歌谣中蕴含的建设新文学的质素，重建"人的文学"。在谈到歌谣与新诗的关系时，他引用吉特生的观点，"歌谣中有一种感人的力，不但适合于同阶级，并且能感及较高文化的社会"。① 由此可见，周作人既不同于胡适注重歌谣"白话"的语言形式，也不同于刘半农着眼于新诗的自然审美风格，而是看重了感动"人"的精神内核。

出于建构理想的人的生活方式与文学形态，周作人同时期将日本的新村运动引入中国，"新村的理想，简单的说一句话，是人的生活"，倡导一种物质与精神、互助与独立、协力与自由相调和，人类的人与个体的人相统一，体力劳动与脑力劳动相结合的改造道路。② 1921 年初同郑振铎、沈雁冰等同样致力于新村运动和工读互助团的知识分子成立了文学研究会，提倡为人生的文学实践，为弱者、下者、幼者关怀提供了理论依据，更加接近拥有人之自然本性的儿童、妇女与农人，在泛劳动主义的眼光下，呈现出诗意色彩和道德主义的神圣光环，推动五四新文学由形式革新向思想内容革命的纵深处发展。

综上，我们以刘半农、胡适、周作人为代表，考察了北大歌谣征集最初是由新文学发生的动力而起，他们将歌谣征集纳入各自对新文学的想象与建构之中，启迪了最难攻克的新诗创作，推动了旨在建立现代民族国家语言形式的白话文运动，并促进了人的文学的思想建设，由此成了五四文学革命的重要组成部分。

第一章 「歌谣共同体」的想象与《歌谣》周刊的诞生

---

①周作人：《歌谣》，1922 年 4 月 13 日刊《晨报》，钟叔河编：《周作人散文全集》（1918－1922），第 546－547 页。

②周作人：《新村的理想与实际》，原载 1920 年 6 月 23、24 日刊《晨报》，25 日刊《时事新报·学灯》，钟叔河编：《周作人散文全集》（1918－1922），第 237－343 页。

第二节　民族的诗：《歌谣》周刊的诞生

新文学的发生是以强烈的反传统并自觉向西方学习的姿态出现的，然而中外的历史经验告诉我们，任何一种文化文学都不可能割断与传统的血脉联系。文学领域不同于社会现实层面，渴求欧风美雨带来价值革新的同时，必定会对本土的文学传统有所眷顾。这是北大歌谣运动的历史文化根源。1896 年，意大利参赞卫太尔搜集整理了170 多首中国歌谣并编撰印行了《北京歌唱》（*Pekiness Rhymes*），

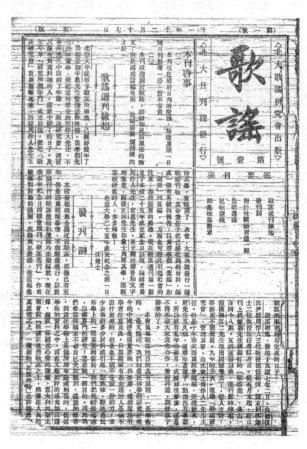

序言称"根据在这些歌谣之上，根据在人民的真感情之上，一种新的'民族的诗'也许能产生出来"①。"民族的诗"一说给予了中国知识分子以极大的刺激和激励，成为歌谣参与者不断引用的话语。它非常契合中国知识

---

① 〔意〕卫太尔（Vital）：《北京的歌谣序》，周作人译，《歌谣》第 20 期，1923 年 5 月 27 日，第 8 版。

分子的文化心理诉求：希望能从本民族的文化资源中寻求建构新文学的力量，从民族之根中得到建设新文学的启示，并想象着从中挖掘出面向新时代的具有中国独特经验的文学表达，歌谣共同体由此凝聚而成。但是，正如本书上节论述的：他们对歌谣有着不同的想象和理解，而且想象与现实也存在着错位和反差，因此征集的过程并非一帆风顺。可以说，《歌谣》周刊并不是北大征集活动最初预想目标的实现，而是遭遇困难后转化思路并调整路径后的产物。本节试图回到特定的时代语境和文化场域中，努力去接近那些"活动中的人"，重现当时"正在发生"的历史进程，去探求歌谣共同体中不同个人的新文学观念及其变化，并进一步考察《歌谣》周刊诞生前复杂的文学背景和原因。

一、歌谣征集过程的波折与调整

1918 年 2 月 1 日，在《北京大学征集全国近世歌谣简章》中，刘半农对活动的预期成果以及进行的阶段步骤都有详细的计划和安排。第一步，将征集的歌谣挑选、诠订刊登于《北大日刊》开辟的"歌谣选"栏目，扩大影响，加快进程；第二步，1919 年 6 月 31 日（应是笔误，6 月无 31 日）征集活动截止，大规模整理编订；第三步，1920 年 12 月 31 日编辑《中国近世歌谣汇编》和《中国近世歌谣选粹》告竣；第四步，1921 年 12 月 17 日北大 25 周年校庆日时《汇编》和《选粹》出版[1]，为新文学特别是新诗创作贡献写作资源和范本。然而事实上，"各个预定的期间都挨过了，各项预定的工作却都没有完成"。[2]

为什么北大歌谣征集的计划没有完成呢？应该说，《启示》和《简章》发出后很快就收到了效果，从 1918 年 2 月 1 日到 5 月 20 日的 3 个多月中，征集处就收到 1100 多首歌谣，但这些多是由进步的北大学生从自己的家乡征集而来。常惠后来回忆道：

①《北京大学征集全国近世歌谣简章》，《北大日刊》，1918 年 2 月 1 日，第 1 版。
②陈子展：《中国近代文学之变迁·最近三十年中国文学史》，上海：上海古籍出版社，2000 年，第 245 页。

征集歌谣的事并报了教育部，请转知各省教育厅将征集简章分发给所属教育机关和学校等。这个举动虽然不小，可是毫无影响。只有把这征集近世歌谣的简章印了许多份，随着北大同学的讲义，发给三千多学生每人一份，还是这样有些效果，从一般同学得到了一些歌谣……①

可见，计划在《北大日刊·歌谣选》后难以为继，首先有着外在的原因和困难。征集活动虽然得到新文化阵营的支持，但旧文化势力仍然相当顽固。时为北大学生的顾颉刚谈及当时学校里的情况："许多守旧的教授和学生们叹息道：'北大是最高学府，《日刊》是庄严公报，哪能让这种不入流品的东西来玷污它！'"②社会上的守旧势力对于最高学府正儿八经地征集下里巴人的歌谣根本不能理解进而激烈抵制。蔡元培分寄《简章》给各级教育官僚，但实际上"那些文书都是杳如黄鹤，未曾发生半点影响"。③而且，本是"到民间去"的歌谣征集，在民众中间同样遭受不解和隔膜④。这些反映出五四时期旧文化、旧思想的顽固以及新旧思想的激烈斗争，也恰恰证明了歌谣活动的新文化、新文学本质，是五四文学革命的有机组成部分。

更大的困难是歌谣征集活动内在的难以解决的问题。歌谣的语言原本是方言，是口耳相传的听觉艺术，很多都有音无字，把民众口头鲜活的声音记录下来绝非易事。为了突出近世歌谣的原生态，《简章》中有明确规定"方言成语当加以解释""歌辞文俗一仍其真，不加以润饰，俗字俗语亦不可改为官话""一地通行之俗字为字书所不载者，当附注字音，能用罗马字或 phonetics 尤佳""有有其音无其字者，当在其原处地位画一空格如口，而以罗马字或 phonetics 附注其音，并详注字义，以便考证"⑤……钱玄同、沈兼士等语言学家更加关注各地歌谣方音的还原，而当时并没有

---

① 常惠：《鲁迅与歌谣二三事》，《民间文学》，1961 年第 9 期。
② 顾颉刚：《我和歌谣》，《民间文学》，1962 年第 6 期。
③ 常惠：《一年的回顾》，《歌谣周年纪念增刊》，1923 年 12 月 17 日，第 42 页。
④ 黄朴：《歌谣谈》，《歌谣》第 33 期，1923 年 11 月 18 日；何植三：《搜集歌谣的困难》，《歌谣》第 29 期，1923 年 10 月 21 日。
⑤《北京大学征集全国近世歌谣简章》，《北大日刊》，1918 年 2 月 1 日，第 2 版。

统一记录的音标工具，这就给歌谣真实记录带来了相当大的困难，使其无法顺利完成《汇编》。

另外，寻找新诗范本的文艺路径也很快显示出局限，或者说原初的设想过于简单。上节论述过，刘半农对民间歌谣的征集更多源于寻求好文章的文学诉求。《简章》中对入选歌谣的资格要求显示出先定的理论预设：民间一定存在着很多寓意深远、不涉淫亵、自然成趣、天然神韵的歌谣。但歌谣本是存在于世俗民间的口头文学形式，其作用和意义对于使用它的民众是单纯而直接的：抒情、言志、纪实、交际、娱乐、教育，是日常生活、民情风俗、价值情感的自然表达。因此，歌谣不可能都是天籁之音。事实上，民间存在着大量和传统文学审美观念相悖的，语言粗鄙甚至语涉淫亵的歌谣，而它们正是民间文化真实存在的重要部分。因此，歌谣征集的最初设计者无法从中挑选出足够的符合预想标准的文艺性歌谣，自然也无法完成《选粹》。后来顾颉刚也评论道："当民国八九年间北京大学初征集歌谣时，原没想到歌谣内容的复杂，数量的众多，所以只希望于短期内编成《汇编》及《选粹》两种；《汇编》是中国歌谣的全份，《选粹》是用文学眼光扶择的选本。因为那时征求歌谣的动机不过想供文艺界的参考，为白丝歌竹枝词等多一旁证而已。不料一经工作，昔日的设想再也支持不下。"[①]

北大歌谣征集一段时间陷入低迷。1920年底，北大学生常惠面对校内征集一直消沉的情况，情急之下给学校国文教授会写信催促。[②] 学校接受了常惠的建议，1920年12月19日成立了歌谣研究会，由沈兼士、周作人担任主任。[③] 1922年初周作人将原来的《简章》修改，将入选歌谣的四个资格限制全部去掉，改为"歌谣性质并无限制；即语涉迷信或猥亵者，亦

①顾颉刚：《福州歌谣甲集·序》，载《民俗》第49—50期，1929年3月6日。
②常惠：《回忆〈歌谣〉周刊》，《民间文学》，1962年第6期，信是写给"沈尹默、沈兼士、钱玄同、周作人"诸位先生的。这四位先生加上留学在外的刘半农，被称为"歌谣五大教授"。
③容肇祖：《北大歌谣研究会及风俗调查会的经过》，《民俗》，1928年，15—16合期，第5页。

有研究之价值，当一并录寄，不必先由寄稿者加以甄择"。①这才继续推进了陷入困境中的北大歌谣活动，不再寄希望编辑出版《汇编》和《选粹》，而是调整研究路径，于1922年12月17日（北大建校25周年日）创办了《歌谣》周刊，以继续未竟的歌谣事业。《发刊词》中，周作人坦言道：

> 本校发起征集全国近世歌谣，前后已有五年了，但是因为种种事情，不能顺遂进行，以致所拟刊行的《歌谣汇编》和《选录》都未能编就。现在承本年纪念日的机会创刊《歌谣周刊》，作为征集和讨论的机关，庶几集思广益，使这编集歌谣的事业得有完成的日子。②

由此看来，《歌谣》周刊的创办某种程度上是因为遭遇困难、无法完成最初的计划而调整思路及研究路径后的产物。

二、诗人趣味与歌谣本真存在的冲突

早期的白话诗人出于新诗创作而在民间歌谣中寻找不涉淫亵、自然成趣的天籁之音，却与原生态歌谣的现实存在发生抵牾，反映出"民"的立场和"诗"的审美之间的纠葛。

白话诗人将百姓口中的歌谣视为民族的诗，首先源于与旧有的贵族文学不同的平民立场与审美变迁。《应用文之教授》中，刘半农将署名"半侬"改为"半农"③，意味着彻底抛弃了身上残余的鸳蝴派式"你侬我侬"的才子心态，而是体农向农，决心在民间展开自己的文学革命事业。《我之文学改良观》《诗与小说精神上之革新》等文章也都在积极倡导民间文学之真美，表达了好诗在民间的文学理想，充满了对平民文学浪漫化的想象，倾心于真实质朴的审美风格。而此时的诗坛，不少作家都不同程度地从歌谣中获得了白话作诗的启迪，特别是刘半农的《学徒苦》《卖萝卜人》

---

①《本会（北京大学歌谣研究会）征集全国近世歌谣简章》，《北京大学日刊》，1922年12月6日，第1—2版。

②周作人：《发刊词》，《歌谣》第1期，1922年12月17日，第1版。

③姚涵：《从"半侬"到"半农"——刘半农对中国现代文学的贡献》，博士学位论文，复旦大学，2009年，第35页。

《大风》以及用江阴方言创作的《拟儿歌》等。由此，诗人们乐观地相信短时期内就能征集到自然天籁的民歌，印行出版《汇编》和《选粹》，为白话新诗提供上好的文学范本。

诗人们筛检文学范本，意味着必然会带有源于传统写作经验和文本形式的眼光和标准，抑或是说，是新知识分子用新文学的标准和诗人趣味对平民的原生态文学进行精英性的提纯，这对民间反而有着某种程度的遮蔽。正如有评论所言："这种对歌谣的有条件的筛选，过滤到了平直浅白或粗鄙淫亵的歌谣，而实际上这类歌谣在民间世界占了大多数。所以这样的征集要求其结果并不是接近民间，而是在新文学标准的尺度下重新对民间实现筛选和区隔。"①

通过征集来的数量众多的来件，以刘半农为代表的诗人逐渐认识到一个事实：歌谣中虽然有天籁之音，但它更多是民众之间口耳相传的、表达日常生活、情感、风俗的自然手段，对底层百姓而言很多都是简单而直接的大白话，类似"放屁""粪桶""屁眼子""屁股蛋""驴粪蛋"的字眼在歌谣中比比皆是，这在诗人看来不免过于粗鄙、低俗，从后来《歌谣》周刊上登载的歌谣中可见一斑。如："……咱屋里，唱戏哩。唱的什么戏？唱的梆子锣儿烂谈戏，下了台子就放屁"②"丫头片，上河沿，打滑擦，摔屁股蛋"③ "……驴蹄拐弯啦，嫁给小三啦，小三放屁啦，呜嘟嘟散戏啦！"④"……老七，拿剪子，剜老八屁眼子。"⑤除了这些基本不能入诗的字眼外，还有很多并无实际内容的堆垛式歌谣，即尾字首字相连，顺音而下，主要存在于儿歌之中，如"夹雨夹雪，冻煞老鳖。老鳖看经，带累观音。观音带伞，带累总管。总管着靴，带累爹爹。爹爹着木屐，带累瞎楷石……"⑥

---

①曹成竹：《在文化革新与文学审美之间——20世纪早期中国歌谣运动的回顾反思》，博士后报告，山东大学，2013年，第85页。

②山西民歌《缭把儿线》，《歌谣》第8期，1923年3月4日，第6版。

③京兆儿歌《歌谣》第12期，1923年4月1日，第6版。

④河南儿歌《曲曲》，《歌谣》第13期，1923年4月8日，第5版。

⑤安徽民歌《老几》，《歌谣》第12期，1923年4月1日，第7版。

⑥杭州儿歌《夹雨夹雪》，《歌谣》第4期，1923年1月7日，第5—6版。

第一章 「歌谣共同体」的想象与《歌谣》周刊的诞生

这些原生态的歌谣既可以从文化人类学的角度考察民众，特别是在儿童女性的生命情感和文化心理中找到解释，也可以从不避俗语俗字的白话语言观念来寻求意义（胡适推崇的《浦楑子车》中就有"棺材边上抹狗屎"之类的句子），但在试图建构好诗、好文的诗人们看来却并不符合寓意深远、不涉淫亵的诗之趣味，和之前的预期审美有着巨大的落差。刘半农对此坦言："我并不说凡是歌谣都是好的……"[①] 清醒认识并承认了民间歌谣本身的复杂存在。这里存在着一种悖论：出于平民的价值立场对白话文学、歌谣进行大力推崇，而绝对质朴、不乏粗俗的原生态歌谣又时时和"文学"的、"诗"的精英本质冲突，体现了平民的表述与知识分子文化积习之间融合的困难。

为此，诗人只有百里挑一地去选择，尽管有符合审美期待的，正如登在《北大日刊·歌谣选》上的那些，但事实是优美的自然天籁要比文人们的匠心之作更难以求得。英国诗人波西在刊行《英诗拾零》的时候，他的朋友 Shenstone 曾写信劝告他："假使你搜集过多毫无诗意的俗歌，那便足以破坏全部的计划。所以我劝你留神不要忙，须知在收集的量数上少一点不能算是缺憾。"[②] 这同样是中国诗人面临的问题，征集的歌谣中有着大量他们认为是缺乏诗学意义的。这成为无法解决的难题：如果将征集来的歌谣全部印行，在诗人们看来大部分都缺乏价值，如果按照好文章的标准进行挑选，过滤掉大半粗鄙淫亵、浅白直平的歌谣，则所剩无几。而《简章》中提到的"无论如何，不可润色""真实记录"的要求又使得不能用诗人的眼光进行修改。歌谣的真实存在和诗人的审美趣味之间的冲突造成了无法完成最初的计划和设想。

后来，诗人刘半农意识到症结所在并调整了思路。出于艺术考虑，他不再坚持不可润色，不惜把征集到的歌谣做一些删节，只留下文艺的精华："这种割裂的办法，若用民俗学者的眼光看去，自然那是万分不妥。但若用品评文艺的眼光看去，反觉割裂之后，愈见干净漂亮，神味悠然；

---

① 刘半农：《国外民歌译·自序》，北新书局，1927年，第2—3页。
② 梁实秋：《歌谣与新诗》，《歌谣》第2卷第9期，1936年5月30日，第2版。

因为被割诸章，都拙劣讨厌，若一并写上，不免将好的也要拖累得索然无味了。"①试图用筛选过的民间歌谣为新诗提供纯净的营养。同时，为了仍旧贯彻他的平民文学立场，他采用平民自己的语言，即方言进行创作，"后来经过多时的研究与静想，才断定我们要说谁某的话，就非用谁某的真实的语言与声调不可；不然，终于是我们的话"②，以此倡导方言诗歌创作。《瓦釜集》《扬鞭集》中的拟民歌无不是这样的方式。值得注意的是，所谓拟民歌，既要符合诗人自然天籁的审美眼光，又要靠近平民的原生态形式，尺度并不好把握。如有研究者言："诗歌作为书写文本，在模仿民歌时有着难以调和的矛盾。俗得彻底，则无法满足文化精英阶层的雅趣；俗得不够，又会被质疑创新是否存在。"③ 拟民歌创作的成功与局限都在于此。

知识精英研究民歌，这本身就存在身份定位、价值思想、语言审美等多方面的缠绕。平民与精英的矛盾、感性审美与理性判断的张力一直都伴随着新文学的发展，在以后的不同阶段都有所反映，《歌谣》周刊作为新文学自我建构的部分，自然也有体现，后文会逐渐展开论述。在当时，这样的矛盾制约着北大歌谣征集的顺利进行。同时，阻碍征集进程的还有歌谣场域中纠结且犬牙交错的歌谣共同体之间不同的平民文学观。

三、平民文学观与研究路径的调整

歌谣同人之所以能把歌谣视为民族的诗，很大程度上是因为它是属于民众的、平民的。由于中国自身社会结构的国情，民族问题向来与民主问题密不可分。大多新文化人认为，既然上层社会缺乏领导中国实现现代民族国家建造的能力，那么，把下层民众纳入建设现代民族国家的仪轨中来，就成为中国现代史必然的需要与选择。因此，"平民"成为文学革命中的一个关键词。

① 刘半农：《瓦釜集》，北新书局，1926年，第62页。
② 刘半农：《瓦釜集》，北新书局，1926年，第2页。
③ 曹成竹：《从民族的诗到民族志诗学——从歌谣运动的两处细节谈起》，《文艺理论研究》，2011年第2期。

第一章 『歌谣共同体』的想象与《歌谣》周刊的诞生

五四时期的"平民"概念主要和"德先生"（democracy）一词相关，"democracy"在当时有多种译法，"平民主义""民主主义""庶民主义""民本主义"，还有直接音译"德谟克拉西"。之所以出现诸多翻译，和英文"democracy"这个词语本身的意义含混有关，它的内涵有多种理解：一是泛指民族全体，所有人；二是意味着多数，民众；三是指下层民众，对于中国这样的农业大国来说特别指社会底层的农民。当时的知识分子往往在这几种含义中摇摆，从抽象而非具体的角度来论述其意义，也没有人去澄清"平民""国民""庶民"和"农民"的区别，对它的不同理解也使不同的人有着不同的平民观。

不过随着平民运动的发展，加上中国自身社会结构的国情，"平民"一词的意义逐渐变得清晰，更多的人如胡适、刘半农等把平民想象为下层、底层的民众，作为和贵族的、上层的相对立的阶层，"在论述中得到判然有别的情感认可"①。其中的原因在于"儒家礼教的社会等级制度，深刻地制约着中国学者最初对'民'的理解"，②由几千年封建等级制度而导致的文化问题自然使知识分子更容易将平民理解为与统治阶级和上层阶级相对立的下层民众，并赋予他们更多想象的浪漫主义内涵，使其作为社会改革和新兴文化建构的重要力量。因此，在新的社会时代背景下重新发现"民"、利用"民"、推崇"民"，对其进行高尚、纯洁的道德指认，就成为一部分知识分子的共识。正如当代的研究者指出："'民族的诗'中'民族'所指大体与'国民'等同，而'国民'的含义主要是平民、市民、乡民，也就是与贵族圣贤相对的'民众'，因此由'歌谣'引出的也就是平民文艺、民间文学和大众文化。其可视为与当时'民主思潮'和'民治主张'的相应产物。"③

然而历史从来不是铁板一块，在复杂的歌谣场域中，会酝酿出更激进或更保守的平民文学观。一方面，歌谣运动出现了向歌谣革命嬗变的趋

---

①户晓辉：《现代性与民间文学》，北京：社会科学文献出版社，2004年，第136页。
②户晓辉：《现代性与民间文学》，北京：社会科学文献出版社，2004年，第124页。
③徐新建：《民歌与国学——民国早期"歌谣运动"的回顾与思考》，新北：花木兰文化出版社，2014年，第91页。

势。《北大日刊》10月3日、5日《歌谣选》栏目连续登载了李大钊搜集的三首政治歌谣，其中两首都有鲜明的现实革命性。[1] 李号召青年学生到农村中去，邓中夏等随之组织了平民教育讲演团，《歌谣》周刊编辑常惠曾参与其中。[2] 民间歌谣被激进的知识分子赋予了乡村牧歌的唯美内涵与浓厚的政治色彩，成为负载意识形态的平民文学和社会变革的有力工具。多年后魏建功回忆到，歌谣在李大钊、李辛白等革命知识分子那里被建构为反帝反封建通俗宣传的武器。[3]

另一方面，周作人对激进的歌谣观极不赞同，当他看到《北大日刊·歌谣选》出现革命倾向时，便不断质疑。刘半农曾将一首童谣"这时不算苦，二四加一五。满天红灯照，那时才叫苦"解释为义和团历史事件的反映，目的在"追想乱时"。周作人立即表示不同意，认为这首童谣本身并没有什么意义，其本源只是在"假数目干支，淆惑听闻"，排斥从历史政治的角度解读童谣[4]。对于大多知识分子把歌谣理解为与贵族、上层截然对立的平民文学，周作人也并不完全认可。虽然他同样将"民间"界定为"多数不文的民众"[5]，但对于北大歌谣征集一开始就显示出的平民文学崇拜，周作人并未随流，而是表现出冷静观望的姿态，并促使他对民间、平民等问题的思考。

晚近的研究指出，最早提出"到民间去"的不是别人，正是周作人[6]。1918年5月，他在《读武者小路君所作〈一个青年的梦〉》中将俄文口号

①《北京大学日刊》，《歌谣选》1918年10月3日、5日登载的歌谣："瘦马拉搭脖，糠饭秕子活。在直隶乐亭一带，地主多赴关外经商，农事则佣工为之。此谣即讽地主待工人不可太苛。言地主以糠饭食工人，则工人所作之工活，秕子之类也。""不剔辫子没法混，剔了辫子怕张顺。入民国来，乡间盛传此谣。张顺殆张勋之讹。复案：剔字当是薙字之音转。

②户晓辉：《现代性与民间文学》，北京：社会科学出版社，2004年，第150页。

③魏建功：《〈歌谣〉四十年》，《民间文学》1962年第1、2期；利用歌谣的工具理性后来在历史中得到延续，20世纪30年代中国诗歌会、40年代民歌体乃至50年代新民歌运动都是这种思路的体现。

④周作人：《庚子歌谣》，1918年10月15日刊《北京大学日刊》第227号，钟叔河编：《周作人散文全集》（1918—1922）桂林：广西师范大学出版社，2009年，第67页。

⑤周作人：《〈江阴船歌〉序》，《歌谣》第6期，1923年1月21日，第8版。

⑥袁先欣：《"到民间去"与文学再造：周作人汉译石川啄木〈无结果的议论之后〉前后》，《中国现代文学研究丛刊》，2017年第4期。

"V Narod"译为"到民间去"。不过周作人要表达的真正含义和1919年初李大钊《青年与农村》中的表述有着相当大的差异①。周提出"到民间去"是在讨论日本作者武者小路君的作品《一个青年的梦》之前，对俄国和俄国文学的评价。周作人赞赏武者小路的观点，即国家、民族、阶级之间的森严界限是一战爆发的重要原因，如果这些界限不打破，人类就很难摆脱战争威胁。也就是说，周作人此时的民间观念是没有国家、种族，更没有阶级的，有的只是人类、是个人，解决的也只是"人类要如何互相理解"的问题。正如木山英雄所言，他相信"'个人'与'人类'之间具有一种无媒介的一贯性"，②谋求个人的完满即可以直接导向人类相互关系的融洽。"个人的人间本位主义"强调打破"宗族、乡党乃至民族、国家"，自然也包括阶层、阶级的偶像崇拜。

这种思路下，周作人同样非常关注平民，注意"从普通人的平凡人生中去发现诗"，《两个扫雪的人》《背枪的人》《京奉车中》《画家》等都是其人道主义人间观念的体现。表面看起来，周作人的思想、创作引领并汇入五四平民主义文学的思潮之中。但是，周作人的平民并非与贵族对立的一员，而是人类的一员，是人的文学的题中之义。他对扫雪的人、背枪的人的关注和赞美更多是将他们视为有着同样丰富真挚的情感的人。出于大人类主义的立场，1918年7—9月间周作人带着绍兴儿歌74章和《儿歌之研究》等文章资源加入歌谣征集活动中，原生态的儿歌、情歌等使他进一步研究中国情境下的人，特别是小儿、女人的问题。是年12月《人的文学》的发表，某种程度上来说是他这种思考认识的体现。

在此期间，北大歌谣运动，在周作人看来，越来越表现出对歌谣、平民文学无限赞美、过度推崇的倾向。这在后来《歌谣》周刊上还有延续，"我们为什么要研究歌谣？"因为它是"平民文学的极好的材料"，"贵族的

---

①李大钊：《青年与农村》，《李大钊文集》上册，北京：人民出版社，1984年，第648—652页。

②〔日〕木山英雄：《周作人——思想与文章》，赵京华编译《文学复古与文学革命》，北京：北京大学出版社，2004年，第92—93页。

文学从此不攻而破""好书就是从民间来的""民俗诗比大诗翁高明的多"①
"歌谣与一切诗词比较起来，算得上是最上品"②这种两元的文学观念与周
作人的平民文学想象发生了抵牾，并在碰撞中形成了他独特的平民文学
观。1919年1月，周作人发表《平民的文学》，文章同样对平民文学和贵
族文学进行了区分，但与持分层论的知识分子不同的是，他认为两者的分
界线不在于作者和读者的阶层和阶级，也不在于文字形式是白话或古文，
而是"文学的精神的区别，指他普遍与否，真挚与否的区别"。③

　　不难看出，周作人所论述的平民文学的主体并没有底层、下层之意，
而是由世界主义和人类主义而来的每一个人类单体，是一种"个人主义的
人间本位主义"，"只承认大的方面有人类，小的方面有我，是真实的"，
建立起"由于人类爱，人人结合，握手的文明阶段"，④ 并认为这一思潮与
社会走向正是迈入理想之域的大道。为了强调他的平民文学的独特性，周
作人特意强调了容易被人误会的两件事："平民文学，不是专做给平民看
的，乃是研究平民生活——人的生活——的文学。他的目的，并非想将人
类的思想趣味，竭力按下，同平民一样，乃是想将平民的生活提高，得到
适当的地位"；"平民文学所说，是在研究全体的人的生活，如何能够改
进，到正当的方向，决不是说施粥施棉衣的事"。⑤ 周作人这段陈述中频繁
使用"平民"一词，并非一个层面的含义，而是有他建构的含义和通常意
义上底层平民之意，充满了表达的缠绕。但可以看出，他很清醒地将自己
的平民文学观独立和区分出来，明确指出"拿了社会阶级上的贵族与平民
这两个称号，照着本义移到文学上来，想划分两种阶级的作品，当然是不

　　①常惠：《为什么我们要研究歌谣》，《歌谣》第2期、第3期，1922年12月24日、31
日。
　　②卫景周：《歌谣在诗中的地位》，《歌谣纪念增刊》，1923年12月17日。
　　③周作人：《平民的文学》，1919年1月19日刊《每周评论》第5期，钟叔河编：《周作
人散文全集》（1918－1922）桂林：广西师范大学出版社，2009年，第102页。
　　④周作人：《新文学的要求》，1920年1月8日刊《晨报》，钟叔河编：《周作人散文全
集》（1918－1922）桂林：广西师范大学出版社，2009年，第209页。
　　⑤周作人：《平民的文学》，钟叔河编：《周作人散文全集》（1918－1922）桂林：广西师
范大学出版社，2009年，第102页。

可能的事"。①

对于迁就平民的审美趣味而把文学竭力按下，周作人不予赞同。1919年9月，周作人为刘半农的《江阴船歌》作序——《中国民歌的价值》。本是他为推介刘半农采集的民歌而作，却充满了各种欲说还休的无奈和保留。认为民歌是原始民族的文学的基础，同时又指出民歌中充满了"拙笨的措辞，粗俗的意思"，"中国情歌的坏处，大半由于文词的关系"。② 1920年11月《民众的诗歌》中更严厉批评一首歌谣，认为其中的语言形式和思想都不能让人满足。③ 由此可见，周作人既不赞同歌谣运动中的激进倾向，又不满于由于感情作用而一味推崇歌谣的文艺价值。他的平民文学观是强调内容的真挚普遍，并非放弃语言形式的精心优美。从这时期翻译的《鹰的羽毛》④《你为什么爱我》⑤ 等文可以看出，尽管是描写底层人民的生活，仍然含蓄蕴藉，意味深长。《美文》透露出他的文学理想，因此提倡"大家卷土重来，给新文学开辟出一块新的土地来，岂不好么?"⑥ 文章传达出周作人非常自觉的白话文文体意识，在胡适"有什么话，说什么话；话怎么说，就怎么说"的语言基础上对白话文、新文学提出了更高的要求，即"怎么说、怎么表达"同样重要，甚至更重要。后来周作人在《歌谣》周刊上提倡方言、关注名物，都来源于平民文学的自觉建构，质疑歌谣的拙劣言词、粗鄙思想，是对语言、文学高度认知上的非凡敏感和不懈追求。

---

①周作人：《贵族的与平民的》，1922年2月19日刊《晨报副镌》，钟叔河编：《周作人散文全集》（1918－1922）桂林：广西师范大学出版社，2009年，第519页。

②周作人：《中国民歌的价值——〈江阴船歌〉序》，《歌谣》第6期，1923年1月21日，第8版。

③周作人：《民众的诗歌》，1920年11月26日刊于《晨报》，周提到一首写在包洋布的纸上的歌谣："要把酒字免了去，若要请客不能把席成。要把色字免了去，男女不能把后留，逢年过节谁把坟来上。要把财字免了去，国家无钱买卖不周流。要把气字免了去，众位神仙成不能。吃酒不醉真君子，贪色不迷是英豪。"

④周作人：《鹰的羽毛》（译文），1920年10月2日刊《晨报》，钟叔河编：《周作人散文全集》（1918－1922）桂林：广西师范大学出版社，2009年，第249－250页。

⑤周作人：《你为什么爱我》（译文），1920年10月2日刊《晨报》，钟叔河编：《周作人散文全集》（1918－1922）桂林：广西师范大学出版社，2009年，第247－248页。

⑥周作人：《美文》，1921年6月8日刊《晨报》，钟叔河编：《周作人散文全集》（1918－1922）桂林：广西师范大学出版社，2009年，第356页。

1921 年的病①对周作人的思想特别是文学思想是一个大的冲击，之前大人类主义的迷思在病榻上似乎得到了反思和清理。各种事实迫使周作人重新审视自我与他人、中国与世界的关系，用重新估定一切价值的态度来重新看待中国传统文化、平民文学、民间文化。"现在所有的国粹主义的运动大抵是对于新文学的一种反抗，但我推想以后要改变一点色彩，将成为国家的传统主义，即是包含一种对于异文化的反抗的意义"。②周作人重提文化民族/国家主义，主张用宽容的眼光来看待研究本国的古文学，它们"不是国民的义务，而是国民的权利"，③重回民族性、本土性的文学立场。

这时，中国的小传统文学再次进入周作人的视野。1922 年，周作人开辟了"自己的园地"，种下了《歌谣》《神话与传说》《谜语》《童话》等"果实"，重新开始了对民间民族文学的探讨研究。如果说民国初年周作人对它们的兴趣来源于民族原初本性及文学之原始根源的探寻，显示出章太炎复古溯源的影响的话，那么，在经历了精神和理想的危机后，他调整了研究的思路，更多地对这些民间文学以两种方法进行处理，"一是文艺的，一是历史的"④。

首先是文艺上，"可以供诗的变迁的研究，或做新诗的创作的参考"⑤。值得注意的是，周作人并没有改变对歌谣文艺价值相当有限的认识与评价，他认同的只是歌谣情感表达的真挚普遍，但是对于语言形式（怎样表

①1920 年 12 月 19 日主周作人任"歌谣研究会"，22 日他的日记上记载云："下午往大学歌谣研究会，五时散，晚颇疲倦。"24 日："晚微热。"25 日："热三十八度三分，咳嗽。"29 日："上午往山本医院，云系肋膜炎"。次年 1 月 1 日便开始"卧病"，一直持续到当年 10 月，这对周作人的情绪、思想影响很大。《周作人日记（影印版）》（中册），郑州：大象出版社，1996 年，第 164 —165 页。

②周作人：《思想界的倾向》，刊 1922 年 4 月 23 日《晨报副镌》，钟叔河编：《周作人散文全集》(1918—1922) 桂林：广西师范大学出版社，2009 年，第 635 页。

③周作人：《古文学》，1922 年 3 月 5 日《晨报副镌》，钟叔河编：《周作人散文全集》(1918—1922) 桂林：广西师范大学出版社，2009 年，第 525 页。

④周作人：《歌谣》，1922 年 4 月 13 日《晨报》，钟叔河编：《周作人散文全集》(1918—1922) 桂林：广西师范大学出版社，2009 年，第 546 页。

⑤周作人：《歌谣》，1922 年 4 月 13 日《晨报》，钟叔河编：《周作人散文全集》(1918—1922) 桂林：广西师范大学出版社，2009 年，第 546 页。

达）和具体内容（表达什么）仍然持保留态度。区分这点，就不难理解之后周在《〈潮州畲歌集〉序》(1927)、《重刊〈霓裳续谱〉序》(1930) 等文中对歌谣的失望与批评。实际上，《贵族的与平民的》等文进一步指出平民文学太重视现实利禄、太乐天，而追求"平民的贵族化""凡人的超人化"。①

更重要的调整是从历史的或曰民俗学的角度进行歌谣研究，"大抵是属于民俗学的，便是从民歌里去考见国民的思想，风俗与迷信等，言语学上也可以得到多少参考的材料"②。在周作人看来，民俗学一方面可以包容歌谣言词形式内容粗鄙、简陋的问题，另一方面与新文学有着密切的关联："若在中国想建设国民文学，表现大多数民众的性情生活，本国的民俗研究也是必要，这虽然是人类学范围内的学问，却与文学有极重要的关系。"③言语上指可从方言词汇中获取国语写作的资源。

回到歌谣运动的进展上，民俗学的思路确定后，作为歌谣研究会主任的周作人修改了征集简章，最重要的变化是将入选的资格限制全部去掉。它绕过了诗人的审美趣味和歌谣真实存在之间的矛盾，把歌谣作为研究对象进行观照，侧重其洞察民众生活和文化心理的价值，并试图挖掘其中的语言资源，《歌谣》周刊的两个目的——"学术的"和"文艺的"由此而来。此目的的确定有两重意味：一是避免政治歌谣、革命歌谣的介入，将歌谣征集活动限定在文化文学的范畴；另一个是避开单从诗学、文艺价值去寻求歌谣的意义，试图拓宽其多方面可利用的价值，如思想、语言、文化等。可以说，修改后的简章既为歌谣运动的进展提供了开拓性的方式和路径，同时又决定了《歌谣》周刊的整体面貌。《歌谣》创办后，刊物编辑从常惠到顾颉刚、容肇祖，刊物内容从平民文艺到民族学术，无不是在限定的这两个目的以及办刊宗旨中进行。

---

①周作人：《贵族的与平民的》，刊 1922 年 2 月 19 日《晨报副镌》，钟叔河编：《周作人散文全集》(1918—1922) 桂林：广西师范大学出版社，2009 年，第 518—520 页。

②周作人：《歌谣》，钟叔河编：《周作人散文全集》(1918—1922)，桂林：广西师范大学出版社，2009 年，第 547 页。

③周作人：《在希腊诸岛》，1921 年 10 月 10 日刊《小说月报》12 卷 10 号，桂林：广西师范大学出版社，2009 年，第 444 页。

《歌谣·发刊词》上，周作人将"学术的"和"文艺的"确立为搜集歌谣的两种目的。他把学术排在文艺之前，看起来主张的是将歌谣等民间文艺作为研究对象的学术立场。有研究者指出歌谣运动由此经历了从"文艺的"到"学术的"、由"民族的诗"到"民族志诗学"的转折①。这自然是一个敏锐的视角，但如果仔细梳理考察其在《歌谣》上的话语表现，会发现周作人学术提倡的背后更多是文艺主张的策略而已。实际上，他在《歌谣》上始终着眼于新文学的语言、思想建设和人的文学建构。当语言学家林玉堂、董作宾、容肇祖等讨论方音这一专业学术问题时，周作人却坚持把歌谣中的方言、词汇作为文学写作资源，和语言专家之间进行了礼貌但不乏执拗的论争②；当顾颉刚、魏建功、钟敬文等民俗学者大显身手，对歌谣、传说、风俗进行学术建构时，周作人却没有表现出过多参与的热情，和他之前对民俗学的兴趣形成了明显的反差。其实，他并非将民俗研究当作本业，而是利用丰富的民俗学知识来抨击伪君子和假道学，将其当作用于提倡真挚感情的个性文艺的一种资源和手段。正如钱理群所言："周作人讲神话、童话、儿歌与谜语，说男人、女人，小儿与原始人，论文学、艺术，爱与性欲，都在追求这同一个目标：人性的和谐，精神的超越。"③ 这是他文艺思想的根本所在，也是在《歌谣》上始终坚持的新文学诉求。后文会谈到，20世纪20年代《歌谣》后期越来越偏向于学术研究，周作人把对民间的兴趣放在其他刊物，在《晨报副镌》《京报副刊》发表《徐文长的故事》等民间传说，后又与孙伏园等创办《语丝》，在周作人做《语丝》编辑的几年中，登载了大量中外的民歌、故事、风俗介绍等④，继续他对民间文化文学的探寻。

需要指出的是，周作人作为歌谣研究会的主席，在张扬以平民文学为

①曹成竹：《从"民族的诗"到"民族志诗学"——从歌谣运动的两处细节谈起》，《文艺理论研究》，2011年第2期。

②彭春凌：《分道扬镳的方言调查——周作人与〈歌谣〉上的一场论争》，《中国现代文学研究丛刊》，2008年第1期。

③钱理群：《周作人传》，北京：华文出版社，2013年，第217页。

④陈数萍：《北新书局与中国现代文学》，博士学位论文，华东师范大学文学院，2006年，第49页。

宗旨的 20 世纪 20 年代，《歌谣》周刊一直是非主流的独特存在，显示出其复杂变化、不断游移的民众立场①，这是更大话题，须另文叙述。1928 年，胡适评价了歌谣研究会的贡献："自从北京大学歌谣研究会发起收集歌谣以来，出版的歌谣至少在一万首以上。在这一方面，常惠，白启明，钟敬文，顾颉刚，董作宾……诸先生的努力最不可磨灭。这些歌谣的出现使我们知道真正平民文学是个什么样子。"②胡适连地方上的知识分子白启明都提到了，却偏偏不提主席周作人，这一评价从侧面传递出周作人不一样的平民文学观和在歌谣共同体中的独特姿态。

第三节　《歌谣》周刊与新国学

《歌谣》周刊能够诞生，除修改简章与调整思路外，还有一个重要的前提——北大研究所国学门的成立。1922 年 12 月 17 日，沈兼士在《歌谣周刊·缘起》中说道："不幸周先生中间病了年余，'歌谣研究会'里面又没有负责料理的人，遂致中断了些日子。及至今年'研究所国学门'成立以后（1922 年），便把'歌谣研究会'重新整顿起来，仍请周作人先生主持其事。"③这段话透露出歌谣研究会是并在了刚成立不久的研究所国学门之后才开始正规的运转。也就是说，歌谣正是被纳入了"国学"的范畴，才能使民族的与民主的、文艺的与学术的这些互相不同却相互缠绕的诉求在其中都能找到自己的结合点，从而使持不同理念、分属不同学科的众多学者由自己的途径进入而共同参与，满足他们对民族的诗的多重想象以及共同的中国文化身份的需求，之前征集的数量众多、内容复杂的各地歌谣

---

①林分份：《周作人的民间立场及其对新文学的建构》，《南京师范大学文学院学报》，2007 年第 4 期；陈泳超：《周作人的民歌研究及其民众立场》，《鲁迅研究月刊》，2000 年第 9 期。

②胡适：《白话文学史》，长沙：岳麓书社，2009 年，第 5 页。

③沈兼士：《歌谣周刊缘起》，《歌谣》第 1 期，1922 年 12 月 17 日，第 1 版。

才有印在纸张上出版的可能。

一、国学门的建立与作为新国学的歌谣

如桑兵所说，晚清至民国的新知识界，尽管内部观点分歧、派别众多，但仍可见一个共同基点，即由传统士人天下己任的抱负和近代知识分子国民主体意识所产生的交织①。研究所国学门的建立正赖于此。

蔡元培出任北大校长前，目睹欧洲学术之盛，故极力主张游学欧洲，后来蔡发现仅游学亦有弊端，提出了中国大学自建研究院的主张：

> 留学自有优点。然留学至为靡费，而留学生能利用机会成学而归者，亦不可多得；故亦非尽善之策。苟吾国大学，自立研究院，则凡毕业生之有志深造者……均可为初步之专攻。俟成绩卓著，而偶有一种问题，非至某国之某某大学研究院参政者，为一度短期之留学；其成效易睹，经费较省，而且以四千年文化自命之古国，亦稍减倚赖之耻也。②

蔡氏话出有因，自19世纪末以来，中国学生留学欧美之风愈吹愈盛，以至于中国几乎沦为欧美诸国的学术殖民地。随着20世纪民族主义的高涨，蔡元培、陈寅恪等知识精英一再呼吁中国学者要学术独立，不要尽拾外人牙慧，希望国人能自觉搜集、研究本国的学问材料，以期在知识的建构上有所创造和收获。因此蔡元培建议自立研究院，一方面节约经费，另一方面减少"倚赖之耻"。③ 1921年11月，北京大学评议会通过了《北大研究所组织大纲提案》，决议设立一个"研究专门学术之所"，希望研究所能达到"教员与学生共同研究的机构"之理想。④ 可见，集群体之力，成立专门机构以推动学术发展，在20世纪20年代初的中国学界已成为共识，

①桑兵：《清末新知识界的社团与活动·自叙》，北京：三联书店，1995年，第1—8页。
②蔡元培：《论大学应设各科研究所之理由》，高平叔主编《蔡元培文集——卷三·教育（下）》台北：锦绣出版事业股份有限公司，1995年，第520页。
③刘梦溪：《学术独立与中国现代学术传统》，石家庄：河北教育出版社，1996年，第103页。
④蔡元培：《北大研究所组织大纲提案》，高平叔主编《蔡元培文集——卷三·教育（下）》，台北：锦绣出版事业股份有限公司，1995年，第179页。

是民族主义思想在学术界的体现。

北京大学研究所计划下设国学、外国文学、社会科学、自然科学四门。其中国学门进展最快。在新文化运动中，北大师生积极提倡新思想和新文学，热潮过后，北大学者在近代欧美学术反向关注"中国学"（Sinologist）的刺激下，认为研究"吾国固有之学术"同样重要。1920 年 10 月，北大拟订了《国立北京大学研究所整理国学计划书》，认为"故阐扬吾国固有之学术，本校尤引为今日重大之责任……今日欲阐扬吾国固有之学术，其道尤要于先整理"，[1] 提出了要整理国学。

国学门的快速发展，和 1919 年前后北大的学术环境和整理国故的思潮密不可分。1919 年底，胡适以新文化运动领袖的身份，在《新青年》发表《新思潮的意义》，文章对北大同人介绍新思潮的情况给予了相对完整的总结以及恰当的意义评价，认为新思潮"根本意义只是一种新态度，这种新态度可叫做'评判的态度'，也就是尼采所说的'重新估定一切价值'八个字"。胡适接着指出，对于中国旧有的学术思想，也应该用"评判的态度"来进行整理国故的工作。[2] 也就是说，胡适把"整理国故"这项看似旧有学问的研究纳入了新思潮的运动中去，将其与"研究问题""输入学理""再造文明"并列为新思潮运动的思想纲领之一，这是非常新颖而颇有创造性的提法。用"重新估定一切价值"的评判态度来整理国学，注定了此国学不是彼国学，研究范围与研究内容，会较之以前呈现不一样的面貌。表面看来将"西"之文学与传统的"国故"拉开距离，实际上却是借整理国故以令新文学获得新统的地位。[3]

在蔡元培的支持下，国学门率先于 1922 年 1 月建立，成为整理国故的口号喊出后第一所为实践这一理念而成立的研究机构。在国学门正式创立时，《北大日刊》上登载《启事》说明："本学门设立宗旨，即在整理旧

---

① 马叙伦：《北大整理国学计划书》，《北大日刊》，1920 年 10 月 19 日，第 2 版。
② 胡适：《新思潮的意义》，《新青年》第 7 卷第 1 号，1919 年 12 月 1 日。
③ 林少阳：《从章太炎的"音"至歌谣征集运动的"音"——重审白话文运动》，王忠忱、董炳月编：《东亚人文》，北京：三联书店，2008 年，第 214 页。

学。"① 旧学指中国传统学术，在整理国故的思潮下，实质是在整理旧学的基础上重造新学——名旧实新的"新国学"。

就文学领域而言，"庙堂的文学固可以研究，但草野的文学也应该研究。在历史的眼光里，今日民间小儿女唱的歌谣，和诗三百有同等位置；民间流传的小说，和高文典册有同等的位置"，②这就是以重新估定一切价值的态度，否定了经学具有至高无上的地位，用一种平等的眼光，把经学和歌谣小说同等看待。这种平等的眼光在北大国学门同人那里，成为一种共识，他们摆脱了儒书一尊的观念，认为："一概须平等看待。高文典册，与夫歌谣小说，一样的重要。"③其实自晚清以来，在梁启超开启的新史学的带动下，有关歌谣、俗文的民间文学研究就逐渐受到关注，乃至迅速上升为显学。蔡元培也有意建构新国学，"把固有的'国学'范围扩大。举两个例子来说。一方面是戏曲……又一方面是歌谣"。④

在新知识分子的建构和阐释下，歌谣就这样由乡野妇孺口中的"民"之"歌"变成了"国"之"学"，成为新国学理所应当的学术研究对象⑤。1922 年国学门建立时，歌谣研究会就已经存在，并且有前期歌谣征集和研究的基础，所以，它自然地并入了国学门，成为"国学门的老大哥，是研究所的随娘改嫁的儿子"。⑥歌谣研究会借助国学门平台得到迅速发展。不妨大胆假设下当时的历史情境：如果歌谣研究会没有借助国学门的平台，刘半农、周作人、胡适以及其他人各自不同的文学诉求就无法被放置在同一场域和空间，出版经费也无法保证，《歌谣》周刊的创办就很难实现。

可以说，正是新国学容纳了新知识分子对歌谣的种种不同文学想象和建构。《歌谣》周刊的一作者说，研究歌谣的人分有侧重，有注重民俗、

---

①《研究所国学门启事》，《北大日刊》，1922 年 2 月 22 日。

②胡适：《发刊宣言》，《国学季刊》第 1 卷第 1 号，1923 年 1 月。

③朱希祖：《整理中国最古书籍之方法论》，蒋大椿主编：《史学探渊——中国近代史学理论文编》，长春：吉林教育出版社，1991 年，第 681 页。

④刘俐娜编：《顾颉刚自述》，郑州：河南人民出版社，2005 年，第 57—58 页。

⑤徐新建：《民歌与国学——民国早期"歌谣运动"的回顾与思考》，新北：花木兰文化出版社，2014 年，第 63 页。

⑥常惠：《一年的回顾》，《歌谣周年纪念增刊》，1923 年 12 月 17 日，第 42 页。

音韵训诂、教育或是文艺等方方面面。① 当代的研究者说得更为精辟深入："二十年代的歌谣征集运动虽然与新诗的提倡密切相关，但在实践上政治上与平民文学、白话文、妇女解放等伦理的政治的课题联系在一起，学术上则与新文学、民俗学、人类学、现代语言学、新史学、新国乐等民族主义新学术的新'国学'相联系。"② 也就是说，国学门平台上成立的《歌谣》周刊拓宽了原有的文艺的单一诉求，并与平民文学思潮、白话文运动、国语运动、启蒙主题等之间有了深刻而密切的关联，从而成为新文学重要问题和思潮的孵化器和推动器。

梁实秋当时虽然不满意歌谣运动中的浪漫心态，但他也不得不承认征集歌谣对新文学文艺思潮的影响："在最重词藻规律的时候，歌谣愈显得朴素活泼，可与当时作家一个新鲜的刺激。所以歌谣的采集，其自身的文学价值甚小，其影响及于文艺思潮者则甚大……"③ 五四时期的很多重要作家、理论家、语言学家都直接参与其中，刘半农、周作人、胡适、鲁迅、沈尹默、沈兼士、钱玄同、顾颉刚、董作宾、容肇祖、魏建功、黎锦熙、林玉堂、钟敬文、台静农、何植三……以及常惠、白启明、张四维、邵纯熙、杨世清、刘经庵、卫景周、黄朴、章洪熙等歌谣研究专家，在《歌谣》周刊上各个方面的探讨、交流乃至碰撞推动了新文学自我建构的进程。

二、民族与民主·文艺与学术：极具包容力的歌谣学

在梳理了国学门平台上《歌谣》的诞生过程后，接下来要继续探讨的是"新国学""歌谣""新文学"这几者的关联，或者说为什么只有成为"新国学"的歌谣及民间文学才能凝聚众多知识分子并使其参与到新文学的建构之中？

---

①杨世清：《怎样研究歌谣》，《歌谣周年纪念增刊》，1923 年 12 月 17 日，第 19—20 页。
②林少阳：《从章太炎的"音"至歌谣征集运动的"音"——重审白话文运动》，王忠忱董炳月编《东亚人文》，北京：三联书店，2008 年，第 216 页。
③梁实秋：《现代中国文学之浪漫的趋势》，原载《晨报副刊》1926 年 3 月 25 日，后载《中国现代文学研究丛刊》，1987 年第 2 期。

首先与新文化运动的口号之一"德先生"有着密切关系，"德先生"既指"民族"又指"民主"，而它们共同以"民间"为容纳和旨归。民族、民主、民间这三者成为彼此交织的关键词。之前论述，周氏兄弟民国初年就有过征集歌谣的经历，追求民族性、本土性，为民族文学寻根的激情显现在新文学发生的源头，"外之既不后于世界之思潮，内之仍弗失固有之血脉，取今复古，别立新宗"。[①] 他们相继征求歌谣是向内寻求固有血脉之举，通过民族文学的寻根期冀激发民族意识、培育国民精神，并试图从中挖掘中现代性的因素。"当一个民族/国家迫于外来压力时，本民族/国家的知识精英会从自身的文化传统中发现维系民族/国族认同的民间文化资源，寻求民族/国家振兴的力量源泉。"[②]这是鲁迅倡导立国民文术研究会以理各地歌谣、周作人征求绍兴儿歌童话的深层原因。而且，新国学对"德先生"的阐释还规避了一味强调平民和贵族的对立，而是在民众、平民的基础上加入了民族国家的维度，与重建中国本土文化、表达民族性诉求有了同构的关系。歌谣正是有了国学门的平台，才能使其中蕴含的"民族的"与"平民的"这对互相缠绕又有所异的诉求有了兼容满足的可能，平衡且容纳了歌谣共同体对平民以及平民文学观的不同想象。"源于民众和民间的歌谣说唱等'俗不堪言'的东西，在一批'国学大师'的不断努力下，被纳入了国家正史之中，变成可以用来同西方匹敌的'中国文化之重要部件'了。"[③]《歌谣》周刊由此成为民族主义情感和民主主义理念相交织的文化产物。

　　其次，它与新文化的另一口号"赛先生"也不无关系。歌谣正是被提升至新国学的高度，才打破了旧有的以为它是引车卖浆之流和京津之稗贩的口头艺术观念，成为一门"科学化"的学问，被知识分子拓展成为新的文艺审美资源和新的学术研究范式。胡适在《北京大学月刊》上发表了

---

　　①鲁迅：《文化偏置论》，《鲁迅全集》第 1 卷，北京：人民文学出版社，2005 年，第 45 页。

　　②刘晓春：《民俗与民族主义——基于民俗学的考察》，《学术研究》，2014 年第 8 期。

　　③徐新建：《民歌与国学——民国早期"歌谣运动"的回顾与思考》，新北：花木兰文化出版社，2014 年，第 69 页。

《清代汉学家的科学方法》，另辟蹊径地指出：清代学者的治学方法含有科学的精神，无论是音韵、训诂还是校勘学都体现了假设、证验与归纳的科学方法，倡议当代学者要自觉运用科学方法来整理国故。① 这样，无论从研究内容还是研究方法上，胡适都将"国故"这一旧词赋予了"新意"。"整理国故这种前人早已从事的旧事业，在加上'科学方法'这一时髦词汇后，不仅不再被视为是旧人物所做的落伍工作，反而成了新人物所从事的一种'贯通中西'的学术新事业了。"②

科学的态度和方法吸引了众多文化精英来研究歌谣传说等新国学。五四是一个高举科学的时代，任何研究如果具有科学的价值则能获得学者的青睐和认可。歌谣是新国学，新国学是科学，那么，研究歌谣就是研究科学，自然被赋予了重要的价值和意义。在科学至上的新文化运动高潮中，以研究国学（国故）的学者多少都会有压力感，而通过国学是科学的逻辑阐释，研究歌谣的知识分子对自己的工作会获得一种时代感的肯定和认同。《歌谣》周刊上的一作者用朴实的语言评价歌谣的价值："在以前学术不甚开发的时候，人们只一味的推崇他是至高无上的文学；在如今学科纷繁的时代，他的位置可就更高了，他的价值可就更大了。在史学家认为是史学的中心，在社会学家认为是社会学的中心，在政治学家又认为对于政治上很足以资考镜，至于在文学上的重要，已经是不用说了。"③顾颉刚将歌谣研究设想为一个庞大的学术体系："研究歌谣不但在歌谣的本身，歌谣以上有戏剧，乐歌，故事，歌谣以下有方音，方言，谚语，谜语，造成歌谣的背景的有风俗，地文，生计，交通诸项等等。"④ 多方面的研究诉求吸引了大批知识精英，他们从文艺学、语言学、民俗学、社会历史学等多种不同学科对歌谣及其相关的民间文学进行研究，逐渐发展成一门重要的

①胡适：《清代汉学家的科学方法》，后改作《清代学者的治学方法》，《北京大学月刊》第 1 卷第 5、7、9 期，1919 年 11 月至 1921 年 4 月。

②陈以爱：《中国现代学术研究机构的兴起——以北大研究所国学门为中心的探讨》，南昌：江西教育出版社，2002 年，第 44 页。

③李嶀：《歌谣谚语注释引言》，《歌谣》第 14 期，1923 年 4 月 15 日，第 8 版。

④顾颉刚、舒大桢通信，《歌谣》第 38 期，1923 年 12 月 23 日，第 1—2 版。

"歌谣学"①，多层面地推动了新文学和新文化的建设。

在新国学的光环下，歌谣被发掘为全身都是宝贝的学术和文艺的研究热点。正如研究者言："知识界逐渐形成了有关文学的新共识：诗的产生源于'歌'，文学的正统本于'民'，而使传统形成和推动社会力量则在'学'。"② 对于新文学而言，这些来自民间的天籁之音和肺腑之声被知识分子赋予了解构封建正统文化秩序和建构新文学的功能，为思想建设提供了本土视野与民间资源。歌谣绕不开方言方音、文字词汇，由歌谣的征集记录而注意到方言，《歌谣》促进了国语运动及方言研究，为国语文学提供了新鲜、活泼、自由的创作资源，而且源于民众口中的歌谣自然参与到新诗的建构之中。《歌谣》周刊因为新知识分子的观照和阐释而获得了新文学、新思想的巨大力量。1936 年复刊后继续以独特的存在方式与新文学有着紧密联系并回应着新诗、语言建构等方面的问题。

为了进一步开展对《歌谣》周刊的探讨，清晰《歌谣》周刊的整体面貌，本章结尾对刊物的不同阶段简单列表呈现：

表 1—1　《歌谣》周刊的不同阶段

年代	卷期/时间	主要编辑	排版方式	主要内容
20 世纪 20 年代前期	1 卷 1—48 期 1922.12.17— 1924.3.23	常惠 周作人指导	竖排	各地歌谣以及研究歌谣分类整理等基础理论文章。
20 世纪 20 年代后期	1 卷 49—97 期 1924.4.6— 1925.6.28	顾颉刚 董作宾 容肇祖	横排	减少歌谣数量，突出民俗、传说、方音等学术研究内容。
20 世纪 30 年代	2 卷 1—40 期 3 卷 1—13 期 1936.4.4— 1937.6.26	李素英 徐芳 胡适指导	竖排	各地歌谣、故事及更为理性深入的研究文章。

①钟敬文：《"五四"前后的歌谣学运动》，《中国民间文学论文选（1949—1979）》（上册），上海：上海文艺出版社，1980 年，第 389 页。
②徐新建：《民歌与国学——民国早期"歌谣运动"的回顾与思考》，新北：花木兰文化出版社，2014 年，第 62 页。

第二章
《歌谣》周刊前后时期的嬗变

　　《歌谣》周刊于 1922 年 12 月 17 日创办，以"学术的"和"文艺的"为研究目的和办刊宗旨。20 世纪 20 年代《歌谣》周刊前期张扬平民文艺，侧重登载、研究民众口耳相传的原生态歌谣，努力实现平民文学情感形式的本真式还原，后期逐渐转向了民族学术——民俗、方音等专业探讨。1925 年 6 月 28 日，刊物停刊并入《国学门周刊》。1935 年，北京大学文科研究所决定恢复歌谣研究会。1936 年 4 月 4 日《歌谣》复刊。20 世纪 30 年代刊物对歌谣的选择和登载发生了变化，不再强调原生态歌谣，而是突出历史化、文艺化的雅致歌谣以及通俗易懂的民间文艺。1937 年 6 月 26 日，编辑发出征集民意歌谣（政治歌谣）的建议，并打算开学后继续进行，实际上这是 20 世纪 30 年代《歌谣》的最后一期，刊物在无任何征兆的情况下戛然停刊。

　　以往研究这些过程或多或少都有描述，但往往将 20 世纪 30 年代《歌谣》看成 20 世 20 年代的延续，对两者之间的差异鲜有探讨，而且对两次停刊也归因于社会历史的外在原因，如 1937 年的卢沟桥事变导致 20 世纪 30 年代《歌谣》停刊等。但是通过我们对原始期刊的梳理爬掘，发现一些问题并未得到深入探究：刊物登载的歌谣为什么会发生变化？为什么旨在张扬平民文艺的《歌谣》却被并入《国学门周刊》走向了精英学者的学术研究之路？20 世纪 30 年代中期《歌谣》为何复刊？又为何无疾而终？这些问题如果仅从民俗学、社会历史等外在原因去解释似乎不能让人信服。实际上，20 世纪 30 年代《歌谣》在办刊宗旨、研究思路上较 20 世纪 20 年代发生了重大变化，如果说 20 世纪 20 年代《歌谣》突出的是"民"之文艺与学术的话，20世纪30年代《歌谣》则站在知识分子的文学批评立场，以理性主义、用重新阐释的歌谣来回应新文学发展中的问题。

本章引入新思路：将《歌谣》周刊放置在特定的历史语境、文化思潮和文学场域之中，细致梳理其前后期的嬗变并把这些变化视为新文学自我建构的有机组成部分，这样的视角能解决《歌谣》发展节点上关键但常常语焉不详的问题，使我们更清晰地洞察刊物发展变化的深层脉络，并窥见新文学现代性进程中的矛盾张力和民族民主诉求。

第一节　20世纪20年代《歌谣》：始于平民文艺，止于民族学术

20世纪20年代《歌谣》由北京大学研究所国学门歌谣研究会出版，每周一期，开始属于《北大日刊》附张，每周一随日刊加赠。从25期开始，因影响力扩大改为另售。版面为小型16开8版。登载内容为征集而来的各地歌谣以及研究歌谣的理论文章，排版为竖排。1923年12月17日印行《歌谣周年纪念增刊》，16开45版，鲁迅设计封面"星月图"，汇集了新文学家、语言学家讨论和歌谣相关的文学语言问题。后期加入了民俗、传说、方音等内容，逐渐向民族学术的研究路径转变。1925年6月28日出满97期后停刊，并入《国学门周刊》。20世纪20年代《歌谣》与五四时期的文学思潮、文学理论、文学现象都有着千丝万缕的联系，以不同的方式参与到新文学的自我建构中去。本节在梳理期刊史料、脉络走向的基础上，一方面从《歌谣》周刊的角度看到新文学在西方影响之外开辟的民间化、平民化的另一传统；另一面从新文学发展建构的视角洞悉刊物由平民文艺走向精英学术的内在原因。20世纪20年代《歌谣》出于重构新的文学审美传统，对传统文学、正统文学进行刻意反拨和颠覆。但在这一过程中出现了过度推崇、提升歌谣本身价值的现象以及"惟平民、惟白话、

惟口语"的非理性的意气之声。应该说，价值理想的革新与"文学"的本质时有矛盾使得刊物最终走向了学术研究。

一、前期：平民之文艺

《歌谣》前期名义上周作人主任"歌谣研究会"，实际上刊物的编辑工作主要由北大学生常惠来做。作为五四培养的新青年，常惠张扬的是民主思潮下的平民之声。开宗明义要打倒贵族文学，建设平民文学。努力实现平民文学情感形式的本真式还原，突出民众艺术的质朴、真实、自然的审美观念，侧重于歌谣的搜集整理与分类，为五四新文学提供了资源和素材。它建构了西方影响之外的平民化、民间化传统，是对传统文学、正统文学的刻意反拨和颠覆。

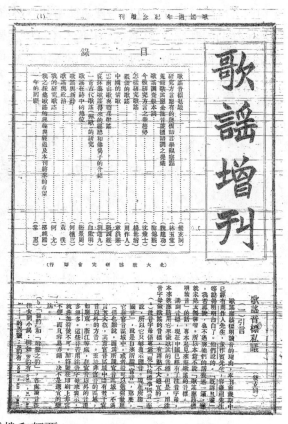

创刊初期即发表《我们为什么要研究歌谣》："现在文学的趋势受了民间化了，要注意的全是俗不可耐的事情和一切平日的人生问题，没有工夫去写英雄的轶事，佳人的艳史了。歌谣是民俗学中的主要分子，也就是平民文学的极好的材料……贵族的文学从此不攻而破了。"① 旗帜鲜明地将歌

---

① 常惠：《我们为什么要研究歌谣（下）》，《歌谣》第 3 期，1922 年 12 月 31 日，第 1版。

谣置于贵族文学的对立面，以此来倡导平民文学、弘扬真正的民众艺术，崇尚平民文艺自然、真实、日常的审美观念，甚至不乏"惟平民"的意气之言。

20世纪20年代《歌谣》前期无论是征集还是登载歌谣，都以求真为第一宗旨和原则，非常重视材料的原本真实，"非得亲自到民间去搜集不可；书本上的一点也靠不住……有一点润色的地方，那便失了本来面目"。① 可见，常惠编辑时期强调流传在当下百姓口头的活态的、原生态的歌谣，努力达到原生口语文化的本真性还原，自觉将文人的唱本俗曲等排除在外（唱本在顾颉刚等编辑的第二阶段才出现）。常惠与读者白启明的通信，提醒他注意不要把唱本混入搜集的歌谣中去："我们研究歌谣的人不能不注意坊间的唱本儿，不然时常的要受他的骗。坊间的唱本儿似是ballad，民谣似是folk－song。他们是在'民俗学'（folk－lore）中并立的，不是歌谣可以包括唱本的。"② 《歌谣》第七期，沈兼士写给顾颉刚的信中特意将"自然民谣"与"假作歌谣"相区分，并强调不要搜集广东的粤讴、苏州的弹词小调等，认为那些只是"假作歌谣"，没有自然民谣那么单纯质朴。③可见，在当时歌谣征集者的评价中，对自然歌谣与假作歌谣是有着审美价值的高低上下之区分的。推崇自然民谣，排除假作民谣，是这一时期《歌谣》作者和读者的总体认识。一读者给刊物去信："我看见'编辑，审查'四个字，不由得替中国歌谣打了一个寒战。因为你们都是文学家，当那编辑和审查之时，倘若小百姓嘴边吟咏出来的东西，你们看不上，也要弄笔墨润色一下，那么，我恐怕与你们征集歌谣的本旨违反了！不知您以为怎样？如果编辑只限于排列歌谣的次第，而审查亦只限于辨别歌谣的真伪，那么我就钦佩到万分了。"④

为什么会这么强调歌谣的原生态、纯粹性？

首先，以周作人为代表的民俗学主张者希望从文人未加染指的原生态

---

①常惠：《我们为什么要研究歌谣（上）》，《歌谣》第2期，1922年12月24日，第1—2版。

②白启明、常惠通信：《几首可作比较研究的歌谣》，《歌谣》第4期，1923年1月7日，第3版。

③沈兼士、顾颉刚：《歌谣讨论》，《歌谣》第7期，1923年1月28日，第4版。

④常惠、蔚文通信：《歌谣》第4期，1923年1月7日，第4版。

歌谣中洞察到社会民众的心理，发现和理解民众的情感方式和生存状态。“堆垛式”的儿歌、赤裸裸的情歌、直率毫无遮拦的妇女歌恰恰蕴含着人的现代性因素和启蒙力量，能解构中国传统精英式的文化文学秩序，符合五四民主思想和人道主义精神，为新文学的思想建设、人的文学提供大量生动鲜活的资源。直隶儿歌“日头出来红缸缸，爹爹送我上学堂。先生打我无情板，我骂先生好大胆。先生骂我小杂种，我骂先生大粪桶”①充满了对儒学礼教的犀利讽刺；反映家庭问题的歌谣“豆芽菜，水溯溯，谁家儿媳妇打公公。公公拿着拐棍拐，媳妇拿着咂头甩，甩了公公一脸奶。吧嗒吧嗒嘴，好甜奶！”②呈现出民间的生活逻辑秩序。中国现代民俗学的研究从一开始就是五四时期国民性改造的探索的有机组成部分。“研究中国文化，从代表的最高成绩看去固然是一种方法，但如从全体的平均成绩着眼，所见应比较地更近于真相。”③“把史学的兴趣放到低的广的方面来……虽是寂寞的学问，却于中国有重大的意义。”④

其次，对于新文学的语言建构来说，“无论如何，不可润色”体现了区别于传统文人的新的文学语言审美，即要张扬白话口语、自然朴实、最大多数人的文学语言，不避粗俗甚至以俗为美、以俗为雅，进而对传统雅俗语言观念进行颠覆。刊物登载的歌谣一方面呈现了民间百姓口头文学的活语言，另一方面，胡适、周作人等也试图从中挖掘出鲜活的方言词汇以促进文学的国语。对一些粗鄙的方言词汇，刊物一本正经地进行解释，客观地去注释。如一首湖北儿歌中《幺幺弟弟》：“先生，先生你莫打我，我回去吃口渣渣来。”注释写道：“渣渣，鄂人谓乳也。”⑤为了尽量还原歌谣的原生口语形态，在选录的每首歌谣中，都注明有收集人、通行的地方，方言字的解释、注音、民俗的介绍等，尽量贴近语言的原生态，有些选登

①直隶儿歌《日头出来红缸缸》，《歌谣》第34期，1923年11月25日，第5版。

②常惠：《歌谣中的家庭问题》，《歌谣》第8期，1923年3月4日，第2版。

③周作人：《拥护〈达生编〉等》，1930年6月16日刊《骆驼草》第6期，钟叔河编：《周作人散文全集》，(1927—1931)，桂林：广西师范大学出版，2009年，第674页。

④周作人：《十堂笔谈·风土志》，《新民声》，1945年1月16日。

⑤湖北儿歌《幺幺弟弟》，《歌谣》第21期，1923年6月3日，第4版。

的歌谣堪称详尽，如第一期的一首浙江民歌《落拓姑娘》①，整整用了19个注释来解释方言词汇。

另外，自然民谣还有凸显文学区域性的功能。登载的歌谣都以地方分类，孙少仙《论云南的歌谣》、张四维《云南山歌与猓猡歌谣》等突出了歌谣的地域性特征。刊物一开始就有搜集全国所有地区歌谣的雄心和打算。顾颉刚在回答读者舒大桢来信时不无遗憾地指出歌谣材料"地域尚未

普遍……贵州甘肃福建等省极少，黑龙江新疆等省竟没有了……"② 也就是说，着眼国家整个版图是《歌谣》周刊的格局所在，希望呈现出各个地方的风土文化，和新文学发展过程中强调地域性和风土性相关。"分地之中，京语、吴语、粤语的最为重要，因为这三种方言，各有其特异之处，而产生的文学也很多。"③

应该说，20世纪20年代前期，刊物着眼于原生态歌谣，以平民文学

---

①浙江民歌《落拓姑娘》，《歌谣》第1期，1922年12月17日，第5版。
②顾颉刚、舒大桢通信，《歌谣》第38期，1923年12月23日，第1版。
③朱自清：《粤东之风序》，《朱自清精选集》，北京：燕山出版社，2010年，第196页。

的本真式还原为中心，对歌谣的起源特质、表现方法、艺术价值、歌谣与新诗的关系，歌谣的研究方法以及在搜集整理分类中的理论问题等进行了广泛而不乏深入的探讨，这些方方面面的研究为白话文学提供了合法化的证明，开辟了西方影响以外的新文学的另一传统。

二、后期：民族之学术

20世纪20年代后期由歌谣的研究而蔓延至方言方音、风俗民情，国学门在"歌谣研究会"基础上又相继成立了"风俗研究会"和"方言调查会"，[①]《歌谣》周刊同时充当了这两会的会刊[②]，内容由平民文艺转向了民俗、传说、方音等民族学术研究。这些研究使得刊物的重心逐渐由"平民文学"转向了对"民族性"问题的倾斜和倚重。无论是顾颉刚等的"孟姜女传说"还是考订"方言音声"的探源之旅，都折射出民族文化的巨大向心力，反映出新文学作家对民族语言、文学、文化的主动认同、自觉利用和积极回归。

研究范围和思路较之前发生了改变。首先把歌谣的范围回溯至历史，"横的材料固然要紧，纵的材料也是同样的重要。自有人类以来，歌谣就不曾断绝过，但记录在文字上，流传至今日的，真是少极了。材料虽少，但我们为了解她的历史起见，还不能不竭力搜集"[③]，白启明《一首古代歌谣（弹歌）的研究》、顾颉刚《从诗经中整理出歌谣的意见》等努力对歌

---

①1923年5月24日，风俗调查会正式成立，张竞生任主席。（后为江绍原）。方言研究会于1924年1月26日正式成立，林玉堂（后改名为林语堂）为主席。

②《歌谣》第44号公布《本会启事》："歌谣本是民俗学中之一部分，我们要研究它是处处离不开民俗学的，但是我们现在只管歌谣，旁的一切属于民俗学范围以内的全都抛弃了，不但可惜而且颇感困难。所以我们先注重在民俗文艺中的两部分：一是散文的：童话，寓言，笑话，英雄故事，地方传说等；二是韵文的：歌谣，唱本，谜语，谚语，歇后语等一律欢迎投稿。再倘有关于民俗学的论文，不拘长短都特别欢迎。"从1924年2月起，《歌谣》把搜集的范围扩大到民俗文艺，成为风俗研究会的代会刊；林玉堂在第47号《北大研究所国学门方言调查会宣言书》中说："发表文字机关暂用北大《歌谣周刊》，将来成绩渐多，当可自出定期刊物，以专研究。"《歌谣》同时成为方言研究会学术交流的媒介，学者们讨论有关方言研究之各种问题的重要场所。

③顾颉刚舒大桢通信，《歌谣》第38期，1923年12月23日，第1版。

谣进行民族性历史探源，改变了之前只重视近世歌谣和原生口语的趋势。傅振伦提议道："现代的歌谣，可以代表现代人民的风俗习惯，好憎诸情，然过去之歌谣，已有可研究之价值，一可为历史的资料，二可知人民风俗习惯之沿革及变迁。本校研究所国学门歌谣研究会，因忽略古代的歌谣，专过于现代的歌谣，故特书此意，望本会诸先生，酌量容纳。"①从刊物的内容看，编辑接纳了此建议，将前阶段排斥的唱本、俗曲都纳入进来。顾颉刚的《吴歌甲集》②《孟姜女系列》中很多都是唱本、鼓词，如《孟姜女寻夫鼓词》《孟姜女十二月花名唱春调》③《最新孟姜女十二月花名唱本》《孟姜女十二月歌》《孟姜四季歌》《孟姜女哭长城唱本》④、《孟姜仙女宝卷》⑤等。

　　研究思路也发生改变，他们从浩如烟海的中国古代史书、方志、笔记、唱本、俗曲、宝卷等典籍中，去查询、考证有关歌谣及传说故事的民俗、风情的资料，并将它们系统地抄整和编排出来，将研究触角蔓延至中国古代历史、文学中，以独立的文化观念重新梳理和结构起来学术系统，看起来运用的还是中国传统的考据学方法，其实是用新的学术观念对新国学进行现代性阐释，以此来表达重新构建现代化价值系统的诉求。

　　余英时曾说："在五四时代，中国传统中一切非传统、反传统的作品（从哲学思想到小说戏曲歌谣）都成为最时髦的，最受欢迎的东西了。"⑥《歌谣》周刊上的研究者把一般人仍视之为不登大雅之堂的歌谣传说看作一种学问，郑重其事地加以研究，这种新的学术观念表明新知识分子已经彻底摆脱了经学的束缚，而具备一种学术平等的眼光，开创了一条新的现

---

① 傅振伦：《歌谣杂说》，《歌谣》第 68 期，1924 年 11 月 16 日，第 1 版。

② 顾颉刚：《吴歌甲集》，《歌谣》第 64 号—84 期连续刊载。

③《孟姜女寻夫鼓词》《十二月花名（唱春调）》《歌谣》第 73 期，1924 年 12 月 21 日，第 6—8 版。

④《孟姜女十二月歌》，《孟姜女四季歌》，《孟姜女哭长城（河南唱本）》，《歌谣》第 76 期，1925 年 1 月 11 日。

⑤《孟姜女宝卷》，（民国乙卯年岭南永裕谦刊本，由广西象县寄到，原题"云山风月主人编辑，琅琊松堂氏评订"），《歌谣》79—83 号连续刊载。

⑥ 余英时：《五四运动与中国传统》，萧延中，朱艺编《启蒙的价值与局限——台湾学者论五四》，太原：山西人民出版社，1989 年，第 82—83 页。

代人文学科的学术道路。

新的学术观念仍然与民族、民主的诉求密不可分。比如林玉堂就认为方言调查并不是单纯的"小学"研究，而是和更广泛、更深入的民族学、殖民史有着不可分的关系①。"凡方言的现象如语音、词汇、语法，俱当用历史的及比较的方法研究整理它。凡与中国语言之研究有关系的，都在研究范围之内"。②表明了新文化的寻根之旅逐渐向纵深处拓展，从歌谣的枝叶触及方言、方音的根须，以技术标音为表，以民族探源为里，将前一阶段的方言讨论更加落到实处。顾颉刚在《孟姜女故事的演变》③中梳理了历史中演变的孟姜女形象，从正典里恪法守礼的贵妇人杞良妻，到民间传说里哭倒长城、雪送寒衣的平民女子，其形象建构表达了民众对爱情的追寻和对礼教的疏离。顾颉刚的阐释赋予了其新文化和新文学的价值意义，升华了其反礼教的命题与现代意义，从而建构新文化的自身伦理与价值情感，引发了刘半农、钟敬文、郭绍虞、刘策奇、何植三、钱肇基、魏建功、容庚等新文化人的高度热评和积极参与，"一时成了好几十位学者共同的课题，有帮助收集歌谣、唱本、鼓词、宝卷和图画、碑版的，有通讯分析讨论故事内容的……"④ 接连 9 期的"孟姜女专号"，成为这一阶段《歌谣》上最热烈持久也最广泛的关于民众文学的讨论。可以说，孟姜女研究热潮是学者学术观念革新的产物，只有在民族民主的诉求下，散布于各处的材料才会凸显出来，众多学者才会积极参与，形成热门学术课题。如研究者所言："直指建立'国民文学'，书写'国民历史'的时代洪流，

①林玉堂：《北大研究所国学门方言调查会宣言书》，《歌谣》第 47 期，1924 年 3 月 16 日。宣言书明确指出："然而仅此语原学的考证，绝不足以当方言研究的自身。按方言调查，除去研究词汇同异之外，还有种姓迁移的历史，苗蛮异种的语性，古今音变的系统，方言语法的进化等连带问题，都是方言研究份内的事。凡研究一方言，必并考察其背景历史，以穷究其源流；得一音变，必并考察其与临近方音原委之关系。即便异方方言，语不出于经史载籍，也无妨比串同异以求索周秦以往的语言系统，如西藏等语。是今日方言调查范围，非仅区区训诂之一事，而实为与音韵学、殖民史、印度支那语言学等不可分离的一种研究。"

②《方言研究会简章及第二次常会纪事》，《歌谣》第 55 期，1924 年 5 月 18 日，第 16 版。

③顾颉刚：《孟姜女故事的演变》，《歌谣》第 69 期，1924 年 11 月 23 日，第 1—8 版。

④魏建功：《〈歌谣〉四十年》，《民间文学》，1962 年第 2 期。

此趋势自晚清肇端，至共和建立、确立其合法性；而到'五四'平民运动的时代，更具有空前的政治期待……投射了他们对'民众'这一成长中的全新政治主体无限的想象。"① 此外，无论是顾颉刚以歌谣重释《诗经》②、探讨民情风俗、婚俗的《腊八粥专号》③《婚姻专号》④，还是董作宾的《看见她》研究⑤、钟敬文的歌谣《杂谈》⑥，莫不是民族、民主价值立场的表征所在。

民之学术立足于历史的歌谣、民间传说的变迁以及方言、方音的流转之中，既有民族性的探源，又与对现实社会的改造密切结合，某种程度上超越了书斋而具有了更加广阔的天地，在文学研究和创作上极富有方法论意义。"把传统的学问从仅限于经史子集，一下拉到对民间歌谣、戏曲、传说、故事以历史科学的现代方法进行研究，把五四后文人的民间意识落到实处，把平等的观念落实到高雅的学问中……在'为人生'的新文学环境下，大大促进了文人作家与民众的感情交流和向民众情感的认同。"⑦ 这种情感认同是新文学深入现实的体现，呈现给新文学作家芜杂而丰富的历史、社会现状和民间文学样态。

同时，《歌谣》周刊培养了钟敬文、台静农等新文学作家。钟敬文是歌谣运动的后起之秀，也是后来少有的始终执着于民间文学和民俗学的学

①彭春凌：《五四前后顾颉刚的思想抉择与学术径路》，《现代中文学刊》，2009 年第 8 期。

②顾颉刚：《写歌杂记》，《歌谣》第 91 期，1925 年 5 月 17 日，第 7—8 版。

③《专号三"腊八粥"》，《歌谣》第 75 期，1925 年 1 月 4 日。

④《婚姻专号》（之一至四），《歌谣》第 56—59 号。

⑤董作宾：《看见她》，《歌谣》第 62—64 期。

⑥《歌谣》后期专门为钟敬文开辟"杂谈"栏目来登载他的随笔和小品，收入其 15 篇学术小品，分别是 1. 读"粤东笔记"（67 号、68 号 7 版）；2. 南洋的歌谣（70 号 8 版）；3. 山歌（71 号 7 版）；4. 潮州婚姻的俗诗（72 号 7 版）；5. 海丰人表现于歌谣中之婚姻观（74 号 6 版）；6. 猥亵的歌谣（74 号 8 版）；7. 故事之俚谚（77 号 7 版）；8. 从故事篡改出来的歌谣（77 号 8 版）；9. 附会的歌谣（78 号 7 版）；10. 歌谣之一种表现法——双关语（80 号 7 版）；11. 海丰的邪歌（81 号 6 版）；12. 故事的歌谣（85 号 7 版）；13. 再谈海丰医事用的歌谣（85 号 7 版）；14. 偏韵语（85 号 7 版）；15. 叠韵语（85 号 8 版）。

⑦王文参：《五四新文学的民间文学资源》，博士学位论文，兰州大学，2006 年，第 30 页。

者。北大歌谣征集活动开展时，远在广东的年轻的钟敬文"作为一个刚见世面的青年，象触了电似的，我蓦地被卷入了这文化的狂潮里去。除了奋力学习新文学之外，我又不知疲倦地在周围的人们采录民间歌谣、故事。"① 1924 年，他开始频繁地向刊物投稿，② 仅仅数月就邮寄了上百首海丰歌谣，在业内崭露头角，成为圈子中活跃的民间文艺爱好者。对歌谣的热爱激发了他投身于白话诗与散文的创作，散文集《荔枝小品》《西湖漫拾》，诗集《海滨的二月》《未来的春》等为新文学留下了浓重的一笔。1934 年，阿英编《现代十六家小品》，将钟敬文和周作人、俞平伯、朱自清等一起选为 20 世纪二三十年代的散文大家。由于文学情结，钟敬文这一时期侧重于歌谣、传说、故事等民间文学的研究。《恋歌集》收录广东东江一带客家山歌，"恋歌一卷亲收拾，要与风诗补粤音"。文学上的偏爱使得钟敬文投身并引领的民俗学科有着中国独有的文学文艺特色③。台静农的新文学之路同样由征集歌谣而引发。1922 年他在北京大学国文系旁听，1924 年转到研究所国学门半工半读。这年 8 月，台静农应常惠之请，回故乡收集民歌，费时半年，总计收 2000 多首④。第二年，台静农将征集的家乡民歌进行整理并以"淮南民歌第一辑"为题在《歌谣》的"专集"栏目发表。这段时间也是他结识鲁迅、组织未名社、创作短篇小说和散文的时期。可见，其民歌搜集活动与新文学的创作相互促进，相辅相成。《淮南民歌》中的乡言土语、文化风俗、民间伦理等都出现在小说集《地之子》中，使其成为 20 世纪 20 年代乡土小说的代表作家。

---

① 钟敬文：《七十年学术经历纪程》，《北京师范大学学报》，1993 年第 4 期。

②《歌谣》周刊第 54 期的"来件"一栏记载"1924 年 4 月 16 日收到钟敬文广东海丰歌谣六则"，61 期"来件"记载"1924 年 6 月 20 日收到钟敬文恋歌集一册（内海丰山歌七十二则）"，64 期记载"1924 年 8 月 9 日收到钟敬文广东海丰语谣杂谈二册"。

③ 日本的专家们认为中国的民间文学研究有自己的特色，都属于"歌谣"周刊这一派。实际上即是民间文学的"中国学派"。段宝林：《北大〈歌谣〉周刊与中国俗文学》，《中国俗文学七十年——"纪念北京大学〈歌谣〉周刊创刊七十周年暨俗文学学术研讨会文集"》，北京：北京大学出版社，1994 年，第 12 页。

④ 夏明钊：《台静农略传》，《江淮文史》，2001 年第 3 期。

三、走向及原因

耐人寻味的是，本是旨在张扬平民文学的《歌谣》最终却走向了精英学者的专业学术之路。后期大量版面用于方音方言、孟姜女专号、婚姻专号等民间传说及民俗的理论探讨，越来越偏重于学术研究。"周刊上有关风俗传说、方言研究的文章越来越多，以致歌谣的刊载反较此二者为少，不免显得名实不符"。①于是，1925 年 6 月 28 日《歌谣》97 期发表声明，刊物停止发行，准备归并至北京大学研究所《国学门周刊》。1925 年 10 月 14 日，《国学门周刊》正式出版②，至 1926 年 8 月 18 日停刊，前后出版了两卷 24 期。内容包括歌谣、唱曲、风俗、传说、语言文字及训诂、学术思想、考古学、金石学、目录及校勘等。可以看出，歌谣只是占据了其中少量的部分，而其他的文章大多属于学院派的专业化研究。专深的研究不但排斥了民众，就连普通的知识分子也难以介入其中。也就是说，《歌谣》周刊始于新诗范本的寻找、平民文学的建构，却逐渐与新诗、平民文学渐行渐远，走向了精英学者的学术研究。

这种转变原因自然有多种，如不同编辑的关注差异、不同学科对文化资本的争夺等。但如果从新文学建构的视角也许能看到更为内在的枢机：某种程度上，正是过于推崇歌谣的文学价值，"惟平民"和过度强调言文一致的文学革命激情无法转化成新文学有效的创作实践才导致《歌谣》由平民文艺转向了民族学术的研究。梁实秋评价歌谣征集说"其自身的文学

---

①陈以爱：《中国现代学术研究机构的兴起——以北大研究所国学门为中心的探讨》，南昌：江西教育出版社，2002 年，第 210 页。

②在《国学门周刊》首期的《缘起》中，说明该刊出版原委及编辑方针如下："国学门原有一种《歌谣周刊》，发表关于歌谣的材料。去年风俗调查会成立，也就借它的余幅来记载一点消息。后来浸至一期之中，尽载风俗，歌谣反付缺如，顾此失彼，名与实乖。兼之国学门成立以来研究生之成绩，及各学会搜集得来整理就绪之材料，日积月累，亦复不少，也苦于没有机会发表。于是同人遂有扩张歌谣周刊另行改组之举。这个新周刊包括国学门之编辑室，歌谣研究会，方言调查会，风俗调查会，考古学会，明清史料整理会所有的材料组合而成。其命意在于将这些材料编成一个略有系统的报告，以供学者之讨论，借以引起同人之兴趣及社会之注意。"

价值甚小，其影响及于文艺思潮者则甚大"①，此说甚为客观。歌谣提供给新文学的，更多是一种平民立场、文艺思潮、审美变迁和民间质素。然而，一旦落实在具体的文学实践活动上，就会面对诸多问题、含混和复杂。

常惠《我们为什么要研究歌谣》中提出要亲自到民间去搜集才能获得真正的平民文学。他借用胡适的"死""活"文学的两分法来分析古代的文学，认为从民间采集来的《诗经》《孔雀东南飞》《楚辞》的部分是民众的艺术，是"活文学"；而被文人沾染过的《古谣谚》《木兰辞》等由于动笔太多，是"死文学"。不过作为新青年的常惠比胡适的语言观念更为激进，胡适还承认唐代的李白、杜甫、白居易的诗歌有些是白话的、平民的，②但常惠认为他们的诗歌还不够"民众""自然"和"白话"，在贵族/平民的决然对立下，将语体文的口语特征推到了极致：

> 到了后来，拟古诗的多了，和个人的吟咏多了，就不注重民众的艺术。最明显的是唐朝李白把民众的乐府尽量模拟，从他手中把民间的意味葬送了，即是结了一笔清帐。杜甫又给不自然的诗翁开了一个新纪元，更把民俗的诗人排斥得净尽。所以学杜的人成了癖，就能作首伤心的诗，什么"舍弟江南没，家兄塞北亡。"像这样的人，他能作得出民歌中的"黑夜听着山水响，白日看着山水流，有心要跟山水去，又怕山水不回头"吗？

> 要是提到白居易作新乐府来谄媚皇帝，更不足道了。有些文人作的乐府中的"谣"，直到如今不断，还成什么东西呢。再说司空图对于诗的体裁是最讲究的了，他的"诗品"中《典雅》篇，里边有两句"玉壶买春，赏雨茅屋"。而今的民俗诗里也有两句没人不知道："小雨儿淋淋，烧酒儿半斤！"其中的意味、句法、那样比不上他？据我个人的意见，觉得这两句民俗诗，比那大诗翁司空图的高的多。我看他们只配作那"关门闭户掩

---

① 梁实秋：《现代中国文学之浪漫的趋势》，原载《晨报副刊》1926年3月25日，后载《中国现代文学研究丛刊》，1987年第2期。
② 胡适《白话文学史》，长沙：岳麓书社，2010年，第262页。

柴扉，一个孤僧独自归"的诗，就算了吧。再由宋朝到现在更不能提起，即便偶尔有一二本研究歌谣的书，总是取自某书，绝没有从民间得来的。只有在清人的笔记等杂书里或者偶然能碰见几首。①

　　常惠的观点在 20 世纪 20 年代《歌谣》周刊上颇有代表性。章洪熙、卫景周等都认为歌谣有着最高的文学价值，文人诗词无法与之相比。然而，一个毋庸置疑的事实是：歌谣在语言形式和表现方法上要比文人诗词逊色。民众口中的歌谣本是自我抒发情感的产物，不太注意精巧对仗和用典化古等技巧，这也是歌谣同人推崇民歌的原因。"天然去雕饰""清水出芙蓉"是歌谣的优点，但凡事过犹不及，张扬到极端则强调一定要用平民的语言写平民自己的生活。但什么才是平民的语言？口语或白话是否能够作为文学语言创作的主流？

　　平民思潮的文学体现是语言上倾向普及，主张"村妪妇孺皆可懂"②的白话语言，以白话文学为正宗，推崇口语；在内容上重视平民文艺、民间文学，以平民文学为上流，注重民众。当这种思潮发展为"主义"后就不仅崇白话，而且废文言；不仅推崇平民文学，而且一定推倒贵族文学，"白、文"，"平、贵"被决绝对立、不能相容。这些是当时价值观念革新的必然产物，也是文学革命破旧立新的外在表征。不过革命的激情与"文学"的创作实践时有矛盾。"文学是语言的艺术，却不是语言本身"。③ 文学的特殊本质使得刊物无法在极端的平民文学以及完全的口语主张中持续下去，最终转向了学术的研究，呈现出新文学在自我建构过程中的多重探索和经验局限。

----

　　①常惠：《我们为什么要研究歌谣（上）》，《歌谣》周刊第 2 期，1922 年 12 月 24 日，第 1—2 版。
　　②胡适：《白话文言之优劣比较》，姜义华主编：《胡适学术文集·新文学运动》，北京：中华书局，1993 年，第 7—9 页。
　　③王富仁：《中国现代诗歌的发展》，《江苏社会科学》，2003 年第 1 期。语言学家雅各布森也曾言："文学的特殊标志是这样一个事实，一个词是被当作词来感受的，它不仅仅是一个所指客体或一种感情爆发的代表，词以及词的安排、意义、内在和外在形式要求有自己的地位和价值。"见范大灿编：《作品、文学史与读者》，北京：文化艺术出版社，1997 年，第 49 页。

第二章　《歌谣》周刊前后时期的嬗变

059

第二节　20世纪30年代《歌谣》：
始于文学理性，止于民意表达

20世纪30年代的文坛较之20年代发生了巨大的变化，之前的歌谣同人风流云散，命运殊途，"向左"（顾颉刚）、"向右"（周作人、胡适）各有其人，而征集歌谣的先驱刘半农已在1934年病逝于绥远民歌采集的途中。第二个十年的文学主潮随着整个社会的变革而变得空前政治化，左翼的文艺大众化讨论，新诗遭遇"用中文写的外国诗"的质疑，都使民间的、本土的、民众的歌谣始终潜伏在不同的文学文化诉求之中。1934年，朱瑞轩在徽州获得了冯梦龙记录的万历刻本《山歌》，随即引起了顾颉刚、周作人、胡适、郑振铎、钱南阳等人的强烈兴趣，第二年，顾颉刚校订后出版。尽管每个人的关注不同，顾颉刚侧重民众的革命性，认为冯梦龙为民众知音，"把亿万被压迫者的梦想和呼声流传给我们"，而周作人偏重文学之根本，将其放置在明季新文学的总体语境中进行解读，但他们都一致地高度肯定该书对于文学研究的意义与价值。文学大众化的背景与《山歌》的发现刊行激发了知识分子对歌谣的重新研究，导致了《歌谣》的复刊。

20 世纪 30 年代《歌谣》并非 20 年代后期学术之研究思路的延续，而是重新回到文学上来。胡适在《复刊词》中说："我以为歌谣的收集与保存，最大的目的是要替中国文学扩大范围，增添范本。我当然不看轻歌谣在民俗学和方言研究上的重要，但我总觉得这个文学的用途是最大的，最根本的。"① 不过，此时文学的平民指向发生了变化，不再强调原生口语的歌谣，而是突出文艺根性的雅致歌谣，立足于文学性的理性批评话语。但 30 年代中期特定的社会环境使得歌谣不可能也不总是唯美抒情的歌唱，刊物最终越过了不涉政治的原则，发出了民意歌谣的时代强音，预示出新文学在第三个十年中的走向、风格和战时特点。激进的姿态与保守的文艺初衷相背离是 20 世纪 30 年代《歌谣》周刊戛然停刊的根本原因。

一、重回文学性与理性主义

1936 年 4 月，胡适"站出来重新收拾旧山河"② 担任了复刊后《歌谣》的主编，并邀请徐芳③、李素英④两位女士担任实际的编辑工作。

和 20 世纪 20 年代旨在张扬平民文艺相比，20 世纪 30 年代对歌谣的

①胡适：《复刊词》，《歌谣》第 2 卷第 1 期，1936 年 4 月 4 日，第 2 版。
②刘锡诚：《北大歌谣研究会与启蒙运动》，《民间文化论坛》，2004 年第 3 期。
③徐芳（1912—2009），江苏无锡人，1931 年考入北大，本科阶段师从胡适研究中国新诗，1935 年毕业留校任北大文学研究所助理员，协助胡适整理文稿，并衔之命编辑《歌谣》。徐芳的诗歌成就在其晚年被陈子善、蔡登山等发现，早年与胡适的师生恋情也随之被披露。20 世纪 30 年代的诗歌创作和研究成果——《中国新诗史》《徐芳诗文集》封尘 70 多年后于 2006 年台北出版。
④李素英（1910—1986），又名李素。广东梅县人。1929 年考入燕京大学，师从顾随研究古诗词，国文水平和文学才能曾得到钱穆、吴宓、冰心等人称赞。1933 年毕业后任哈佛燕京学社研究员兼做燕京大学研究院研究生，师从顾颉刚开始对近世歌谣进行研究。硕士毕业论文为《中国近世歌谣研究》，在顾颉刚推荐下，担任《歌谣》周刊编辑。

阐释发生了转变：不再提倡原生口语的俗，而是试图将歌谣拉回文艺的雅致正统之路，强调其文学性和文艺根性。胡适把歌谣指向两个方面：一是已经历史化、经典化的歌谣范本，"诗三百篇的结集，最伟大最永久的影响当然是他们在中国文学上的影响，虽然我们至今还可以用它们作中国古代社会史料。我们的韵文史上，一切新的花样都是从民间来的。三百篇中的国风二南和小雅中的一部分，是从民间来的歌唱。楚辞中的九歌也是从民间来的。这些都是文学史上划分时代的文学范本"；二是符合传统文学审美标准的歌谣，"民间歌唱的最优美的作品往往有很灵巧的技术，很美丽的音节，很流利漂亮的语言，可以供今日新诗人的学习师法"。[1] "最优美的作品"意味着民众口中的歌谣已经过文人的审视和筛选。胡适号召：

> 我们现在做这种整理流传歌谣的事业，为的是要给中国新文学开辟一块新的园地。这园地里，地面上到处是玲珑圆润的小宝石，地底下还蕴藏着无穷尽的宝矿。聪明的园丁可以掘下去，越掘的深时，他的发现越多，他的报酬也越大。

"玲珑圆润的宝石"而非粗粝的原生石块，说明歌谣被雅化，成为胡适等自由主义文人眼中抒情的、审美的文化资本。

最明显表现在选载的歌谣上，700 余首，基本过滤掉 20 世纪 20 年代那些带有俗语俗字，甚至粗语脏字的原生态歌谣，而呈现出优美、雅致的文学面貌。首先是词汇的文雅艺术、独具匠心，如安徽歌谣：

> 蝙蝠，要娶妻，
> 蚂蚱，去说媒，
> 一说——
> 说好了蝴蝶的小妹妹，
> 花轿香手娶了来，
> 两口过得真安泰。[2]

---

① 胡适：《复刊词》，《歌谣》第 2 卷 1 期，1936 年 4 月 4 日，第 2 版。
② 《安徽歌谣》，《歌谣》第 2 卷第 1 期，1936 年 4 月 4 日，第 8 版。

"安泰"一词用于稚拙的儿歌，拟人化的手法蕴含着丰富的想象。刘万章专门写《歌谣中的叟词》，饶有趣味地谈论歌谣中的用词艺术[1]；其次选择富有多种修辞的歌谣，双关、谐音、比喻、叠韵、夸张、反语等，如江苏渔歌：

> 渔竿渔网收拾全，
> 把船来傍在浜口小桥边。
> 桥边杨柳浓得像销金帐，
> 多情个月亮呀！
> 照见一双两好并头眠。[2]
>
> 小阿姐儿无丈夫，
> 二十后生无婆家，
> 好像学堂门相对箍桶匠，
> 一边读字（独自）一边箍（孤）。[3]

这些歌谣带有巧妙的双关辞格。再次根据不同的地域突出其独特的审美特征，像选择北平歌谣时，多是质朴、亲切、真挚的儿歌、带有浓厚民俗气息的生活歌等，如徐芳的《北平的喜歌》[4]；选择南之粤歌时，多是吃苦耐劳的客家女子赤裸、爽快、悲愤的叹情之声，如孔藏《广州的民歌》[5]、王祥珩《广西南部民间情歌》[6]；选择吴歌时，多是浪漫、唯美的情歌，"其情调的柔丽轻松，思想的聪明活泼，音韵的抑扬优美。这些质素在吴歌里极普遍。吴地风俗华靡，浪漫……"[7] 可见，选载的歌谣突出了在

---

①刘万章：《歌谣中底叟词》，《歌谣》第2卷第34期，1937年1月23日，第2—5版。
②《江苏渔歌》，《歌谣》第2卷第3期，1936年4月18日，第4版。
③李素英：《吴歌的特质》，《歌谣》第2卷第2期，1936年4月11日，第4版。
④徐芳：《北平的喜歌》，《歌谣》第2卷第17期，1936年9月20日，第1—5版。
⑤孔藏：《广州的民歌》，《歌谣》第2卷第4期，1936年4月25日，第3—5版。
⑥王祥珩：《广西南部民间情歌》，《歌谣》第2卷第38期，1937年3月13日，第1—5版。
⑦李素英：《吴歌的特质》，《歌谣》第2卷第2期，1936年4月11日，第3版。

地文化，力求呈现不同的地域文学特征。

值得一提的是，少数民族的歌谣此时也进入刊物中，表现出独特优美的民族风格，如汉译的青海番族情歌：

> 满腔愁绪，不足为外人道。
> 怕的是仇家欢喜，
> 爱的伤悼。①

另有闻宥的《摩些情歌》②都有着绵密的情思，令人百读不厌。而藏族喇嘛仓央嘉措的诗作也被视为了歌谣，娄子匡《谈喇嘛之谣——序仓洋底情歌》介绍了仓洋的情歌"三昧"：

> 我到喇嘛居住处，
> 求他示我一条路。
> 肯把这样真诚心，
> 去依佛法苦修行。
> 就在这世这世间，
> 便可肉身修成神。③

研究者称其是藏地歌谣中普遍纯熟的代表，"深刻的思想，伟大的情意"是其他地方的歌谣所没有的。

总之，从代表性的描述可见 20 世纪 30 年代登载歌谣的大体面貌，民间歌唱被精选、被建构，脱去了原本粗鄙简陋的部分，成为文学审美的典范。这与 20 世纪 20 年代刘半农寻求的范本既有相似又有不同，两者同样追求天籁，但当初刘半农强调的是自然之美，清水芙蓉、天然雕饰，可遇不可求，而 20 世纪 30 年代追求的是技术之美，淡妆似无妆，是民间高人的精心创作，李素英甚至认为，应该打破歌谣是"民间"文学的成见，将

---

① 《青海番族情歌》，《歌谣》第 2 卷第 20 期，1936 年 10 月 17 日，第 5 版。
② 闻宥：《摩些情歌》，《歌谣》第 2 卷第 12 期，1936 年 6 月 20 日，第 5 版。
③ 娄子匡：《谈喇嘛之谣——序仓洋底情歌》，《歌谣》第 3 卷第 3 期，1937 年 4 月 17 日，第 6—7 版。

这个文艺的私生子变成文艺的嫡子，要花费"滴血工夫，看看歌谣里诗的成分如何"。她将歌谣定义为一种"介于旧诗词与新诗体之间的一种执中的诗体"①，认为歌谣既能体现旧诗词的优点，又能代表新诗体的方向，是未来理想的诗体形式。

由于着眼于歌谣的文艺根性，20世纪30年代刊物上的研究文章也与之前有较大不同。20年代前期多是基础研究，如何征集、整理、分类，歌谣反映出的家庭、底层问题，后期转向民俗、方音的学术研究；而20世纪30年代的研究向着文艺的纵深处、学理化发展，大致有根源探寻、艺术特性、历史分析、国外民歌理论研究等几个方面。朱光潜的《从研究歌谣后我对于诗的形式问题意见的变迁》（2期）、台静农《从"杵歌"说到歌谣的起源》（16期）、冯沅君《论杵歌》（19期）、顾颉刚的《吴歌小史》（23期）等从源头上追溯其文学性，以此对新文学特别是新诗进行观照；张为纲《歌谣中之联响跟联想》（31期）、李素英《吴歌的特质》（2期）、周作人《绍兴儿歌述略序》（3期）、《歌谣与名物》（3卷1期）、吴世昌《打趣的歌谣》（4期）、罗庸《歌谣的衬字与泛声》（7期）、梁实秋《歌谣与新诗》（9期）、徐芳《"数来宝"里的"顺口溜"》（3卷1期）、顾颉刚《卖解的歌》（3期）、《苏州近代乐歌》（3卷1期）等从修辞、形式、韵律、音节、词类等多方面挖掘歌谣的各个艺术侧面；魏建功《从如皋山歌与冯梦龙山歌见到采录歌谣应该注意的事》（5期）、朱光潜《性欲"母题"在原始诗歌中的位置》、孟森《唱山歌之清史料》（10期）、陆侃如《读〈吴歌小史〉》（28期）、容肇祖《一千年前的一首吴音山歌》（7期）、於菟《萤火虫——一个歌谣母题的比较》（35期）、张寿林《踏歌》《再论踏歌》（3卷6、8期）、陈梦家《"风""谣"释名》（3卷12期）等侧重历史的、社会学的学理分析考证。范围还扩大到宝卷、影戏等俗文学，容肇祖的粤讴研究、佟晶心的宝卷研究、吴晓铃的影戏研究、李家瑞、傅惜华的俗曲研究、顾随的韵文水浒研究等，既为30年代《歌谣》开辟了新径，也为俗文

①李素英：《读歌谣后所得的一知半解》，《歌谣》第3卷第3期，1937年4月17日，第5版。

学派的发展做了铺垫。

此外，不少作者还通过研究国外的民歌来印证歌谣对于文学运动的推动以及对诗人的滋养，他山之石可以攻玉，为中国文学的发展提供动力和支持。如郭麟阁以研究法兰斯古代的恋歌表达对歌谣艺术之美的感叹："我一向是爱好民歌的。在内容方面，我爱它情感浓厚，淳朴真挚；是诗人灵魂深处的颤动，是诗人珊瑚般的下意识的脉搏。在外形方面，我爱它词句朴素，毫不雕饰，音节和谐，旋律自然；是诗歌情绪自然的媒介，是由强烈的感情所发出之自然的言语理想化。在创作过程上，我爱它是一种没利害的高尚的一种艺术活动。"① 李长之通过考察德国民歌，总结带有普遍性的文学史规律："德国的每一个时期的文艺运动，都有民歌的影子。凡是大诗人，多半在这里吸取其内容，采用其形式。"② 还有于道源译《歌谣论——卡塔鲁尼亚卡隆司原作》（22 期）、杨向奎译《蒙古的歌谣——吉村忠三原著》（28 期），并把翻译的范围扩大至童话以及民俗文学，如连载了 8 期于道源翻译当时清华大学外语系西洋文学教授翟孟生的《童话型式表》，对童话的各种类型给予详细的介绍，方纪生译有《俄国之民俗文学——克鲁泡特金原著》（30 期）。而且，此时"苦雨斋老人"周作人与其子周丰一也在刊物上登载了几篇译作，周作人的《儿歌里的萤火——北原白秋著"日本童谣讲话"之一章》（29 期），周丰一的《新民谣与古民谣——日本白鸟省原作》（3 卷 10 期）、《"乡土童谣"与"乡土民谣"——野口雨情原作》（24 期），文章译笔优美，充满了文人雅趣，"'乡土童谣'不当作'乡下的童谣'去解，乃是故乡的童谣的意思"③，其思想、语言风格都能看到父亲的影响。

研究方向的文学性、正统性，使得研究姿态没有了 20 世纪 20 年代时常出现的"惟平民"的意气之声，呈现了更多的客观、理性，对新、旧文学都能给予公允的评价。比如李素英在肯定歌谣对于新诗创作的价值时，

---

① 郭麟阁：《法兰西古代的恋歌》，《歌谣》第 2 卷第 18 期，1936 年 10 月 3 日，第 1 版。
② 李长之：《略谈德国民歌》，《歌谣》第 2 卷第 36 期，1937 年 2 月 27 日，第 2 版。
③ 周丰一译：《"乡土童谣"与"乡土民谣"——野口雨情原作》，《歌谣》第 2 卷第 24 期，1936 年 11 月 14 日，第 1 版。

并没有把旧诗词作为靶子一味批判，而是从文学审美进行了评述：

> 旧诗词融会了中国文字的一切优点，达到了美文的极峰，这是难以否认的事实。像"细雨梦回鸡塞远，小楼吹彻玉笙寒"一类的词句，谁若是说它不美，那真是值得打官司了。不过相传久了，模仿的多了，滥了，我们觉得腻了。而且受了革命思潮的影响，更觉得那些规律太专制了，现代人再也不堪那样的束缚，于是就产生了矫枉过正的新诗体。声、韵、章、节全都不讲，半句话也算一首诗，嚷一句"姑娘呀……"也是一首诗！粗制滥造，大多数作品既没有诗意，又没有诗形，只有一堆新名词和欧化的生硬句子凑在一起。一般的新诗人摸索了许久，近年来才觉悟到新诗的价值即是美的价值，是艺术之所以成为艺术的基本条件。[①]

她既肯定了旧诗词艺术上的优点，又看到其发展到熟烂后会必然转向，既看到新诗词的必然趋势，又指出其可能存在粗制滥造，有着难得的清醒，也从中定位了歌谣的意义和价值所在。

二、被压抑的社会革命意识

20 世纪 30 年代《歌谣》周刊总体上呈现的是文学性和理性主义，但在"风沙扑面、狼虎成群"的时代里，歌谣不可能也不总是唯美抒情的歌唱。实际上，歌谣研究的革命意识、工具意识与文学意识、学理意识一直并行不悖地存在于顾颉刚及其编辑李素英、徐芳等人的身上，只不过在《歌谣》周刊这一以文学理性研究方法为主的刊物上被压抑，没有得到凸显而已。

关于顾颉刚和胡适、周作人之间虽是师生，却逐渐走向歧路的历史事实，不少学者都有过分析，兹不再赘。[②]与周作人、胡适始终钟情于歌谣的

---

①李素英：《读歌谣后所得的一知半解》，《歌谣》第 3 卷第 3 期，1937 年 4 月 17 日，第 4 版。

②赵世瑜：《眼光向下的革命——中国现代民俗学思想史论（1918—1937）》，北京：北京师范大学出版社，1999 年，275—284 页；〔美〕洪长泰《到民间去：中国知识分子与民间文学（1918—1937）》，北京：中国人民大学出版社，2015 年，第 197—200 页。

文学意义不同，顾颉刚在历史研究中日渐强调歌谣的社会价值乃至革命作用。在 1928 年岭南大学的演讲中，他呼吁"要打破以圣贤为中心的历史，建设全民众的历史"，认为歌谣等民间文艺研究的意义和目标在于从中发现新历史，把歌谣视为唤醒民众、改造社会与拯救民族国家的利器与工具。1934 年，顾颉刚等成立了通俗读物编刊社，提倡大众化通俗化的文艺形式，希望借助歌谣研究等学术努力和实践，达到其社会革命的目的。1935 年《歌谣》对冯梦龙的评介也是侧重其反礼教反压迫的革命一面。李素英是顾的学生，在"颉刚师"的影响下，她的视野逐渐深入、关注到中国实际的社会现实之中：

> 据颉刚师去年春间从苏州回来说，近年来中国农村破产，素称富裕的苏州一带也同样的遭劫，一般的乡间生活非常困苦，有时候，找遍了整个村子也没有一个人家能借得出两块钱，所以绝对不是什么"天堂"了。①

因此，李素英的歌谣研究虽然整体取径于胡适等的文学路径，但同时又溢出了歌谣仅是审美抒情的文学观念，具有激进、入世、现实的一面。她师从顾颉刚所做的硕士论文《中国近世歌谣研究》被研究者认为是"系统总结歌谣运动的第一篇文章"②，其中有两种互相矛盾但同时出现的歌谣研究思路：审美的（保守的）与工具的（激进的）。

耐人寻味的是，李素英将体现审美的部分，如前提到的《吴歌的特质》《读歌谣后所得的一知半解》等文发表在了《歌谣》周刊上，而把强调歌谣革命性、工具性的部分，即论文的第九、十章，以《论歌谣》为题发表在了《文学年报》第二期上。文中，她将歌谣的价值放置于民族国家的前途与文艺大众化的讨论与实践中："我们的所谓大众文艺若是永远写给自己看，那也罢了；如要它成为共同的文学，则惟有拿歌谣做参考，以民众的感情、思想、话语为我们自己的感情、思想、话语，然后表现出来……今后我国文学界，特别是普罗文学家应注意民众的需要，切实地以

---

① 李素英：《吴歌的特质》，《歌谣》第 2 卷第 2 期，1936 年 4 月 11 日，第 5 版。
② 岳永逸：《保守与激进：委以重任的近世歌谣——李素英的〈中国近世歌谣研究〉》，《开放时代》，2018 年第 1 期。

他们为本位，为对象。为要使他们能自己说话，就先代他们说他们心里要说的话、爱听的话。"李素英预测了歌谣于新文学的重要价值，认为"这种通俗化的文艺之创作，即使不能成为文学的主潮，也应是今后文艺潮流的一条最大的支流：一方面流向高深的艺术之渊，一方面流向广大的群众"①。这样的预测体现了女性知识分子的责任担当和家国情怀，也说明歌谣这一具有民族/国家、民主/大众象征意义的文化资本在特定的历史境遇中不可能只是文人自由审美、空灵惬意的文学符号，其社会性、革命性的一面也许会在某地某刻得以突显，如以文学理性为主导的 20 世纪 30 年代《歌谣》被一度压抑，但在特定的历史语境中，它激进的一面终归会得以爆发和呈现。②

三、民意歌谣的爆发与呈现

歌谣本是民众抒情、言志的自由表达，"言心声也，文心画也"，流传在口头的民间歌谣必然会对民众所生活的社会环境、政治事件有所反映、评论和讽刺，因此，民意歌谣（通常被称为时政歌谣、政治歌谣）在民间有着相当的数量。如前所述，1918 年始的北大歌谣征集是出于新诗创作的诉求，属于五四文学革命中的一部分，它是自觉回避政治民意歌谣的。不过，当时北大教授、后来中国共产党的创始人之一李大钊也参与其中，他的征集活动带有鲜明的社会政治意识，然而这种革命的倾向被周作人等抵制、扭转，将歌谣运动拉回到文化、文学启蒙的轨道上来。征集、登载的歌谣限于反抗抨击封建礼教、传统道德，对时事政治领域基本不予涉及。1922 年周作人专门对歌谣进行总结、分类，将其分为"情歌、生活歌、滑稽歌、叙事歌、仪式歌、儿歌"等六大类③，或有意或无意地忽略、屏蔽

---

① 李素英：《论歌谣》，《文学年报》第 2 期，1936 年；《文学年报》为年刊，1932 年创刊于北平，"燕京大学国文学会"出版，沈心芜、郭德浩编辑，郑振铎、冰心为顾问。中间脱刊迟至 1936 年才出版第二期。

② 实际上，《歌谣》曾有过一场激烈的辩难，寿生、卓循和李长之、林庚之间就"歌谣是个人的还是集体的"问题争论不休，体现了平民立场和精英立场的冲突。第五章第二节会再有论述。

③ 周作人：《歌谣》，1922 年 4 月 13 日刊《晨报》。

第二章 《歌谣》周刊前后时期的嬗变

掉民间实际广泛存在的"时政歌谣"。某种角度而言，民意歌谣的缺失使得歌谣运动始终与民众、平民处于隔阂状态，最终走向了平民文学的想象和学术研究的象牙塔之中，一直延续到 20 世纪 30 年代《歌谣》周刊文学理性的总体面貌。

但是"在出世、审美等精神性之外，歌谣还被赋予从未似乎天然地隐含着的入世之政治性与革命性"①。在民族民主危机的时代语境中，反映民意和社会政治的歌谣被长久压抑后终于火山般地喷发出来。2 卷 13 期，编辑徐芳越过了不涉政治的原则，也打破了原来登载学术文章和文艺歌谣的一贯版面安排，整期就发表了两篇文章，一是陶元珍的《歌谣与民意》，另一就是她自己所作的《表达民意的歌谣》。

陶元珍认为美刺时政得失的歌谣在百姓中间流传相当广泛，数量与描述民间生活的各占半壁江山。他从正史出发，汉高祖的清明政治，百姓唱的是赞美之歌；东汉献帝初年，董卓专擅朝政，百姓发出的是诅咒之声，由史得出民意歌谣的重要性，因此呼吁要听民众的真正呼声，"希望搜集歌谣的先生增开一个新方向，对现代美刺时政的歌谣，尽量搜集"。②徐芳随即响应其建议，在《表达民意的歌谣》中将其审美价值转移到社会价值上来：

> 除了母子之爱，男女之情以外，也唱许多工作的歌（如采茶歌、秧歌、船歌、夯歌等）来解除工作时的疲倦。但更重要的是他们除了这些之外，对于政治的得失，时代的演变，也用批评的态度随口唱出。……歌谣是大众的歌，因此歌谣里对于时政的褒贬，正是全民众对于施政者的爱恶。这些歌里，常常是包括了许多政治上或社会上的大问题，正待人们去

---

①岳永逸：《保守与激进：委以重任的近世歌谣——李素英的〈中国近世歌谣研究〉》，《开放时代》，2018 年第 1 期。

②陶元珍：《歌谣与民意》，《歌谣》第 3 卷第 13 期，1937 年 6 月 26 日，第 2 版。有意思的是，徐芳编辑这篇文章时，特意在中间加入两首文狸记录的近世歌——《"五四"罢课谣》："罢不罢，看北大；北大罢，不罢也罢；北大不罢，罢也不罢。"和《北平车夫谣》："要不要？马神庙，一吊票。(民十四五前后数年，由北京大学二院一带系东安市场人力车价铜元十枚，车夫曾有此谣)。"带有鲜明的时政意味。

研究，解决。所以我觉得不但是我们研究歌谣的人要搜集表达民意的歌谣；行政者和政论家都不应忽略了这一点。①

徐芳坦承了之前的征集活动有意回避时政歌谣之实："以往我们曾得到关于这项的许多材料。可是，我们并没有在这刊物上布露过，而且也很少的提到。今天我愿就我们所得到的民歌里面，选一些介绍给读者。"紧接着，她一连举出了30余首时政歌谣，带有高扬的民族意识、浓厚的抗战情绪和阔大的时代风云。

首先列举的就是抵御外辱，反抗侵略的歌谣：

> ＊＊鬼，喝凉水，生地瓜，不离嘴。
>
> 到青岛，吃驼子。沉了船，没了底。
>
> 今日是个人，明日是个鬼。

流行全国的《儿童敲棍雪耻歌》：

> 抗啊！抗啊！
>
> 咱俩这抵抗啊！
>
> 试试谁能打胜仗啊！
>
> 一仗打到一月一，不买＊＊的东西。
>
> 二仗打到二月二，推翻＊＊不费事。
>
> 三仗打到三月三，夺回失去的台湾。
>
> 四仗打到四月四，二十一条要取消。
>
> 五仗打到五月五，恢复东北的疆土。
>
> 六仗打到六月六，弱小民族我助扶。
>
> 七仗打到七月七，打到＊＊扶高丽。
>
> 八仗打到八月八，快快收回我旅大。
>
> 九仗打到九月九，肃清国贼再没有。
>
> 十仗打到十月十，南北和平能一致。

---

① 徐芳：《表达民意的歌谣》，《歌谣》第3卷第13期，1937年6月26日，第2版。

记录这些歌谣的同时，徐芳抑制不住流露出中华儿女的民族悲愤之情，"外人到了我国的横行，也使国人对他们很有厌恨之心，民三＊兵攻青岛，非常残忍，到处杀害，又贪吃，人民就唱这类的歌来咒骂他们"。"后来＊人欺我，一日甚似一日，人民都起了抗战的心理，觉得只有抗战才有出路"。她揭露敌人的残忍并奋而疾呼：

现在如有唱上面这样歌谣的，就被敌人污为"反满抗＊"，立刻就能被杀身死。被杀的多为儿童，多至不可以数计！但迄今，据东北来人说，新歌谣在压迫之下，产生亦多，且富有悲壮反抗性！……这是多么残忍的事！枪炮是不能禁住人的情感的；更禁不住人的情感所凝成的歌谣。我愿各地的同胞将这一类的歌谣，尽量寄来！①

除了对外抗敌的，徐芳还举出不少揭露国内军阀混战的歌谣：

中国民国九年半，吴佩孚曹锟打老段。

琉璃河作战线，一直打到长辛店。

十五师，把心变，马场，廊坊，都遭乱。

安福派，全不见，边防军，都解散。

民众迫切希望同心救国的：

北方有阎宋，南方有蒋汪，

全是一家人，各有各主张，

若能同了心，外国瞎当当。

徐芳这位当时北大仅有的两位女学生之一查遍所有歌谣，发现"却很少有歌唱生活安乐的民歌"，百姓中间流传的到处都是描述民间疾苦生活的：

小村庄，一片衰落景象，

去年旱灾才过，今年又是水荒。

---

① 徐芳：《表达民意的歌谣》，《歌谣》第3卷第13期，1937年6月26日，第4版。

土匪占了城，到处胡乱行，

房屋烧个净，衣服都不剩。

说我乡，道我乡，

我乡原是好地方。

自从兵战闹了灾，十年倒有九年荒。

大户人家卖田地，小户人家卖儿郎。

我家没有儿郎卖，夫妻二人唱曲到他乡。①

  通过征集研究歌谣，出身于名门身为闺秀的徐芳得出结论，发出哀叹，"可见我国大部分的人民都陷在困苦之中了"，民族忧患、时代关怀、百姓体恤溢于言表。后来研究者评价其文学创作"写出闺秀余绪，也写出歌谣风韵，更写出大时代的风云"②，这一评价是客观的，不过需要指出的是她时代风云的写作样貌很大程度上是由于浸染于歌谣风韵而得来的。

  徐芳作为 20 世纪 30 年代《歌谣》周刊的主要编辑，在刊物倾向是文学审美的整体氛围中，能唱出这么激进的时代革命之音，多少让人称奇。她 1931 年进入北大开始创作新诗，受到胡适、孙大雨、梁宗岱、梁实秋、叶公超等京派文人的提携和帮助，受他们影响很大。沈从文、卞之琳都提起过徐芳经常参与京派读诗会，是"胡适教授欣赏的北大女学生"③，随着半个多世纪后《徐芳诗文集》和《中国新诗史》的出版，她被视为遗落的"30 年代京派女诗人"④。如研究者所言，"京派作家追求文学的独立意义，对他们而言，文学是内心情感的抒发，是纯粹的艺术制作"。⑤但是，在徐芳身上，我们看到了自由精英知识分子的另一面。她不像萧红、萧军等左翼作家对底层生活有着切身的体会，虽然一直处在优越的生活环境，但通

---

  ①徐芳：《表达民意的歌谣》，《歌谣》第 3 卷第 13 期，1937 年 6 月 26 日，第 6 版。

  ②蔡登山：《师生之情"扔了"？——胡适未完成的恋曲》，《何处寻你：胡适的恋人及友人》，长春：吉林出版集团有限责任公司，2011 年，第 58—59 页。

  ③官立：《"精神和诗文长存"——不应被遗忘的现代女诗人徐芳》，《现代中文学刊》，2015 年第 1 期。

  ④陈子善：《我所知道的女诗人——徐芳》，《书城》，2006 年第 9 期。

  ⑤刘淑玲：《〈大公报〉与中国现代文学》，《河北学刊》，2004 年第 3 期。

第二章　《歌谣》周刊前后时期的嬗变

过民众口中的歌谣使她切实感受到了民族危亡和民众灾难，激发她打破了歌谣征集活动一直以来不涉政治的戒律，将歌谣的工具性、社会性推向了极致，体现了她身上激进革命的民族热情和民主情绪，也让我们看到了在危机深重的岁月里，任何抛弃特定社会语境而空谈文学的不可能。由此，不难理解抗战时期作家们为什么会"大都真诚地放弃了自己的个性追求，希望和广大民众一起高唱时代进行曲"①，京派作家如卞之琳、何其芳等在战争时期会呈现出全新的文学面貌，② 也会更深刻地洞悉新文学在第三个十年中的走向、风格和战时特点。

在《表达民意的歌谣》末尾，徐芳补充道，征集到的民意歌谣多是北方的，希望能得到一些关于南方的，并发表启事："本刊在暑假中停刊，准于九月四日继续出版第十四期。读者如有稿件，请仍寄沙滩北大研究院文科研究所本会。"③ 可见，她是打算开学后继续征集更广泛地域的时政歌谣。然而，1937 年 7 月 7 日卢沟桥事变，伟大的全民族抗日战争由此展开，1937 年 6 月 26 日的 3 卷 13 期成为《歌谣》周刊的最后一期，为历时两个时代的《歌谣》画上了民意表达的强音句号。

不过，即使没有恰逢这场历史性战争，刊物也很难持续发展。它要么沿着徐芳登载的时政歌谣向歌谣革命嬗变，但这样的趋向就会严重背离刊物复刊时的文学初衷④；要么继续唱着抒情、审美、文艺之歌谣，但在中华民族生死存亡之际，连《大公报》这样极端强调"文学超越政治影响，保持自身的纯粹和完美"的报纸都专为抗日开辟《战线》的文艺副刊，宣称"再不能登载一些风花雪月与时代无关的东西，每篇文章必须是战斗

---

①钱理群，温儒敏，吴福辉：《中国现代文学三十年（修订本）》，北京：北京大学出版社，1998 年，第 383 页。

②刘淑玲：《〈大公报〉与现代文学》，石家庄：河北教育出版社，2004 年，第 127—137页。

③《启事》：《歌谣》第 3 卷第 13 期，1936 年 6 月 26 日，第 8 版。

④有研究者这样评价主编胡适："始终没有敢于真正面对中国的残酷的社会冲突，特别是中国农村鲜血淋漓的现实，这一致命弱点影响到他所致力的新文学运动以及本人的命运，但筚路蓝缕之功终不可灭。"姜义华主编《胡适学术文集·新文学运动》，北京：中华书局，1993 年，总序，第 2 页。

的，合乎时代意识"①，《歌谣》周刊又怎么能以文学性和理性主义的姿态继续下去呢？这样看来，20世纪30年代《歌谣》周刊的戛然停刊表面是由于战争的强行打断，更内在的还是自身发展的矛盾和难以为继。可以说，激进的姿态与保守的文艺初衷相背离是20世纪30年代《歌谣》停刊的根本原因。

《歌谣》的再次停刊又一次显示了中国新文学自我建构中艺术性、精英化与时代性、大众化之间的冲突和渗透，知识分子激进与保守两种姿态的矛盾抵牾，可以说，正是这两种力量的张力推动新文学整体曲折向前。

《歌谣》周刊历经20世纪二三十年代，由"平民文艺之彰显"到"民族学术（新国学）之研究"再到"文学审美之体现"，最后以"时代革命强音"的方式戛然终止，令人唏嘘感慨。正如研究者指出的那样："歌谣等'民间'文艺始终都是近现代中国形塑自己成为伟大的民族国家的符码，它既是一种文化资本，也是一种象征。"② 此后，歌谣在新文学的发展建构中屡有回响，从20世纪30年代中国诗歌会的歌谣诗学、革命根据地的红色歌谣；40年代的民族形式大讨论、延安民歌体新诗及延安歌唱乃至新时期的寻根文学，都让我们看到了西方影响之外的中国新文学强烈的民族性、民主性、本土性诉求，也呈现出发展过程中本土（民族）/外来（西方）、平民（大众）/贵族（精英）、保守/激进等各种矛盾张力，激发我们进一步探寻歌谣在新文学的思想建设、语言革新特别是新诗构建中的各种踪迹。

---

①刘淑玲：《〈大公报〉与中国现代文学》，《河北学刊》，2004年第3期。
②岳永逸：《保守与激进：委以重任的近世歌谣——李素英的〈中国近世歌谣研究〉》，《开放时代》，2018年第1期。

第三章　歌之心声：
《歌谣》周刊与"人的文学"构建

　　《歌谣》周刊较之其他刊物有一个非常特殊的地方：它大量集中刊载了从各地征集而来、在广大民众之间口耳相传的原生态歌谣，特别是20世纪20年代《歌谣》[①]。这些源自民间的、原本不登大雅之堂的歌谣经过了新知识分子的观照和阐释而获得了新文学和新思想的巨大力量。或者说，它们被发现、转化、重构，参与到新文学的重要主题——"人的文学"构建中去。

　　追求灵肉两重的生活、承认人的自然本能是"人的文学"应有之义；儿童学和女子问题被认为是"人"的发现和认识中的两个大研究[②]。而《歌谣》周刊上数量最多的歌之心声恰恰是情歌、儿歌和妇女歌[③]。刊物曾专门开辟儿歌专栏，将儿歌与成人歌谣区分出来，本身就是对儿童的发现和对儿童独立价值的肯定。儿歌的征集实践对周作人的儿童文学观产生了非常重要的作用，通过儿歌研究加深了对儿童特殊性的体认，批评当时儿歌集追求意义的同时逐渐将"无意义之意义"作为儿童文学的最高艺术标

---

　　①北大歌谣活动大致征集了13339首，登载到20世纪20年代《歌谣》上有2226首。来自徐芳在20世纪30年代《歌谣》复刊时的统计。《歌谣》第2卷第1期，1936年4月4日，第1版；20世纪30年代《歌谣》有700余首，如前所述此期的歌谣多经了文人审美眼光的过滤，偏重于文学根性，因此该章论述时将重点放在20世纪20年代《歌谣》上。

　　②周作人：《人的文学》，《新青年》5卷6号，1918年12月15日。

　　③情歌和妇女歌略有交叉，但侧重点不同。情歌抒发的是两性之间或浓烈或缠绵的情感以及直率酣畅的性爱表达，妇女歌偏重女性在社会、家庭生活中的状态、感情、境遇。参考洪长泰在《到民间去》的观点，该书称之为"妇女遭遇歌"。〔美〕洪长泰著，董晓萍译：《到民间去：中国知识分子与民间文学1918—1937》，北京：中国人民大学出版社，2015年，第81页。

准，形成了不同于主流的为人生的儿童文学观念，提倡真正的儿童本位、赤子吟唱；情歌被知识分子视为解构儒家礼教和正统秩序的最有力的资源，一方面颠覆传统的贞操观念，反抗礼教对人性的压抑，另一方面通过对传统《诗经》"大胆张扬人的情欲"的再阐释，将其解读为现代意义的爱情诗，显示出情歌于人的深层改造的价值意义；女性问题是新文化运动的重要组成部分，妇女歌的挖掘和研究促使新文学家关注到了被压在历史最深处的底层妇女，既为文学革命者提供了揭露和批判社会不公、家庭压迫的武器，同时也成为作家了解乡土空间生存的女性生活情感、民间伦理的一面镜子，直接促使了以台静农为代表的乡土小说家的创作，为乡土小说提供了有益的资源和发展路径的启示。

由此可见，歌谣的选择、登载绝不是随意为之，而与新文学中"人"的发现与建构密不可分。郁达夫曾说："五四运动的最大成功，第一要算'个人'的发现。从前的人是为君而存在，为道而存在，为父母而存在，现在的人才晓得为自我而存在了。"[1] 纵观新文学的发展，胡适、刘半农、郭沫若、郁达夫、徐志摩、茅盾、巴金、沈从文、老舍、艾青、路翎等的文学创作文体各异，语言纷呈，风格多样，但有一个共同的出发点和落脚点，即重视人、肯定人、解放人。中国的现代化进程和西方的内外形势均有着巨大的不同，内有延续两千余年的封建文化传统，外有着民族民主的多重危机和矛盾。这就注定了中国新文学中"人的文学"构建势必会有"眼光向下"[2] 的趋势。1918 年 2 月始的以北京大学为中心的征集歌谣运动以及中心成果《歌谣》周刊正是中国情境下的"人"的发现。致力于新文学和新文化的知识分子堂而皇之地把"民间的小儿女，村夫农妇，痴男怨女，歌童舞妓，弹唱的，说书的"[3] 口中的歌谣正儿八经地征集、研究，与新文学中的平民思潮、人道主义精神密切相关。正如钟敬文所言："他

①郁达夫：《中国新文学大系·散文二集·导言》，刘运峰编：《中国新文学大系导言集（1917—1927）》，天津：天津人民出版社，2009 年，第 132 页。

②赵世瑜：《眼光向下的革命——中国现代民俗学思想史论（1918—1937）》，北京：北京师范大学出版社，1999 年，第 6 页。

③胡适：《白话文学史》，长沙：岳麓书社，2010 年，第 16 页。

们所以重视歌谣等民间文艺的搜集、研究工作，正因为这是民主文化活动中应有的一个项目。从另一方面说，它也是对他们民主思想的一种测验或证明。"① 歌谣被知识分子赋予了解构封建正统文化秩序和建构新文学的功能，为"人的文学"提供了本土视野、民间资源，为新文学的思想建设起到了重要的启示作用。

第一节　儿歌：赤子吟唱，儿童本位

一、从一封批评"堆垛式文学"的来信说起

《歌谣》周刊第 11 期登载了读者戴般若的一封来信，他对刊物上登载的歌谣情况进行了看似客气实则尖锐的批评。原文如下：

常惠先生：

阅日刊，知执事近主歌谣附张，通俗文学，赖以保存，儿童文艺，赖以搜集，甚善甚善。选阅数期，皆聚英萃华之制，良所服膺，只有一疑，中心藏之，匪伊朝夕，愿就执事探讨之。世有所谓堆垛式的文学者，以其文字无结构组织可言，无中心寄托所在，以上接下，一味蔓延，有时冗滥不堪，青黄不续，即戛然中止，毫无余味可言，其例旧小说及滑稽记载中多见之。

究以文艺作品，首在意义与组织，如随笔敷衍而下，信口开河，了无精义，又何贵有此等文字，文艺之信条如此，则歌谣为文艺之结晶，更何独不然。近阅歌谣附刊所载，间有类似此等堆垛文字者，即举最近一例以明之。

歌谣第九期童谣选录《月光光》：

月光光，秀才郎，骑白马，过南唐。南唐没得过，掠猫子，来接货。

---

① 钟敬文：《民间文艺学及其历史》，济南：山东教育出版社，1998 年，第 1 页。

接没着，夯竹蒿，打利叶。利叶下落田，拾来做淊研。淊研没低淊，拾来做鼎鞯……

其他如《草螟公》《指甲花》后段，《一只鸟》《阿艺官》等均类是。歌谣中如南唐、利叶、淊研、鼎鞯等字，均承上启下，堆垛成章，且通篇到底，均系此等做法，究嫌无意义组织中心之可言，不过因文生义，可以延之于无穷，然试就其戛然中止处，依样续之，则断者可以复续，此类歌谣，似绝无文学意味，与古歌谣如三百篇因比起兴语句相叠而首尾意义仍贯通者终觉不类。

穷以选录时，近是类者，究非文艺佳品，不妨略备一格，而采取似宜稍严，陋塞之见，如能在讨论余栏中刊布，藉征同志意见，尤所深幸。匆促陈之，宁俟明教。

戴般若[1]

戴般若从一般文艺作品审美鉴赏的角度对登载的歌谣进行批评，严厉地指出刊物上不少歌谣都是堆垛式的文学。所谓"堆垛式"，即没有精心的结构组织，没有凝练的中心意义，只是随笔敷衍，承上启下，文字接龙，堆垛成章。他认为，歌谣本应为文艺之结晶，可刊物总登载这些不过是信口开河的，根本称不上是文学的作品，成何体统？他还举出了具体的例子，如童谣选录中的《月光光》《草螟公》等，并且拿古歌谣的三百篇和这些"劣质"歌谣相比，以分艺术上的高下。最后他诚恳建议《歌谣》周刊的编辑们能够严格择录，剔除堆垛式歌谣，选择出好的文艺佳品以飨读者。

这封读者来信有理有据，批评的事实确实存在，主要存在于每期的《儿歌选录》一栏。戴般若举的例子只是其中一部分，其余还有很多，甚至以歌谣集录的形式出现，即围绕一个主题，整理出十几首堆垛式歌谣。如第四期的歌谣集录，以《下雨下雪》和《小鸡嘎嘎》为题目，将河南汲县、浙江杭州、山东威海卫、直隶沙河、河南项城、直隶深泽、陕西某地等的歌谣一并列出，字句有地方词汇的差异，但总体特征都是堆垛式。如

第三章　歌之心声：《歌谣》周刊与「人的文学」构建

----

①常惠、戴般若：《通信》，《歌谣》第 11 期，1923 年 3 月 25 日，第 1 版。

河南汲县的《下雨下雪》：

> 下雨下雪，冻死老鳖。
>
> 老鳖告状，告给和尚。
>
> 和尚打卦，打给河蟆。
>
> 河蟆浮水，浮给老鬼。
>
> 老鬼推车，一步一跌。

浙江杭州的《夹雨夹雪》：

> 夹雨夹雪，冻煞老鳖。
>
> 老鳖看经，带累观音。
>
> 观音带伞，带累总管。
>
> 总管着靴，带累爹爹。
>
> 爹爹着木屐，带累瞎楣石。

山东威海卫的《下大雪》：

> 下大雪，冻煞老鳖。
>
> 老鳖去告状，带着和尚。
>
> 和尚去念经，带着唐僧。
>
> 唐僧去取水，带着大鬼。
>
> 大鬼去推车，带着他爹。①

那么，《歌谣》周刊上为什么会有这么多的"堆垛式"歌谣？难道真如读者所批评的那样，是编辑者把关不严，或是他们的艺术审美低下吗？

常惠的回信耐心解释了其中的原因。他先从民俗学的角度认为这些反映了普通民众的心理，是"民族心理的表现"。这个理由明显不够充分，这些堆垛式歌谣似乎没有民众太多的寓意或迷信在里面。而常惠接下来则点到了关键之处，即"儿童学"的缘故：

---

① 《歌谣集录》：《歌谣》第 4 期，1923 年 1 月 7 日，第 5—6 版。

要是拿"儿童学"说，堆垛式的歌谣更为重要。因为儿童在他刚会说话的时候，听见旁人唱歌他就要学，可是他的记忆里又不强，每说头一句，且想不起第二句来呢，所以这种堆垛式的歌谣容易记着，不使儿童着一点困难，简直是儿童的无上的良品。①

为了进一步解释，常惠还举了几首具体的儿歌，其中一首是《咱们俩儿玩》：

> 咱们俩玩儿，打火镰儿。
> 火镰花儿，卖甜瓜。
> 甜瓜苦，卖豆腐。
> 豆腐烂，摊鸡蛋。
> 鸡蛋，鸡蛋磕磕，
> 里头住着哥哥。
> 哥哥出来买菜，
> 里头住着奶奶。
> 奶奶出来烧香，
> 里头住着姑娘，
> 姑娘出来点灯，
> 烧了鼻子，眼睛。

常惠运用儿童心理学去分析，觉得歌谣本身并没有什么意味，但是孩子们从不断重复的名词中获得发音的快感，因此成天爱唱，"不知道里边有多少甜甜蜜蜜"。从普通的文艺审美来看，这些堆垛式歌谣有悖于创作信条，但对于儿童文学而言恰到好处。

事实上，《歌谣》周刊对儿歌的搜集、整理、研究相当重视。前49期专门开辟儿歌专栏，占据了歌谣选录中的半壁江山，与包括情歌、生活歌、仪式歌、劳动歌在内的多种种类的民歌并列一起，可见其举足轻重的势力和地位。顾颉刚整理发表《吴歌甲集》中的100首歌谣中，儿歌也是

---

① 常惠、戴般若：《通信》，《歌谣》第11期，1923年3月25日，第1版。

占据了整整 50 首。这一举动本身就显示了研究者对儿童新的认识，是第一次试图将儿童从成人中区分出来，作为独立的人去认识和欣赏。

然而，正像那封批评的来信那样，对儿歌的质疑也是反对歌谣征集、质疑歌谣价值最严厉的声音。《歌谣》一作者曾讲述他听到过一位老者对北大校长蔡元培支持歌谣运动的冷嘲热讽，批评最高学府放着大经大法不讲，竟把小孩儿口中胡喷的"风来啦！雨来啦！王八背着鼓来啦"正儿八经地去专门研究！①

在这位老者看来，孩子们吟唱的儿歌不过是胡喷，或者说，只会胡喷儿歌的孩子根本不值得理睬，不能称之为"人"。这是中国传统一直以来的对儿童的认识，正如周作人在《人的文学》中指出的那样，"小儿也只是父母的所有品"，非独立的人的存在。

从读者戴般若的来信看，他实际上是支持歌谣征集的，认为《歌谣》对"通俗文学，赖以保存，儿童文艺，赖以搜集，甚善甚善"，但即使这样，他对儿歌的意义和价值仍然不能理解，这同样是不能真正地认识儿童和儿童学，"不认得他（儿童）是一个未长成的人，却当他作具体而微的成人"，所以才会对刊物上那么多堆垛式歌谣提出严厉批评。

常惠在回信中从儿童学的角度来解释这些歌谣，表明《歌谣》周刊对"儿童是人，并且是独立的人"的观念有着清晰而自觉的认识。信的结尾，常惠补上一句："上边的意见不是我个人的，是几位敝会的会员也与我同意，并命我代答。"② 我们在前面论述过《歌谣》发展的过程，因此不难了解：在常惠主持编辑《歌谣》的时期，对歌谣研究会起重要作用和指导意见的应该主要是周作人——常惠所指的"敝会会员"的核心人物。《歌谣》刊载的儿歌主要体现的就是周作人以及同道关于儿童和儿童文学的主张。

二、周作人儿童本位观的形成

早在新文化运动之前，周作人就对儿歌很感兴趣，1914 年，还专门发

---

①卫景周：《歌谣在诗中的地位》，《歌谣周年纪念增刊》，1923 年 12 月 17 日，第 34 版。
②常惠、戴般若：《通信》，《歌谣》第 11 期，1923 年 3 月 25 日，第 1 版。

布《征求绍兴儿歌童话启》来征集家乡儿歌，那时他更多出于民族种性的探源。在《儿童问题之初解》中，他把儿童视为"未来之国民"，将儿童与民族兴亡直接相连："一国兴衰之大故，虽原因复杂……然考其国人思想视儿童重轻何如，要亦一重因也。盖儿童者，未来之国民，是所以承继先业，即所以开发新化，如其善遂，斯旧邦可新，绝国可续；不然，则虽当盛时而赫赫文明难以为继，衰运转轮，犹若旦莫，其源竭矣。将兴之国，靡不重其种息，故富进取之气，而有未来之望。"① 由此，他把批判的锋芒指向了儒家的儿童观："东方国俗，尚古守旧，重老而轻少，乃致民志颓丧，无由上征……彼以儿童属于家族，而不知外有社会；以儿童属于祖先，而不知上之有民族……"② 具有彻底的反封建性质，体现了他作为思想斗士的一面。

与此同时，周作人在日本留学期间，接触到了英国人类学家安德鲁·朗的思想，读到高岛平三郎的《歌咏儿童的文学》《儿童研究》等文，了解了美国儿童心理学家斯坦利·霍尔的"复演理论"，从人类学、心理学方面获得了一次对儿童现代性的理论体认。"我对人类学稍有一点兴味，这原因并不是为学，大抵只是为人"。③人类学知识的获得，使得周作人在20世纪世界性人的觉醒与解放的潮流中不仅仅将儿童视为国民种性之源，还开始对其进行人类学方面的理论思考，关注儿歌就是为了建立以人为中心的知识体系，以求了解幼年时期的人类。④

周作人回国后主要在绍兴从事教育实践工作，加上初为人父的人生体验，⑤ 他从孩子喜欢吟唱的儿歌中获得了对儿童的感性认识，加深了对儿

①周作人：《儿童问题之初解》，1912年11月16日刊《天觉报》第16号，后重刊于1914年3月20日《绍兴县教育会月刊》第6号，钟叔河编：《周作人散文全集》第1卷（1898—1917），桂林：广西师范大学出版社，2009年，第246页。

②周作人：《儿童问题之初解》，钟叔河编：《周作人散文全集》第1卷（1898—1917），桂林：广西师范大学出版社，2009年，第246页。

③周作人：《我的杂学》，《周作人民俗学论集》，上海：上海文艺出版社，1999年，第15页。

④黄子平，陈平原，钱理群：《二十世纪中国文学三人谈》，北京：人民文学出版社，1988年，第70页。

⑤钱理群：《周作人传》，北京：华文出版社，2013年，第136页。

童的了解。在《儿歌之研究》一文中他详细描述了儿歌、特别是有韵律音节的儿歌对幼儿的意义和重要性：

> 凡儿生半载，听觉发达，能辨别声音，闻有韵或有律之音，甚感愉快。儿初学语，不成字句，而自有节调，及能言时，恒复述歌词，自能成诵，易于常言。盖儿歌学语，先音节而后词意，此儿歌之所由发生，其在幼稚教育上所以重要，亦正在此……①

从幼儿喜欢有节奏韵律的歌谣这一现象，周作人发现并体验到人之初期成长的独特性。儿童对节奏韵律有着与生俱来的亲近，正如著名儿童心理学家和音乐家让—罗尔·布约克沃尔德在其著作《本能的缪斯——激活潜在的艺术灵性》一书中指出的那样：儿童天生对韵律非常敏感，具有唱歌等艺术的本能创作力，如果加以保护，对其智力情感发展将大有益处。反之，则会抑制其创造力及其他能力。②也就是说，周作人由儿歌加深了对儿童特殊性的体认，抑或是说对儿童的认识加入了一个重要维度：即儿童不仅仅是"人类"，更是"儿童"本身，是绝不同于大人的独特的群体。由此他得出了相当前沿的结论：

> 盖儿童者，大人之胚体，而非大人之缩形，如以初生儿与大人相较，理至易明。大人首长居全体八分之一，小儿则四分之一，其躯干之不相称犹是，则即以儿童各期发达，自有定级，非平均长发，与大人相比例也。世俗不察，对于儿童久多误解，以为小儿者大人之具体而微者也，凡大人所能知能行者，小儿当无不能之，但其量差耳。③

这是周作人儿童观念的一个重大突破，具有非同寻常的意义，他把儿

---

①周作人：《儿歌之研究》，原载《绍兴县教育会月刊》第4号1914年1月20日，钟叔河编：《周作人散文全集》第1卷（1898—1917），桂林：广西师范大学出版社，2009年，第295页。

②〔挪威〕让—罗尔·布约克沃尔德：《本能的缪斯——激活潜在的艺术灵性》，王毅等译，上海：上海人民出版社，1997年，第181页。

③周作人：《儿童研究导言》，1913年12月15日《绍兴县教育会月刊》第3号，钟叔河编：《周作人散文全集》第1卷（1898—1917），桂林：广西师范大学出版社，2009年，第287页。

童从成人中分离出来，注重儿童的个性和自然性，认为其是有着独立意义和价值的个人。我们之前论述过，周作人参与到北大歌谣运动就是带着 74 章绍兴儿歌及《儿歌之研究》等文章资源加入的。之后文学革命中振聋发聩之思想大作——《人的文学》和这种"儿童的发现"有着密切关联。1920 年所作的《儿童的文学》延续并推进了此观点："以前的人对于儿童多不能正当理解，不是将他当成缩小的成人，拿'圣经贤传'尽量的灌下去，便将他看做不完全的小人，说小孩懂得甚么，一笔抹杀，不去理他。近来才知道儿童在生理心理上，虽然和大人有点不同，但他仍是完全的个人，有他自己的内外两面的生活。"①

儿童的发现使周作人逐渐形成并明确了其儿童本位观。"把儿童当作人"和"把儿童当作儿童"是"儿童本位观"的两个层面，在受西方人类学理论影响的同时，源于本土儿歌而引发的对儿童体认使得周作人敏锐地意识到后者的重要性，"这是真正意义上的'儿童的发现'"②，是儿童本位观的重要层面，也是他与新文化其他同人的儿童观念有所差异的源头。这样的儿童本位观使他高度意识到儿童期是人生中独立而特殊意义的阶段，对儿童的教育要"顺自然发达之序"，"我以为顺应自然生活……应当依了他内外两面的生活的需要，适如其分的供给他，使他生活满足丰富……"③强调遵循儿童的自然人性，任儿童的天性自由发展，而不能横加干涉、一味灌输成人世界的教育理念，否则就会造成畸形的性质。

"在一九二〇年我又开始——这说是开始，或者不如说是复活更是恰当，一种特别的文学活动，这便是此处所说的儿童文学与歌谣"。④借助歌谣研究会搜集、整理、研究歌谣的机会，周作人将儿歌作为重头戏进行选

①周作人：《儿童的文学》，原载《新青年》第 8 卷第 4 号，1920 年 12 月 1 日。钟叔河编：《周作人散文全集（1918—1922）》，桂林：广西师范大学出版社，2009 年，第 272—273 页。

②钱理群：《周作人二十一讲》，北京：中华书局，2004 年，第 52 页。

③周作人：《儿童的文学》，钟叔河编：《周作人散文全集（1918—1922）》，桂林：广西师范大学出版社，2009 年，第 272 页。

④周作人：《儿童文学与歌谣》，止庵校订《知堂回想录》，北京：十月文艺出版社，2013 年，第 502 页。

择、刊载。

回到那封读者批评信上来，我们可以看出这些堆垛式歌谣绝不是编辑不负责任地随意登在刊物上，而是有着周作人等的良苦用心，体现着儿童的发现、儿童本位观以及由此对中国现代儿童文学的设想与建构。在他们看来，这些堆垛式儿歌正是本于儿童的内在需要才兴起，能够"启发其性灵，使顺应自然，发达具足"，[1] 其中蕴含的节奏韵律与儿童天性相契合，对其心智、语言、情感发展起着重要作用。"这时期的诗歌，第一注意的是声调……只要音节有趣，也是一样可用的。因为幼儿唱歌只为好听，内容意义不甚要紧"[2]。因此我们就不难理解《歌谣》上会有很多没有内容意义，却充满节奏、朗朗上口的儿童游戏歌。如：

《斑斑点点》

斑斑点点，

梅花绣脸。

君子过街，

小人蒙脸。

指指夺夺，

开门取乐。

乐不在家，

一把拉倒主人家。（通行黔北）

原注：此歌为孩童捉迷藏戏之先，以手作拳相叠，口唱此歌，且唱且数；唱毕时，数着谁，便以作被迷者。

《中指拇》

手拈中指拇儿，

---

①周作人：《童话研究》，原载《教育部编纂处月刊》，第 1 卷第 7 期，1913 年 8 月，钟叔河编：《周作人散文全集（1898—1917）》，桂林：广西师范大学出版社，2009 年，第 265 页。

②周作人：《儿童的文学》，钟叔河编：《周作人散文全集（1918—1922）》，桂林：广西师范大学出版社，2009 年，第 276 页。

倒打一十五儿。

黄牛转个湾儿，

倒打一十三儿。

人走桥上过，

水走底下钻。

湾刀逗木靶，

句句都是真情话。

离根儿，离根儿——钻儿！

　　原注：此歌为孩童拈中指拇游戏时所唱。将中指拇拈着时，便数着歌中数目击被拈者之掌；数完时，在掌心作格吱。①

　　这些儿歌与成人歌谣明确区分开来，《歌谣》上专门开辟的儿歌专栏本身就显示了研究者对儿童本位的认可。

三、无意思之意思：儿童文学的最高艺术标准

　　在周作人看来，"不把儿童当作人"的中国古代社会根本不存在儿童文学，只能进行现代创作，而当时的儿童文学创作并不尽如人意，"中国缺乏儿童的诗，由于对于儿童及文学的观念之陈旧，非改变态度以后不会有这种文学发生，即使现在似乎也还不是这个时候。"②"中国还未曾发现了儿童——其实连个人与女子也还未发现，所以真的为儿童的文学也自然没有，虽市场上摊着不少的卖给儿童的书本。"③"中国向来对于儿童，没有正当的理解，又因为偏重文学，所以在文学中可以供儿童之用的，实在

---

　　①《贵州儿歌》，《歌谣》第10期，1923年3月18日，第6版。
　　②周作人：《歌咏儿童的文学》，1923年2月11日刊《晨报副镌》，收入《自己的园地》，钟叔河编：《周作人散文全集（1923—1924）》，桂林：广西师范大学出版社，2009年，第38页。
　　③周作人：《儿童的书》，1923年6月21日刊《晨报副镌》，收入《自己的园地》，钟叔河编：《周作人散文全集（1923—1924）》，桂林：广西师范大学出版社，2009年，第75—78页。

第三章　歌之心声：《歌谣》周刊与「人的文学」构建

087

绝无仅有。"① 从这些言论中明显看出周作人对儿童文学的现状相当不满意。

那么，什么是好的儿童文学呢？周氏直截了当地指出："儿童的文学只是儿童本位的，此外更没有什么标准""无意思之意思的作品最上乘"②。

1923 年，他以《歌谣》周刊为阵地，接连发表了重要的儿童文学理论文章：《读〈童谣大观〉》（第 10 期）、《吕坤的〈演小儿语〉》（第 12 期）、《读〈各省童谣集〉》（第 20 期）、《儿歌之研究》（转录）（第 33、34 期），这几篇文章均是以批判的姿态对当时儿歌集的出版、评论及研究进行抨击。虽然角度不同，但总的指向均是附着在儿歌上面的各种各样的意义、附加值，这样的批判使得周作人愈加清晰、坚定了他主张的"无意义之意义"的儿童文学艺术标准，和他同时期的《儿童的书》《王尔德童话》《关于儿童的书》等一起建构了儿童文学创作观念的思想体系，影响了未来这一流派儿童文学的理论建构和创作实践。

在《读〈童谣大观〉》中，他猛烈批判的是"五行志派"。所谓"五行志派"，是将儿童所唱的歌谣、游戏解读为预示吉凶的谶纬之言。《儿歌之研究》中他就谈到过这个问题："占验之童谣，实亦儿歌之一种，但其属词兴咏，皆在一时事实，而非自然流露，泛咏物情，学者称之曰历史的儿歌。日本中根淑著《歌谣字数考》，于《子守歌》以外别立童谣一项，其释曰：'……其歌皆咏当时事实，寄兴他物，隐晦其词，后世之人鲜能会解。故童谣云者，殆当世有心人之作，流行于世，驯至为童子所歌者耳。'中国童谣当亦如是。"③ 周作人警惕地将"儿童所自造"的"儿歌"

---

① 周作人：《儿童的文学》，原载《新青年》第 8 卷第 4 号，1920 年 12 月 1 日。1920 年 10 月 26 日在北京孔德学校讲演，收《自己的园地》钟叔河编：《周作人散文全集（1918—1922）》，桂林：广西师范大学出版社，2009 年，第 279 页。

② 周作人：《儿童的书》，1923 年 6 月 21 日刊《晨报副镌》，收入《自己的园地》，钟叔河编：《周作人散文全集（1923—1924）》，桂林：广西师范大学出版社，2009 年，第 75—78 页。

③ 周作人：《儿歌之研究》，原载《绍兴县教育会月刊》第 4 号 1914 年 1 月 20 日，钟叔河编：《周作人散文全集（1898—1917）》，桂林：广西师范大学出版社，2009 年，第 295 页。

和"本大人所作而儿童歌之者"的"童谣"区分开来，认为后者属于成人所造的别有用心的"伪儿歌"。《童谣大观》的编辑延续着古代"五行志派"的思路，将"朱家面李家磨"的童谣做例证来解说历史，并堂而皇之地印刷出版。这令周作人不得不严厉指出："五行志派的意见，不但不能正当理解儿歌的价值，而且更要引老实的读者入于邪道。"①

从警惕"儿歌"和"童谣"的差异中，周氏还明确了"民间的童话"与"文学的童话"之间的不同，强调儿童文学并非"讲儿童的事，写给大人看的文学"，以此来突出儿童文学的纯正性，努力构建专属儿童自己的文学。在比较格林童话和王尔德童话时，他说："前者是民众的，传述的，天然的；后者是个人的，创作的，人为的；前者是'小说的童年'，后者是小说的化身，抒情与叙事的合体。记录民间童话的人是民俗学者，德国的格林兄弟是最著名的例；创作文学的童话的是文人，王尔德便是其中之一人。"② 他将安徒生和王尔德的童话分出高下，认为安徒生童话是用小儿自己的话写小孩自己的思想，是"真正的童话"、真正的儿童文学；而王尔德的童话，是"非小儿一样"的思维与文体，童话只是借用的"文学的一种形式"，"他的童话是诗人的，而非是儿童的文学"。关注点在于儿童文学创作是否采用儿童思维，是否渗透着成人的训诫。即使同为安徒生的童话，他也认为《小伊达的花》胜于《丑小鸭》，"实在只因他那非教训的无意思，空灵的幻想与快活的嬉笑，比那些老成的文字更与儿童的世界接近了"③。由此我们可以看出：周作人心目中的好的儿童文学必须有孩子的思维，"小儿说话一样的文体"，反对"教训"，具备"非教训的无意思"。

这种见解在《吕坤的〈演小儿语〉》和《读〈各省童谣集〉》这两篇文章中表现得更为鲜明。前篇上来就开宗明义地说："中国向来缺少为儿

①周作人：《读〈童谣大观〉》，《歌谣》第 10 期，1923 年 3 月 18 日，第 2 版。

②周作人：《王尔德童话》，1922 年 4 月 2 日刊《晨报副镌》，收入《自己的园地》，钟叔河编：《周作人散文全集（1918—1922）》，桂林：广西师范大学出版社，2009 年，第 541—542 页。

③周作人：《儿童的书》，1923 年 6 月 21 日刊《晨报副镌》，收入《自己的园地》，钟叔河编：《周作人散文全集（1923—1924）》，桂林：广西师范大学出版社，2009 年，第 75—78 页。

童的文学。就是有了一点编纂的著述，也以教训为主，很少艺术的价值。"① 接着批评了编著者寄托太深、总试图附会教训。② 周作人认为儿歌"用在教育上只要无害就好"，根本不需要刻意去灌输什么道理。为了进一步说明自己的观点，他在《演小儿语》中挑出几首并未被删改的"小儿之旧语"，呈现了心目中的儿童诗之美。

> 鹦哥乐，檐前挂，
> 为甚过潼关，
> 终日不说话。

> 讨小狗，要好的。
> 我家狗大却生疵，
> 不要贼，只咬鸡。

> 孩儿哭，哭恁痛。
> 那个打你，我与对命。
> 宁可打我我不嗔，
> 你打我儿我怎禁。

> 老王卖瓜，
> 腊腊巴巴。
> 不怕担子重，
> 只要脊梁硬。

这些完全是以儿童的思维、用儿童的语言写的儿童的故事，表达儿童的喜怒哀乐，契合着"无意义之意义"的儿童文学审美。

1923 年，朱天民编的《各省童谣集》出版，周作人读了更是觉得其教训意味达到了登峰造极的地步。通过细分编辑者的三种注释方式——应有的、不必有的、有不如无的，尖锐地指出后两种完全是望文生义、附会穿

---

① 周作人：《吕坤的〈演小儿语〉》，《歌谣》第 12 期，1923 年 4 月 1 日，第 1 版。
② 周作人：《吕坤的〈演小儿语〉》，《歌谣》第 12 期，1923 年 4 月 1 日，第 1 版。

凿、胡乱教育。比如"哏哏哏，骑马到底塘"一句竟然解释为是教育小孩儿有尚武的精神，类似荒谬的解读在书中到处都是。为了清晰揭露这种时时不忘"文以载道"的可笑，周作人特别举出几首完整的儿歌来说明，其中一首是《麻野雀》①。他读过其注释后哭笑不得地指出："这明明是一首滑稽的趁韵歌，不必更加什么说明，集中却注云，'形容不贤的妇女，不知道自己不好，对于别人，总不满意'，不知是从那里看出来的。"② 类似例子周氏不厌其烦地举了七个，末后不无讽刺地总结道："大抵'教育家'的头脑容易填满格式，成为呆板的，对于一切事物不能自然的看去，必定要牵强的加上一层做作，这种情形在中国议论或著作儿童文学的教育家里很明白的可以看得出来。他们相信儿歌的片词只字里都含有一种作用，知识与教训，所以处处用心穿凿，便处处发现深意出来，于是一本儿童的歌词成为三百篇的续编了。"可见，周作人对儿歌中的教育意图、训诫意味反感到何种程度，而这和他对儿童文学的标准设定是密切相关的，由儿歌而引发的种种思考在《儿童的书》《关于儿童的书》③ 等文章中也一再阐发，共同形成了他的儿童文学观的建构。

五四时期兴起过一股儿童热，这个潮流是伴随着人的发现、儿童的发现而进行的，儿童文学的理论倡导和创作实践掀起过一个高潮。不过由于观念的不同，儿童文学创作呈现出不同的面貌和走向。如果说周作人是"自然派"，倡导"无意义之意义"的儿童文学；那么，以茅盾为主的文研会作家则更主张"为人生"的儿童文学，希望通过儿童读物能使儿童认识人生、了解社会、懂得道理，进而达到对儿童的改造和提升。

20 世纪 20 年代，文学研究会曾发动起一场儿童文学运动，茅盾、郑

---

①具体内容是："麻野雀，就地滚，打的丈夫去买粉。买上粉来她不搽，打的丈夫去买麻。买上麻来她不搓，打的丈夫去买锅。买上锅来她嫌小，打的丈夫去买枣。买上枣来她嫌红，打的丈夫去买绳。买上绳来她上吊，急的丈夫双脚跳。"

②周作人：《读〈各省童谣集〉》，《歌谣》第 20 期，1923 年 5 月 27 日，第 2 版。

③周作人：《关于儿童的书》，1923 年 8 月 17 日刊《晨报副镌》，收入《谈虎集》，钟叔河编：《周作人散文全集（1923—1924）》，桂林：广西师范大学出版社，2009 年，第 192—195页。

振铎、叶圣陶等以《小说月报》《儿童世界》[①] 等为阵地探讨、创作儿童文学，尽管受儿童本位观念影响，大多数人也意识到儿童的特性，"儿童并不是'缩小'的成人……要适合儿童的年龄与智慧"[②]，但是他们更倡导一种为人生的儿童文学，这是中国几千年以来文以载道思维的创作惯性，往往不知不觉中就以长者的姿态自居，试图对幼儿讲述现实人生、道德教育。如叶圣陶的现实主义童话《稻草人》、冰心"爱的哲学"的《寄小读者》等。看似以儿童的视角、语言写儿童的故事，但其中的意义讲述、对世界社会的认知表达才是真正意图所在。当然，这与中国现代儿童文学发生的新文化运动背景和中国国情密切相关。鲁迅在《随感录·二十五》中把儿童看作是"将来的人的萌芽"[③]，郭沫若也认为"人的根本改造应从儿童的感情教育、美的教育着手"[④]。儿童的教育被看作国民改造和社会改造的中心所在，儿童被纳入"未来之国民"这一历史潮流之中，贯注着强烈的民族主义情感与爱国主义情绪。即使新文学作家提倡儿童本位，实际上，正如研究者指出的那样，中国儿童文学的境遇"很难为儿童作家提供一个纯粹的'儿童本位'的体验场所，破旧立新的时代使命驱使作家在关注儿童个体发展、尊重儿童天性的同时，兼顾儿童在社会、时代坐标中的角色定位"[⑤]。也就是说，在新文化运动中，大多数作家在提倡理论、创作儿童文学时，总会不可避免地追求各种意义，特别是社会教育价值与意义。他们更多地把儿童看作是"未来之民"而非"小孩子"本身，"少年强则国强"的梁式思维成为普遍的诉求。在他们看来，儿童文学是传达道德训条和必要知识的最好工具，担当着教育儿童的重任，关乎家庭、民族、国家的前途和命运。

---

①1922 年 1 月 7 日创刊于上海，郑振铎编辑，商务印书馆发行，出有"童子军专号""国防专号"等。

②郑振铎：《儿童读物问题》，原载《大公报》，1934 年 5 月 20 日，《郑振铎全集》第 13 卷，石家庄：花山文艺出版社，1998 年，第 43 页。

③鲁迅：《随感录·二十五》，《新青年》第 5 卷第 3 号，1918 年 9 月 15 日。

④郭沫若：《儿童文学之管见》，《郭沫若全集·文学编》第 15 卷，北京：人民文学出版社，1990 年，第 275 页。

⑤吴翔宇：《想象中国：五四儿童文学的局限与张力》，《文艺争鸣》，2013 年第 11 期。

1922 年，赵景深和周作人围绕童话进行了四次讨论，赵景深提倡要
"给儿童道德教育"的童话观念，而周作人则坚持童话的价值并非道德优
先，他也并非完全否定道德，而是认为道德只能作为自然而然的结果而非
最初的目的。这也是多年前周作人就坚定不移的意见："当本儿童心理发
达之序，即以所固有之文学（儿歌童话等）为之解喻，所以启发其性灵，
使顺应自然，发达具足，然后进以道德宗信深密之教，使自体会，以择所
趋，固未为晚。"① 为此，周作人很快和文研会的儿童文学运动分道扬镳。
同时，他还不断发表反对借儿童文学来灌输爱国思想的文章，"一首歌谣
也还不让好好的唱，一定要撒上什么爱国保种的胡椒末，花样是时式的，
但在那些儿童可是够受了。"② "在诗歌里鼓吹合群，在故事里提倡爱国，
专为将来设想，不顾现在儿童的需要的办法，也不免浪费了儿童的时间，
缺损了儿童的生活。"③ "我以儿童的父兄的资格，总反对把意识的政治意
见注入幼稚的头脑里去。"④周作人将《歌谣》作为儿童文学观的重要阵地，
无论是选择登载的儿歌，还是发表儿童研究的文章，他都坚持把"无意思
之意思"作为儿童文学的最高艺术标准。从这个角度说，《歌谣》是"儿
童发现"的实践地，是"儿童本位观"的提倡地，是真正的儿童文学园
地。这种观点在 20 世纪 20 年代的儿童文学建构中屡有回音，如冯国华就
指出"儿童文学是用儿童本位的文字组成的文学，由儿童底感官可以直接
诉于其精神之堂奥者；换句话说，就是明白浅显，富有兴趣，一方投儿童
的心理所好，一方儿童能够自己欣赏的"⑤。

　　20 世纪 30 年代复刊的《歌谣》，尽管还登载有儿歌，但原来每期必有
的"儿歌专栏"不复存在，而且对儿童学的认识也多元起来，既有徐芳

①周作人：《童话研究》，原载《教育部编纂处月刊》，第一卷第 7 期，1913 年 8 月，钟
叔河编：《周作人散文全集（1918—1922）》，桂林：广西师范大学出版社，2009 年，第 265
页。
　　②周作人：《读〈各省童谣集〉》，《歌谣》第 20 期，1923 年 5 月 27 日，第 2—3 版。
　　③周作人：《儿童的文学》，钟叔河编：《周作人散文全集（1918—1922）》，桂林：广西
师范大学出版社，2009 年，第 273 页。
　　④周作人：《关于儿童的书》，钟叔河编：《周作人散文全集（1923—1924）》，桂林：广
西师范大学出版社，2009 年，第 192 页。
　　⑤冯国华：《儿歌的研究》，《民国日报·觉悟》，1923 年 11 月 23 日。

《儿歌的唱法》等，延续了周作人自然派的儿童观，也有苏子涵专门著文来谈《儿歌中的教训与希望》，提倡要在儿歌中加进某种教训，以引起儿童兴趣并教育小儿①，属于为人生一派。这时期的《歌谣》对周作人而言早已成为"他人的园地"，他不能也不便多说，只是在不久后，他翻译了北原白秋著的"日本童谣讲话"之一章——《儿歌里的萤火》登载在第 29 期，表达了他对北原白秋童心创作的欣赏，仍然坚持认为，好的儿歌就应该是依据赤子之心自然地创作真纯的歌谣，教训与意义是多余的，依然延续了十几年前的观点。②周作人的儿童学经历了早期的未来国民到儿童本位的发展变化，这其中儿歌的征集和研究对其儿童的发现认识、"无意义之意义"的儿童文学观起到了重要的作用，抑或是说，以《歌谣》周刊为中心的一系列实践活动参与了他儿童文学观的建构，使他形成了不同于中国主流的"为人生"的儿童文学观念而最终走向了人类学的层面，提倡真正的儿童本位、赤子吟唱，具有人类学意义的理论前沿性和合理性，影响了新文学中儿童文学建构的一脉，和为人生的儿童文学主张构成了现代儿童发现的两个维度，互为补充，交错发展，是人的文学、儿童文学自我建构的不同层面。

值得注意的是，所谓"无意义"并非真是没有意义，只是反对把孩子当成"小大人"，一味灌输圣经圣传、春秋大义，反对把儿歌作为负载意义的工具。刘半农在《〈国外民歌〉译序》中特意举出儿歌，"当私塾先生拍着戒尺监督着儿童念'人之初'的时候，儿童的心灵是泥塞着；到得先生出了门，或是宰予昼寝了，儿童们唱：人之初，鼻涕拖；性本善，捉黄鳝……这才是儿童的天性流露了，你这才看见儿童的真相了。"③"人之初，鼻涕拖；性本善，捉黄鳝"看似没有任何意思，但它恰恰又是最有意义的，因为它体现着儿童的赤子之心，对礼教、大道理的蔑视。在《歌谣》上登载的大都是这种"无意思之意思"的儿歌，它们是儿童情感的自然流

①苏子涵：《儿歌中的教训与希望》，《歌谣》第 2 卷第 15 号，1936 年 9 月 12 日。
②知堂译：《儿歌里的萤火——北原白秋著"日本童谣讲话"之一章》，《歌谣》第 2 卷第 29 期，1936 年 12 月 19 日，第 1—2 版。
③刘半农：《〈国外民歌〉译序》，北新书局，1927 年，第 2 页。

露和日常生活的记录，如京兆儿歌《蚂蛏》"蚂蛏，蚂蛏，过河来！东边儿打鼓，西边敲锣来"；山西儿歌《娇儿娇》"娇儿娇，年到了。穿新袄，戴新帽。吃白馍馍，赚圪桃"，以及纯粹的游戏歌、拟人化的儿歌等等。[1]刊物上涉及儿童文学研究的其他文章，也多和周作人观点一致，如白启明同样反对对儿童实行蒙以养正的教训式说教，要"'艺术'式运用那道德智识的儿童教材，及文学方面的那些歌谣谜语"。[2]可见，《歌谣》周刊是崇尚自然派儿童观念的知识分子努力构建并实践儿童学理想的"自己的园地"。

第二节　情歌：张扬人欲，反抗正统

一、新文学思想建设的绝佳资源

《歌谣》周刊上登载数量最多的种类是情歌，而且总有情歌的集中刊载。如第 20 期的广西柳州情歌 108 首；24 期江阴船歌 20 首；39 期广东平远山歌 82 首，澄海情歌 38 首，五华情歌 30 首；40 期云南弥渡山歌 26 首，个旧山歌 75 首；85－91 期台静农搜集的《淮南民歌第一辑》112 首等。这粗略的统计得到其他研究者的支持，"搜集到的民歌之中，半数以上与爱情有关"。[3]应该肯定地说，情歌是歌谣征集，特别是登载在《歌谣》周刊上的最丰硕的成果。为什么刊物上登载数量如此之众的情歌呢？仅仅是因为它本身在民间存在的普遍性吗？"世有假诗文，而无假山歌"，情歌最可贵的在于情"真"，情歌在民间广泛流传确是事实。然而，作为一个

第三章　歌之心声：《歌谣》周刊与「人的文学」构建

---

①如《歌谣》周刊上第一卷第 10 期的《中拇指》、12 期的《踢菱角》、1 期的《天上有个月》、27 期的《乖乖睡》等等。

②白启明：《歌谣谜语谈》，《歌谣》第 47 期，1924 年 3 月 16 日，第 7－8 版。

③〔美〕洪长泰：《到民间去：中国知识分子与民间文学 1918—1937》，董晓萍译，北京：中国人民大学出版社，2015 年，第 77 页。

以"学术的"和"文艺的"为目的的刊物,这么大量地登载情歌应该还不限于此。因为,如果单纯从文学语言鉴赏的层面看待情歌,并非令歌谣研究者满意,周作人就指出中国的情歌同样有着"拙笨的措辞,粗俗的意思"①。至于学术的诉求,情歌并非比其他类型的民间歌谣如仪式歌、生活歌等更有社会民俗研究的价值。那么,情歌对歌谣研究者格外有吸引力和历久不衰的魅力,"与其说是由于其文艺形式和审美价值,不如说是由于其深刻的社会内容"②。从这个角度而言,情歌的确能让歌谣研究者感到振奋。毫不掩饰的开放意识、勇敢的抗争态度以及酣畅淋漓、无所顾忌的自由意志的表达,使得情歌成为新文学中思想建设的绝佳资源,被视为"血的蒸气,醒过来的人的真声音"③、恋爱自由、婚姻自主和张扬人欲的爱情诗。

新文学的重要任务之一就是反对伦理纲常,新文化先锋陈独秀、吴虞等在《新青年》等大量发文抨击旧礼教,尖锐指出封建礼教对人性的扼杀。反对封建礼教、争取个性自由成为新文化和新文学的头等大事。"存天理,灭人欲"就像紧紧的锁链束缚着人们的身心,而情歌中有很多都在表达对礼教的蔑视和反抗。如:

> 切落头来碗大一个疤!
> 你越打越骂越要偷!
> 人多那怕你千只眼!
> 屋多那怕你万重门!④

——刘半农《江阴船歌》

讲着色胆能包天,

---

①周作人:《猥亵的歌谣》,《歌谣周刊纪念增刊》,1923 年 12 月 17 日;另有《中国民歌的价值》等文也有表述

②〔美〕洪长泰:《到民间去:中国知识分子与民间文学 1918—1937》,董晓萍译,北京:中国人民大学出版社,2015 年,第 77 页。

③鲁迅:《热风·随感录四十》,《鲁迅全集》第 1 卷,北京:人民文学出版社,2005 年,第 73 页。

④《江阴船歌》,《歌谣》第 24 期,1923 年 6 月 24 日,第 5 版。

皇帝女子我敢连。

脱头可比风吹帽，

坐监恰似住花园。①

——王信我《平远情歌》

研究者极力赞赏情歌中强烈的反抗精神，称许他们以大胆的勇气挑战封建礼教。刘半农的《瓦釜集》收录的第九歌：

我十七十八正要偷，

那怕你爹娘捆勒脚跟头。

大麦上场壳帐打，

韭菜逢春匡割头。②

"为了爱情，割头也不怕"，这令研究者感慨，"这是何等精神，何等勇气，何等力量！赤裸裸的人性，率真的心声，只有民歌里有"③。1934年，冯梦龙的《山歌》被发现，其中有大量反抗权威、追求真挚爱情的歌谣，有一首《偷》这样唱：

结识私情弗要慌，

捉着子奸情奴自去当。

拼得到官双膝馒头跪子从实说，

咬钉嚼铁我偷郎。

顾颉刚认为这类情歌"如此热情，如此刚勇，真使人觉得这一字一句里都蕴藏着热的血泪。我们读后会以为她卑鄙淫荡么？不！我们只应佩服这位礼教叛徒的坚强的人格，而对她处境的恶劣表示极深的同情"④。歌谣运动者往往是新文学的理论家和创作者，因此不难理解，情歌在《歌谣》上这么大量、集中地登载，固然有它本身在民间存在的普遍性，然而更重

第三章 歌之心声：《歌谣》周刊与「人的文学」构建

①《平远情歌》，《歌谣》第 39 期，1923 年 12 月 13 日，第 6 版。

②刘半农：《瓦釜集》，北新书局，1926 年，第 72 页。

③李素英：《吴歌的特质》，《歌谣》第 2 卷第 2 期，1936 年 4 月 21 日，第 6 版。

④顾颉刚：《山歌·序》，北京：传经堂书店，1935 年，第 1—2 页。

要的是歌谣研究者出于反抗封建礼教和新文学的思想建设而对此类歌谣格外关注、特意选择并进行有目的的阐释。借用柄谷行人的理论：情歌这片"风景"是由于新知识分子丰富且强烈的文化诉求才能在特定的历史场域中焕发出耀眼的光彩。[①] 正如洪长泰所说，"新文化运动的主旨之一就是反儒学传统及贵族价值观，这种叛逆的精神和反抗的力量早已存在于情歌之中"。[②]

为了说明这个判断的合理性，我们试举一例。1924 年 8 月，台静农应常惠之请，回到故乡安徽叶集收集民歌，长达半年。这期间，台静农收获颇丰，总计收了 2000 多首，最先收集的都是儿歌，后来由于有各行各业的歌谣吟唱者，便有劳动歌、生活歌、仪式歌等，也有情歌。用他自己的话说，这些歌谣"极其凌乱与不易整理"，然而，他最先整理、抄录成册的600 首不是别的类型，正是情歌。1925 年，拿到《歌谣》周刊上发表、以《淮南民歌第一辑》为题的 112 首歌谣也均为情歌[③]，并且都是悖于封建礼教的大胆爱欲的表达。可见，情歌的征集和研究对于新文化构建者和新文学理论家而言，意味着自觉寻求和优先选择的民间资源和思想武器。自然，对于旧文化和保守派而言，情歌特别是露骨地表达性爱的猥亵歌谣则意味着伤风败俗、大逆不道。学衡派的保守学者对表达情感的民歌抱有深深的敌意，认为它们粗俗不堪乃至下流猥亵，如果允许其在高等学府和文化刊物上出现，会毒害青年一代。[④] 有的学者甚至建议取缔《歌谣》周刊，认为出版这样登载大量情歌的刊物会扰乱社会秩序，必须要坚决抵制。[⑤]而这些恰恰说明了《歌谣》的反封建和新文化本质。

《歌谣》周刊登载的都是民间文学——歌谣、故事、传说、风俗等，

---

①〔日〕柄谷行人：《日本现代文学的起源》，赵京华译，北京：中央编译出版社，2013年，1—3 页。

②〔美〕洪长泰：《到民间去：中国知识分子与民间文学 1918—1937》，董晓萍译，北京：中国人民大学出版社，2015 年，第 79 页。

③夏明钊：《台静农传略》，《江淮文史》，2001 年第 3 期。

④曹慕管：《论文学无新旧之异》，《学衡》第 32 期，1924 年 8 月，第 1 页；此外，梅光迪、吴宓、刘朴等都在《学衡》上发过有关文章。

⑤顾颉刚：《我和歌谣》，《民间文学》，1962 年第 6 期。

是五四以来"到民间去"思潮的一个硕果，同时也是五四运动中国新思想的收获，是新文化运动的外在表征。民间的发现是新文化运动的重要贡献，对民间的信仰和追寻是周作人、鲁迅、胡适、刘半农、顾颉刚等相当一部分知识分子共同的思想和行为选择。由于中国在现代化本身和西方社会有着巨大的差异，在对待相似的研究对象——民间文学、文化时，中国学者从中挖掘中了和西方截然相反的意义价值——从反启蒙的"folklore"走向了现代的启蒙力量。①

民间文学在中国的现代意义使得守旧的文化派将其视为异端和洪水猛兽，《晨报副刊》的编辑孙伏园因为登载了周作人记录、整理的民间故事《徐文长的故事》而被革职；娄子匡的遭遇更让人咋舌，他不过发表了一篇民间文学作品就受到牢狱之灾。②

《歌谣》周刊的新文化本质使得它自觉以反对旧文化、推动现代文化为己任。情歌中对传统伦理贞操观的颠覆以及对个人主体自由意志的张扬成为新知识分子文化革新和文学审美中最重要的武器和迫切需要的资源。中国现代学者对民间文学的发现"并不是他们有朝一日忽然灵机一动，从所谓现实中找出了这些东西，而是因为他们有了'科学观察的方法'和知识的透镜才使这些对象呈现出来"。③ 这个论断虽然并不特指情歌，但对于情歌而言格外合适。情歌被新知识分子视为解构儒家礼教和正统秩序的最有力的资源，成为推动新文化和新文学的巨大力量。他们将情歌和一直以来批判的传统贞操观、人的深层价值秩序改造密切联系起来，对新文学的思想建设有着重要的意义。

二、从贞操观的颠覆到大胆情欲的张扬

"伦理革命"是新文化运动伊始就提出的一个十分响亮、普遍的口号，这表明以胡适、陈独秀等为代表的启蒙者已经意识到现代性并不仅仅是社

---

① 吕微：《现代性争论中的民间文学》，《文学评论》，2000 年第 2 期。

② 〔美〕洪长泰：《到民间去：中国知识分子与民间文学 1918—1937》，北京：中国人民大学出版社，2015 年，第 191 页。

③ 户晓辉：《现代性与民间文学》，北京：社会科学文献出版社，2004 年，第 119 页。

会制度的转变，更重要的是人的思想、精神结构的现代转型，即"立人"。正如周作人在提到文学革命时指出的，"文字改革是第一步，思想改革是第二步，却比第一步更为重要"。① 为此，他们进行了诸多改造思想的努力，从 1915—1918 年，千方百计试图打破旧的伦理观念给人们构筑的"心灵之铁屋子"，然而，启蒙的效果并不理想，"曾登了半年的广告，征集有关'女子问题'的议论，当初也有过几篇回答，近几月来，却寂然无声了"。②

直到 1918 年 5 月，周作人翻译了日本与谢野晶子的《贞操论》，发表在《新青年》第 4 卷 5 号上，"大约人的觉醒，总须从心里自己发生，倘若本身并无痛切的实感，便也没有什么话可说"③。周作人有意识地选择了令中国人有着"痛切实感"的贞操观，借与谢野晶子的酒杯浇自己心头块垒，触摸到了伦理改革的痛处和思想转型的关键。情爱观念是人类文化积淀最隐秘、最深厚的领域，它在某种程度上反映着一个时代的现代文明程度。与谢野晶子对传统的贞操观提出质疑："贞操是否单是女子必要的道德，还是男女都必要的呢？"④ 在对男女不平等的性道德激烈批评的同时，她提出了一种基于个人主体性的贞操观念，理论核心是缘于个体自由意志的现代情爱观，"爱情结合，结了协同关系；爱情分裂，只需离散"⑤。这在当时的中国无疑是惊世骇俗之论，由此打开了伦理革命的入口，成为"辟人荒"的一步极富实践意义的工作。紧接着，胡适在《新青年》第 5 卷第 1 号发表《贞操问题》一文，认为周作人译文与谢野晶子的《贞操论》的发表，是"东方文明史上意见极可贺的事"，并随之把批判的锋芒指向了北洋政府 1914 年颁布的《中华民国褒扬条例》，指出当局颁布"表彰节烈，提倡杀身殉夫"的法令，"是残忍、野蛮的法律，是故意杀人"。⑥ 鲁迅立即在第 5 卷第 2 号上发布《我之节烈观》，响应胡适和周作人，把批判

---

①周作人：《思想革命》，《谈虎集》，北京：十月文艺出版社，2011 年，第 9 页。

②周作人：《〈贞操论〉译记》，《新青年》第 4 卷第 5 号，1918 年 5 月。

③周作人：《〈贞操论〉译记》，《新青年》第 4 卷第 5 号，1918 年 5 月。

④〔日〕与谢野晶子：《贞操论》，《新青年》第 4 卷第 5 号，1918 年 5 月。

⑤〔日〕与谢野晶子：《贞操论》，《新青年》第 4 卷第 5 号，1918 年 5 月。

⑥胡适：《贞操问题》，《新青年》第 5 卷第 1 号，1918 年 7 月。

的锋芒指向了宋以后的"业儒":"直到宋朝那一班'业儒'才说出'饿死事小失节是大'的话",清朝"国民将到被政府的地位,守节盛了;烈女也从此看重",自然暗示了袁世凯政府表彰节烈的黑暗心理和统治危机。而且鲁迅更进一步的是,"这表彰节烈,却是全权都在人民,大有渐进自力之意了","这节烈救世说,是多数国民的意思;主张的人,只是喉舌"。①《祝福》中祥林嫂的死不仅和"讲理学的老监生"鲁四老爷有关,也和被称为"善女人"、劝她去土地庙捐门槛的柳妈有脱不开的干系。"行为思想,全钞旧账"的多数国民构成了"无物之阵",更显出"立人"的紧迫。

周作人、胡适、鲁迅等新文化先锋以对传统贞操观的颠覆为入口,试图通过对现代情爱观念的提倡,把人的生存状态从传统改变为现代形式,彰显人的身体、欲望、心灵和精神,进而达到对个体主体自由意志的肯定和人的深层价值秩序的改造。《新青年》外,《现代评论》《妇女杂志》《妇女周报》《莽原》《京报副刊》等报纸期刊纷纷加入现代情爱观念的讨论、宣传,如1921—1925年《妇女杂志》对艾伦凯"恋爱结婚论"及离婚的介绍与讨论,1925年多家刊物对"新性道德"的探讨等,②围绕着郁达夫的《沉沦》、汪静之的《蕙的风》等展开的激烈争辩等,情爱启蒙迸发出了巨大的社会影响力和能量。

在这样的文化场域中,歌谣同人惊喜地发现:具有现代意识的"人"的情爱观念,不但能从外来的西方理论中寻求资源(如周作人与霭理斯),在中国本土的民间歌谣中,也有大量具备这样意识的情歌。新文学理论和实践的获取途径大致有两种:一是引进西方的理论资源,另一个就是求诸本土的民间文化,将民间的非主流意识改造、提升到主流意识。洪长泰对这一问题有过清晰地论述:

浪漫主义作家徐志摩(1896—1931)和郁达夫(1896—1945)都渴望

---

①唐俟(鲁迅):《我之节烈观》,《新青年》第5卷第2号,1918年8月。

②张光芒、徐仲佳:《性爱思潮与现代中国启蒙的崛起》,《天津社会科学》,2005年第4期。

从西方文学中寻觅灵感，为此他们热情洋溢地歌颂拜伦（Byron）、歌德（Goethe）和罗曼·罗兰（Romain Rolland）的作品。与此同时，中国年青一代的民俗学者也发现，这种灵感的源泉在自己的民族文化遗产中也存在，只是尚未被挖掘出来。在中国民间文学中，情歌无处不在，表示了人们对于爱情的向往，它从不或缺，只不过遭到贵族士大夫的打压而已……①

情歌这类底层的、民间的、一直以来被忽视和压抑而难见天日的东西，却道出了人之为人的心声，蕴含着文化启蒙者和文学革命者所倡导宣扬的精神。本土的民间资源可以被转化或激活为现代性要素的内容，② 情歌被新知识分子阐释转化并将其汇入"立人"的思想建设之中。他们一方面用情歌来颠覆传统的贞操观念，反抗封建礼教对人性的压抑，另一方面推崇情歌中大胆张扬的情欲，将其解读为现代意义的爱情诗。

他们对不受传统贞操观束缚状态大加赞赏，你情我愿的男欢女爱体现了爱情中的平等关系，被认为符合和尊重"人"的自然生命状态。一首情歌唱道：

> 死了男儿别怨天，
>
> 十字路口有万千，
>
> 东来的，西去的，
>
> 挑他个知心合意的。③

研究者毫不掩饰赞叹之情："这才是真实的妇女心中的思想！你看，'东来的，西去的，挑他个知心合意的'。这多么自由，多么爽快！什么'饿死事小，失节事大'，不过是书呆子们关起门来的胡话！"④周作人、胡适、鲁迅等猛烈抨击的守节观念，在这首小小的歌谣中得以颠覆，自然令

---

① 〔美〕洪长泰：《到民间去：中国知识分子与民间文学 1918—1937》，北京：中国人民大学出版社，2015 年，第 79 页。

②吕微：《现代性争论中的民间文学》，《文学评论》，2000 年第 2 期。

③章洪熙：《中国的情歌》，《歌谣周刊纪念增刊》，1923 年 12 月 17 日，第 26 页。

④章洪熙：《中国的情歌》，《歌谣周刊纪念增刊》，1923 年 12 月 17 日，第 26 页。

新知识分子大加感慨，四两拨千斤之力一目了然。不知贞操为何物的底层人民更多遵循的是自然人性，对于两性关系多是男欢女爱，你情我愿。在歌谣同人看来，这正是男女平等爱情关系的重要体现。

> 过河过水哥背你，
> 心甘情愿你和我，
> 象牙床上妹背哥。①

面对这么浓烈的感情，章洪熙说："我情愿做中国情歌的搜集者。我相信，村妇农夫口中所唱的情歌，一定比那杯酒美人的名士笔下的情诗，价值要高万倍！"② 有浓烈的爱情就合二为一，爱情消散就分开。这也恰恰是与谢野晶子在《贞操论》中提倡的现代情爱观。刘半农一再推崇一首云南情歌，称"其情感之悲怆缠绵可以抵得过一部《红楼梦》"③，虽然不乏夸张，欣赏之情却表露无遗。此外，情歌中对人的情欲，特别是女性的生命欲望极力张扬，充满着浪漫主义色彩：

> 爱呦——
> 好花不采白开败，
> 双双搂郎郎搂妹，
> 人不风流枉偷生。④

> 新打大船出大荡，
> 大荡河里好风光。
> 船要风光双支撸，
> 姐要风光结识两个郎。⑤

---

①《云南弥渡山歌》：《歌谣》第40期，1924年1月6日，第4版。

②章洪熙：《中国的情歌》，《歌谣周刊纪念增刊》，1923年12月17日，第26页。

③这首云南情歌是"热头要落又不落，小妹有话又不说；小妹有话只管讲，热头落坡各走各。"刘半农：《国外民歌译自序》，北新书局，1927年，第1—2页。

④《云南弥渡山歌》：《歌谣》第40期，1924年1月6日，第4版。

⑤《江阴船歌》：《歌谣》第24期，1923年6月24日，第2版。

第三章　歌之心声：《歌谣》周刊与「人的文学」构建

周作人说"妇女问题的实际只有两件事，即经济的解放与性的解放"①，在新知识分子努力对全社会特别是女性进行现代启蒙时，情歌中却存在这么多张扬人性情感、欲望和价值立场的内容。尽管周作人也意识到这些歌谣不过是"嘴唱着歌，只是在不能亲吻的时候"的意淫产物，但更多的歌谣运动者宁愿相信这些情歌是底层民众，尤其是女性情感欲望的载体。"情歌是村夫村妇口中吐出的自然声音，他们只知道说真实话，不懂得什么是伦理"②。

"在五四新文化运动的氛围中，情歌的重要性，绝非只在于它们的艺术价值，更在于它们启发了整个新一代的中国知识分子去寻找爱情的新意义。"③ 新文学的作家们开启了一场有意义的感情之旅——寻找人的主观情感及精神动力，唤醒长期被压抑的欲望，当然也包括情欲，出现了汪静之《蕙的风》这样充满民间情歌样式的新诗。在湖畔诗人的诗歌中，我们能明显感到情歌的影响。可以说，情歌为情诗提供了本土民间爱情话语的支撑和素材。当《蕙的风》遭到胡梦华"不道德"的批评后，周作人、鲁迅、章洪熙接连发文支持汪静之④，而周作人、章洪熙一年后还在《歌谣》上发表了《猥亵的歌谣》和《中国的情歌》，继续肯定情歌、情诗对人欲的张扬，呼应现代人学主题。

表现情欲时，歌谣中免不了会出现赤裸裸表现人的身体器官的歌谣，周作人、钟敬文等将之称为"猥亵歌谣"：⑤

> 日头落了万里黄，
> 美貌女子贪才郎。

---

①周作人：《谈虎集·北沟沿通信》，北京：北京十月文艺出版社，2011年，第298页。

②章洪熙：《中国的情歌》，《歌谣周刊纪念增刊》，1923年12月17日，第27页。

③〔美〕洪长泰：《到民间去：中国知识分子与民间文学1918—1937》，北京：中国人民大学出版社，2015年，第78页。

④主要有：周作人的《什么是不道德的文学》《情诗》，鲁迅的《反对"含泪"的批评家》、章洪熙的《〈蕙的风〉与道德问题》，见王训昭编《湖畔诗社评论资料选》，上海：华东师范大学出版社，1986年。

⑤周作人：《猥亵的歌谣》，《歌谣周刊纪念增刊》，1923年12月17日，第22—24页；钟敬文：《猥亵的歌谣》，《歌谣》第74期，1924年12月28日，第8版。

小脚好比钩美井，
妈头子好比迷人桥，
吐沫子好比迷魂汤。①

小妹子——
你小脚裹成钉锤样，
爱走邪路问问你，
你两支小奶荡叮当。

　　对于这些猥亵歌谣，刊物并不回避，甚至还大肆征集宣传。周作人在《歌谣》一周年时，特意发表《猥亵的歌谣》，对其概念、分类、形成缘由详尽剖析，篇末还做广告呼吁众人一起征集研究猥亵歌谣，然而征集效果并不理想。之后，1925 年 10 月 12 日，他又和钱玄同、常惠联合在《语丝》上发表《征求猥亵的歌谣启》②，鲜明表达搜集猥亵歌谣的两个目的：一是情诗的文学艺术的探源，二是了解中国民众的性心理。

　　长久以来，在中国正统文化中，人的肉身是被压抑的，两性之间不能有身体接触，男女授受不亲。正如当代研究者所言："儒家身心一体的哲学观仍潜在地规划了二元的秩序，即对高雅、理智、道德之情的推崇对肉身、欲望、性的压制……在文学领域，自汉儒将《诗经》中的男女爱情解读为政治寓言之后文学中的身体意识便似乎被阉割了。"③但"身体"在儒家正统秩序之外的民间顽强的存在，带有猥亵意味的歌谣体现了民间文化的原始强力和尽情放纵的身体狂欢。巴赫金认为："狂欢节是一种全民性的演出，它打破了等级森严的社会结构以及与之相关的恐惧、敬畏、虔诚和礼节。在狂欢节中，人们可以尽情地放纵自我、欢歌笑语、自由自在。狂欢是没有舞台、不分演员和观众的一种游艺。狂欢是人类生活中具有一

第三章　歌之心声：《歌谣》周刊与「人的文学」构建

---

　　①《淮南民歌第一辑》，《歌谣》第 85 期，1925 年 4 月 5 日，第 5 版。
　　②周作人：《征求猥亵的歌谣启》，载《语丝》第 48 期，1925—10—12，钟叔河编：《周作人散文全集》（1925—1926），桂林：广西师范大学出版社，2009 年，第 309—310 页。
　　③曹成竹：《从审美习俗到话语实践：中国民间歌谣中的身体意识》，《民族文学研究》，2013 年第 4 期。

定世界性和普遍性的特殊文化现象。"① 从这个角度而言，猥亵歌谣被视为民间的身体的狂欢，能为新文学提供新的素质和营养。《歌谣》创刊时就特意提到"歌谣性质并无限制，即语涉迷信或猥亵者，亦有研究之价值，当一并录寄，不必先由寄稿者加以甄别"②。歌谣运动中的后起之秀钟敬文也认为努力从事搜罗猥亵歌谣是对新文学的一大贡献。③ 周作人在为郁达夫的《沉沦》做辩护时说："禁欲主义或伪善的清净思想盛行之后，常有反动的趋势，大抵倾向于裸露的描写，因以反抗旧潮流的威严，如文艺复兴期的法意各国的一派小说，英国王政复古时代的戏曲，可以算作这类的代表。"④猥亵歌谣可以为这个论断做注脚，它们裸露的描写同样是用来挑战假道学的神经并表达身体从传统文化秩序中解放出来的诉求，体现着新文学以身体的解放来反抗传统伦理、对人进行深层次价值改造、解构中国传统文化文学秩序，构建新文化语境的努力。

三、传统《诗经》的现代阐释

除了征集研究当下流传的情歌之外，《歌谣》同人还对传统诗歌——《诗经》中的篇章进行现代阐释，将其解读为情欲之歌。《诗经》，特别是《国风》中存在不少表达情感的歌谣，它们经过孔子和汉儒的解说，由民间情歌变为政治寓言。而歌谣研究者剥去了其所负载的政治意味，将其阐释成新文化和新文学所需求的含义丰富的文化资源。

顾颉刚深受五四新文化和平民文学思潮的影响，将歌谣当作"疑古"的新历史研究的佐证而开启他歌谣学的终身致业道路。在新的思维方式下，顾颉刚对《诗经》有了全新的审视眼光，这同新文化同人对正统儒家文化的批判密不可分。正如钱玄同要为《诗经》"赶紧洗一个澡，替它换

---

① 〔苏〕巴赫金：《巴赫金全集》，白春仁等译，石家庄：河北教育出版社，1998年，第85页。

② 周作人：《发刊词》，《歌谣》第1期，1922年12月17日，第1—2版。

③ 钟敬文：《猥亵的歌谣》，《歌谣》第74期，1924年12月28日，第8版。

④ 周作人：《自己的园地·〈沉沦〉》，1922年3月26日刊《晨报副镌》，钟叔河编：《周作人散文全集》(1918—1922)桂林：广西师范大学出版社，2009年，第537页。

上平民的衣服帽子……趁此讲白话文学史的机会，打下十三块'经字招牌'之一"，① 顾颉刚也要为《诗经》"洗澡"，他采取了一个非常有意思的角度，即以民间流传的吴歌来观照《诗经》，从而为人物赋予丰富的情感和旺盛的情欲。他为《吴歌甲集》写了名为《写歌杂记》的系列学术小品，其中《野有死麕》《褰裳》等都是以情歌为参照，对传统《诗经》进行现代阐释。

《召南·野有死麕》在传统理学家看来，是一首典型的女子反抗无礼行为的诗篇，《诗三百》录用这种诗作的意义在于讽喻世人淫乱行为，以警读者。《卫宏·诗序》《郑玄·诗笺》以及《朱熹·诗集传》都如此解释："被文王之化，虽当乱世，犹恶无礼也""贞女欲吉士以礼来……又疾时无礼，强暴之男相劫胁""此章乃述女子拒之之辞，言姑徐徐而来，毋动我之帨，毋惊我之犬，以甚言其不能相及也。其凛然不可犯之意盖可见矣！"然而，新文化人顾颉刚却这样解读：

> 《诗经》中有一部分是歌谣，这是自古以来就知道的，但因为从前的读书人太没有歌谣的尝试，所以不能懂得她的意义。不懂得而竟要强做解释，这就不免说出外行话来了②……

> 《召南·野有死麕》篇是一首情歌，第一章说吉时诱怀春之女，第二章说"有女如玉"，到第三章说道：舒而脱脱兮，无感我帨兮，无使尨也吠！……这三句话的意思，是："你慢慢儿的来，不要摇动我的身上挂的东西（以致发出声音），不要使得狗叫（因为它听见了声音）。"这明明是一个女子为要得到性的满足，对于异性说出的诚挚的叮嘱。③

顾颉刚将卫宏、郑玄、朱熹的观点完全颠覆。在他的阐释下，贞女成为怀春之女，她的凛然不可侵犯之举被认为急迫的性要求，吉士这个强暴之男对贞女也根本不是什么无礼劫胁，而是男女之间的情投意合、两情相

---

①钱玄同：《与胡适之》（1921 年 12 月 7 日），《钱玄同文集》第 6 卷，北京：中国人民大学出版社，2000 年，第 104 页。

②顾颉刚：《写歌杂记·野有死麕》，《歌谣》第 91 期，1925 年 5 月 17 日，第 7—8 版。

③顾颉刚：《写歌杂记·野有死麕》，《歌谣》第 91 期，1925 年 5 月 17 日，第 7—8 版。

第三章 歌之心声：《歌谣》周刊与「人的文学」构建

悦。这个思路相当大胆前卫，应该说，只有完全肯定人特别是女性的生命欲望才能得出这样的结论。为了进一步证明思路的合理性，他在《吴歌甲集》中找出一首情歌来揭示《野有死麕》的本意：

> 结识私情结识隔条浜，
>
> 绕浜走过二三更。
>
> 走到唔笃场上狗要叫；
>
> 走到唔笃窝里鸡要啼；
>
> 走到唔笃房里三岁孩童觉转来。
>
> 倷来末哉！
>
> 我麻骨门闩笤帚撑，
>
> 轻轻到我房里来！
>
> 三岁孩童娘做主，
>
> 两只奶奶塞子嘴，
>
> 轻轻到我里床来！①

顾颉刚以《结识私情结识隔条浜》来比照《野有死麕》，借助民间的情歌对正统儒学视域下的《诗经》进行大幅度的逆转，将封建礼教下的烈女反抗描述成人之情欲的率真追求。沿此思路，《褰裳》的"本意"也浮现出来。②《左传·昭公十六年》记载晋国的韩宣子到郑国去聘问，郑国的卿大夫设宴践行，子太叔赋《褰裳》。由于这段记载，《卫宏·诗序》《郑玄·诗笺》等经书都将《褰裳》释为"郑国的突忽争国时，国人思大国正已而作"。在顾颉刚看来，这帮经学家又一次上当，误解了本意，他同样拿《吴歌甲集》中的一首歌谣和《褰裳》对照：

> 自从一别到今朝，
>
> 今日茶坊改变了，
>
> 女儿的贵相好！

---

① 顾颉刚：《吴歌甲集·六十八》，《歌谣》第 68 期，1924 年 11 月 16 日，第 6 版。

② 顾颉刚：《写歌杂记·褰裳》，《歌谣》第 91 期，1925 年 5 月 17 日，第 8 版。

此山不比那山高；

脱脱蓝衫换红袍。

人也比奴好；

容也比奴俏。

打发外人来请你，

请你的冤家请亦请弗到，

拔勒别人笑！

你有洋钱别处嫖；

小妹身体有人要。

你走你的阳关路；

奴走奴的独木桥，

偕傸各处去买香声！①

  在情歌的"证明"下，"子惠思我，褰裳涉溱。子不我思，岂无他人？狂童之狂也且！"的真实意思不过是一个女子责备情人、戏谑情人，甚至在对情人打情骂俏、施展手段而已。对于顾颉刚的研究思路，当代研究者分析得很透彻："将现今的民间歌谣与《诗经》进行比较研究，以时下流行的征夫野老、游女怨妇之歌谣来阐释《诗》之本义的方法，不仅是顾颉刚解《诗》的基本原则，也是《诗经》成功地脱去经学外衣，摇身一变，成为国民文学典范的关键步骤。当然，对于志向在经学革命的顾颉刚来说，之所以有兴趣从事歌谣搜集、编纂《吴歌甲集》等'小道'，潜在的动力恐正是为破解《诗经》'后妃之德'、文王教化的功能，提供现实历史的依据。"②为了"破"《诗经》的后妃之德和教化功能，顾颉刚借助民间情歌对儒学视域下的《诗经》进行大幅度的逆转，精神内核上的反传统、彰人欲一目了然。

  有意思的是，对于顾颉刚的这种理解，他的老师、同为新文化人的胡

---

①顾颉刚：《吴歌甲集·九十》，《歌谣》第80期，1925年3月1日，第7版。

②彭春凌：《五四前后顾颉刚的思想抉择与学术径路》，《现代中文学刊》，2009年第8期。

適随之写信与他，表示不敢完全苟同：

> 颉刚：
>
> ……
>
> 你解《野有死麕》之卒章，大意自不错，但你有两个小不留意，容易引起人的误解：（1）你解第二句为"不要摇动我身上挂的东西，以致发出声音"；（2）你下文又用"女子为要得到性的满足"字样：这两句合拢来，读者就容易误解你的意思是像《肉蒲团》里说的"干哑事"了。
>
> "性的满足"一个名词在此地尽可不用，只说那女子接受了那男子的爱情，约他来相会，就够了。①
>
> ……

在胡适看来，顾颉刚将《野有死麕》视为情诗没错，但他阐释的尺度未免太大，只说爱情便好，没必要提升至"性"的高度，和《肉蒲团》中的"干哑事"相提并论。胡适的商榷之后，俞平伯也加入讨论，在《语丝》第31期上发文继续对《野有死麕》上的问题进行探讨。俞平伯围绕着"悦"之训展开，认为"卒章三句，乃是三层意思，绝非一意复说'无使尨也吠'，意在没有声音，便作幽媾"，他运用想象力将故事设计得一波三折：

> "舒而脱脱兮"是一层意思，"无感我帨兮"是一层意思，"无使尨也吠"又是一层意思，一层逼近一层，然后方有情致；否则一味拒绝，或一口答应，岂不大煞风景呢？"将军欲以巧示人，盘马弯弓故不发"，急转直下式的偷情与温柔敦厚之诗国风，得无大相径庭乎？②

其实，胡、俞与顾解读的差异源于阐释角度的不同，前者是知识分子积习的审美视角，欣赏"玉女"而非"欲女"，"吉士"而非"淫男"，"纯情互恋"而非"干柴烈火"。这反而证明了顾颉刚将情歌作为反抗正统秩序、张扬自然人欲文化资本的明显用意和刻意所为。情歌展示的是大胆奔

---

①顾颉刚：《写歌杂记·野有死麕之二》，《歌谣》第94期，1925年6月7日。
②俞平伯、胡适、顾颉刚：《野有死麕之讨论》，《语丝》第31期，1925年6月15日。

放的民间，同时也是一个缺乏约束的民间。研究者为了在此寻找人的声音，在特定的文化场域下，自然会对其进行"为我所用"的阐释和重构。由此可见，情歌对于新文学人的启蒙的重要意义和价值，它在新文学发展中承担着解构旧文化、旧秩序的重任，是思想革命中立人的重要资源。

第三节　妇女歌：现实悲声，民间自为

一、浮出历史地表：中国旧式妇女的"人"的声音

在征集歌谣的过程中，新文化同人发现了受压抑最深、被埋在历史最底层的中国妇女，特别是出于社会下层、乡土生存空间的妇女。出于人的自觉，《歌谣》周刊，特别是20世纪20年代刊载了大量的妇女歌和研究文章，要么揭示出旧的社会制度压迫下妇女的非人生活，反映女性在家庭婚姻中的现实遭遇、真实情感，要么出于民间的价值立场和自为观念而描述女性自然的本真存在，使这些历史上从未有"人"的资格的中国旧式妇女在新文学中终于发出了自己的肺腑之声。应该说，正是这种最底层民众的声音吸引鲁迅等新文学先锋积极参与到歌谣征集之中。①

茅盾曾批评1921年前新文学中存在的问题：创作者几乎看不到全般的社会现象而只有个人生活的小小的一角。原因在于当时的青年作家大多数是生活单调的学生，既限制了他们的题材，又限制了他们觅取题材的视野

①有必要提及鲁迅与《歌谣》周刊的关系。鲁迅对《歌谣》以及相关的文学活动一直关注、关心。编辑常惠是鲁迅的学生，经常去听鲁迅的《中国小说史》课程，并热心地为之搜集材料，供鲁迅编写讲义用，同时帮助鲁迅校对和印发讲义，为之后《中国小说史略》的出版尽心尽力。而鲁迅对常惠也相当欣赏和亲近，经常给予学习和生活上的建议帮助，在他结婚之日还将《太平乐府朝野新声》作为礼物亲自赠送。常惠总是将出版的《歌谣》周刊送予鲁迅，请其给予指导。在《歌谣》出版一周年之际，鲁迅为其设计了封面图画——星月图，并且在第87期与歌谣爱好者刘策奇通信交流。见台静农：《忆常维钧与北大歌谣研究会》，《新文学史料》，1991年第2期；王文参：《鲁迅与民间歌谣、谚语》，《学术交流》，2008年第3期。

和眼光。"生活的偏枯，结果是文学的偏枯"①。茅盾戳中了新文学发展初期的软肋，由于创作者价值立场和生活范围的局限，使得"人的文学"并未是"所有人"的文学。"在中国，'人'的问题从来未经解决，女人小儿更不必说了"。②而在女人中，下层女性，特别是乡土生存空间的女性更是被遮蔽、被压抑的巨大历史存在。在旧文学中，她们无法得到一丝一毫的表现。正如歌谣研究者指出的那样，"文人学士向来是不管这种闲事的"③；"至于文人学士，他们终日在文字中讨生活，什么文啊，赋啊，闹个不休，是不屑为此的"④。"不去管"和"不屑管"是因为中国旧式妇女根本未被视为有独立的价值人格。新文学倡导"人的文学"观念，周作人等以发现妇女、补上历史这一课为己任。胡适在《终身大事》中塑造了田亚梅这一知识女性，但是由于作家对下层女性现实生存境遇和生活逻辑的严重隔阂，使得这部分占中国相当比例的"人"仍然无法"浮出历史地表"，更无法发出自己的声音。而歌谣征集以及《歌谣》周刊却促使新文学家关注到了被压在历史最深处的底层妇女。

《歌谣》周刊第 48 期登载了杨世清的《从歌谣看我国妇女的地位》，文章劈头就说：妇女不是人，是一种货物，是一种最便宜的货物；妇女不是人——是一种废物——是一种最低贱的废物……接着他毫不费力地一连举了 23 首经常流传在家乡中原地区的妇女歌来揭示严重的妇女问题。最先列出的就是后来在新文学作品中经常出现的"典妻""卖妻"现象：

> 涨大水，漫城墙，
> 赌博的光棍卖婆娘。
> 不卖婆娘肚子饥，
> 卖了婆娘受孤寂。
> 哇哇哭，要奶吃，

---

①茅盾：《小说一集·导言》，刘运峰编：《中国新文学大系导言集（1917—1927）》，天津：天津人民出版社，2009 年，第 61 页。
②周作人：《人的文学》，《新青年》5 卷 6 号，1918 年 12 月 15 日。
③杨世清：《从歌谣看我国妇女的地位》，《歌谣》第 48 期，1924 年 3 月 23 日，第 5 版。
④刘经庵：《歌谣与妇女》，《歌谣》第 30 期，1923 年 10 月 28 日，第 1—2 版。

各寻各，在那里？①

这些被卖的女性极其低贱，卑微如同草芥：

> 小白菜，上草垛，
>
> 俺娘不给我娶老婆。
>
> 掏三钱，买两个；
>
> 铺一个，盖一个，
>
> 我在当中好暖和。

歌谣研究者悲愤地说："三个钱就能买两个老婆，一个糖葫芦的钱（一个铜子）就可以买到六七个女子，怪不得西洋人要说我们八分邮票可以买一个女子了！"② 女性是"货物""废物"，而不是"人"，丈夫可以随意打骂，任意虐待妻子：

> 小簸箕，簸一簸，
>
> 我是兄弟你是哥。
>
> 买点酒，咱好喝；
>
> 喝醉了，打老婆；
>
> 老婆死了咱怎过？
>
> 你敲鼓，我打锣，
>
> 滴滴打打再娶个。

接着杨世清列举了女性从小到老各个阶段都被虐待的歌谣，揭露了中国旧式妇女一生非人的生活。末尾，他指出了这些妇女歌的价值所在：

唉！不幸而为妇女，而为中国妇女，而为中国旧式妇女，处到这种恶劣环境之下，真是"上天无路，走地无门"；而在中国旧礼教、旧习惯之下，妇女几乎又是"理当如此""合该如此"；文人学士向来是不管这种闲事的；名卿大儒更是"变本加厉""助纣为虐"；于是我国旧式的妇女，乃

第三章 歌之心声：《歌谣》周刊与「人的文学」构建

---

① 杨世清：《从歌谣看我国妇女的地位》，《歌谣》第 48 期，1924 年 3 月 23 日，第 1 版。
② 杨世清：《从歌谣看我国妇女的地位》，《歌谣》第 48 期，1924 年 3 月 23 日，第 2 版。

真成"哑巴吃黄连，有苦说不出"了！多亏妇女还有一副脑筋，一张嘴巴，自己会编几句韵语，唱几首歌谣，将自己所受的苦处描写传达出来；而我们所以能够关于她们的苦处多知道一些，也就"独赖此编之存"。①

在杨世清等歌谣研究者看来，"没有任何精英文学会花心思去描写这种妇女生活，民歌却能透彻地揭露出在儒家伦理纲常束缚下妇女的深重灾难"。②长久以来下层女性被遮蔽和压抑，得不到书写和表现，而这些妇女歌成为记录她们非人的生活的文学。歌谣同人确信妇女歌就是女性的"家庭鸣冤录""茹痛记"。刘经庵在《歌谣与妇女》③中认为妇女歌就是下层女性真实生活的写照：

有些妇女们，受公婆的虐待，妯娌和姑嫂间的诽谤，以及婚姻的不满意，她们满腹的委屈，向谁诉去。她们既不会作什么离骚的词，断肠的诗，所以就"不平则鸣"，把自己的痛苦，信口胡柴的歌唱出来……至于文人学士，他们终日在文字中讨生活，什么文啊，赋啊，闹个不休，是不屑为此的。

周作人在为其成书作序时指出："中国妇女向来不但没有经济政治上的权利，便是个人种种的自由也没有，不能得到男子所有的几分，而男子自己也还过着奴隶的生活，至于所谓爱的权利在女子自然更不必说了。"并肯定了歌谣的社会价值意义："从这民间风诗中间看出妇女在家庭社会中的地位，以及她们个人身上的苦乐。这是一部歌谣选集，但也是一部妇女生活诗史，可以知道过去和现在的情形——与将来的妇女运动的方向。"④

在文人学士普遍对下层女性感到隔膜和轻视的情况下，以《歌谣》周

①杨世清：《从歌谣看我国妇女的地位》，《歌谣》第48期，1924年3月23日，第5版。

②〔美〕洪长泰：《到民间去：中国知识分子与民间文学1918—1937》，北京：中国人民大学出版社，2015年，第86页。

③刘经庵：《歌谣与妇女》，《歌谣》第30期，1923年10月28日，第1—2版。

④周作人：《〈歌谣与妇女〉序》，1925年11月7日《燕大周刊》第82期，钟叔河编：《周作人散文全集》（1925—1926），桂林：广西师范大学出版社，2009年，第330—332页。

刊为核心的文学活动充分认识到妇女歌的现实价值，他们对其征集、刊登并研究。刊物发表了一系列这样的文章，如常惠的《歌谣中的家庭问题》、刘经庵的《歌谣与妇女》《歌谣中的舅母与继母》、杨世清《从歌谣看我国妇女的地位》、许竹贞的《看歌谣后的一点感想》等。应该说，正是由于新文学的人道主义和民主思想，反映下层女性非人的生活的歌谣才会浮出地表，被知识分子所关注、研究，表明了《歌谣》的平民文学立场以及新文化本质、新文学意义。钟敬文曾说："在五四前后的新文化运动中，妇女解放、妇女的民主权利，无疑是一个引人深切注意的话题。这种时代的新思潮，自然要反映到当时主持采集、编选歌谣的知识分子的脑中和笔下……在《歌谣》周刊里，这种民主思想的倾向表现得更为显著。过去社会流行的歌谣，大半产生自广大受双重压迫的妇女的心和口，或者由她们守护、传授下来。在旧歌谣里，关于妇女生活、遭遇的作品数量相当多；这种情形，自然要反映到《歌谣》的文章上，因此，它直接、间接关系到妇女问题的篇章很不少。"①从钟敬文的描述中我们可以看到，新知识分子关注妇女歌谣，某种程度上同妇女解放的主题密切相关。它成为作家了解女性，特别是乡土空间生存的下层女性的生活状况、价值观念、历史真相的一面镜子，为新文化运动者和文学革命家提供了揭露和批判社会不公、家庭压迫的武器。"要研究妇女问题，不可不从根本上研究歌谣"②成为共识。

歌谣中除了揭露女性在旧的社会家庭压迫下"非人的生活"，还有一部分妇女歌从民间的生活逻辑唱出了"人的生活"的自在自为之歌，如果说前者是"社会现实"的话，那么，后者则来自"民间现实"。所谓民间，借用陈思和的观点，"是在国家权力控制相对薄弱的领域产生，保存了相对自由活泼的形式，能够比较真实地表达出民间社会生活的面貌和下层人民的情绪世界；虽然在权力面前民间总是以弱势的形态出现，并且在一定限度内被迫接纳权力，并与之相互渗透，但它毕竟属于被统治阶级的范

第三章　歌之心声：《歌谣》周刊与「人的文学」构建

---

① 钟敬文：《民间文艺学及其历史》，济南：山东教育出版社，1998年，第418页。
② 许竹贞：《看歌谣后的一点感想》，《歌谣》第42期，1924年1月20日。

畴，而且有着自己独立的历史和传统"①。像胡适《歌谣的比较的研究法的一个例》、董作宾《一首歌谣整理研究的尝试》中提到的在中国流传甚广"看见她"的歌谣就属于民间现实，反映的不是社会压迫的现实，而是意在表达民众民间的生活和愿望。

中国旧式妇女社会地位低下，没有人的权利和独立人格，这些都是不争的事实，不过，在这些权力的缝隙之外，也能溢出民间社会中人的思想观念与价值情感，而且也不乏表达的普遍与真挚，契合了周作人"平民文学"的主张。也就是说，在一些妇女歌中仍然包含了最底层农民的"人"之自在自为的理想状态。它们或是抒发了日常世俗生活的爱憎情感，或是表达了民间的价值伦理观念，或是展示民间的风俗习惯。"我们可以从那里（妇女歌谣）去考查余留着的蛮风古俗，一面也可看出民间儿女的心情，家庭社会中种种情状，做风俗调查的资料"②。抑或是说，歌谣中尽管有不少下层女性受压迫的遭遇之歌，同样也有一些超越了艰难悲苦的环境而发生的对美好生活向往、对民间立场服膺的声音，它溢出了妇女解放主题之外，是女性的另一种肺腑之声和自我表达，是"朴素之民，厥心纯白"的民众发出的人的声音。如各地经常流传的《新妇回门歌》：

> 新媳妇，才成婚，
> 带着女婿来回门。
>
> 进门拜爹娘，爹娘嘻嘻笑，
> 姐姐妹妹瞪眼瞧。
>
> 他嫂好取笑，见面絮叨叨：
> 几天没有见，您姑你还好？
>
> 羞的新媳妇，不知说什么好；
> 不敢喜欢不敢恼。

---

① 陈思和：《民间的沉浮：从抗战到文革文学史的一个解释》，王晓明编：《二十世纪中国文学史论》下卷，上海：东方出版中心，2005 年，第 285 页。

② 周作人：《〈歌谣与妇女〉序》，1925 年 11 月 7 日《燕大周刊》第 82 期，钟叔河编：《周作人散文全集》（1925—1926），桂林：广西师范大学出版社，2009 年，第 330—332 页。

正在没有法，新女婿来到；
一步一跌，往她娘屋跑。[①]

这是家中亲戚对新媳妇的打趣之歌。打趣在人类的生活中，要占很大一个位置。即使在艰难悲苦的环境中，也是生命力的维持者，即所谓生趣。“乡下的牧童野老，也莫不自有个人的谐趣。曰乐天，曰旷达，曰天真，曰傻不期期，却只是一种风趣的不同的表现。”[②]另有常见的描述夫妻关系的歌谣《小黄盆》：

小黄盆，拌生菜；
两口子打仗咱分开。
你分里，我分外；
你分枕头，我分铺盖；
到夜晚，
没气没火的又合起来。[③]

这首歌谣溢出了夫权社会的压迫叙述，鲜活地写出了小两口吵架又和好的生活场景。这些歌谣都没有悲天悯人、博施济众，只是“个人主义的人间本位主义”，“用这人道主义为本，对于人性诸问题，加以记录研究的文字”，[④] 充满了民间人性之生趣和美好。还有些描述寡妇生活的歌谣并不秉从传统的儒学礼教，而是从民间的伦理观与价值观去理解寡妇不必守寡的理由。如《守寡》：

小寡妇，十七八，
揭开门帘没有他。
鞋帽蓝衫床边挂，
鸡嗉布袋没人拿。

①《新妇回门歌》，《歌谣》第13期，1923年4月8日，第3版。
②吴世昌：《打趣的歌谣》，《歌谣》第2卷第4期，1936年4月25日。
③山东民歌《小黄盆》，《歌谣》第19期，1923年5月20日，第5版。
④周作人：《人的文学》，《新青年》5卷6号，1918年12月15日。

关着门，黑谷洞，

开开门，满天星，

打着火，点着灯，

灯看我，我看灯，

看来看去冷清清，

清早起来进厨房，

厨房地，我扫光。

大锅刷的明似镜，

小锅刷的流油光；

小锅添了一盆水，

大锅添了一盆多，

青石头，配棒捶，

红白萝萄配芜荽，

锅靠锅，箩靠箩，

一龙吸水靠黄河，

小小寡妇靠公婆，

你这没儿难致富，

我这没郎难做活，

您家没有梧桐树，

凤凰不给您家落。①

　　"民歌的最强烈、最有价值的特色是它的真挚与诚信，这是艺术品的共同的精灵"②，《守寡》具有鲜明的文学艺术性，但更重要的是它蕴含了民间悖于正统的价值伦理观，有着对自我生命、自由自在和现实人性的尊重和肯定，表达着"十七八的小寡妇"落单后不守旧家、走自己生活道路的勇敢诉求，它的流传体现着民众对自然人性、自由生活的认同。

――――――――――

①河南民歌《守寡》，《歌谣》第30期，1923年10月28日，第4版。
②周作人：《歌谣》，1922年4月13日刊《晨报》，收入《自己的园地》，钟叔河编：《周作人散文全集》（1918―1922）桂林：广西师范大学出版社，2009年，第546页。

二、乡土与民间：台静农创作的启示

如前所述，新文学初期大部分作家对下层生活相对疏远，更多题材是小知识分子的恋爱悲欢。正是以歌谣运动为代表的平民思潮的兴起使更多的作家眼光向下，形成了关注下层贫民、关注受压迫妇女的新文学传统。文坛上逐渐出现了歌谣中所唱的揭示女性生活遭遇的小说创作，如许杰的《赌徒吉顺》（1925）、台静农的《负伤者》（1927）、《蚯蚓们》（1927）、柔石的《为奴隶的母亲》（1930）、罗淑《生人妻》（1936 年）等这些"卖妻""典妻"题材的小说以及许钦文的《疯妇》（1923）、王鲁彦的《菊英的出嫁》、许杰的《出嫁的前夜》、台静农的《拜堂》（1927）、《新坟》（1927），写实主义小说进入了一个更为成熟的发展阶段。

如果说其他新文学作家是间接受到歌谣运动影响的话，那么，台静农正是直接参与了歌谣征集活动，才"汲取了丰盈的创作源泉，拓宽了创作视野，毅然决然地越出了写青年学生生活窄狭的套路，把艺术的笔触伸向皖西闭塞的乡间村镇"①，启示他创作出《地之子》这部优秀的乡土小说集。可以说，没有歌谣征集活动，就不会有作为 20 世纪 20 年代杰出乡土小说家的台静农。有研究者言："完全应当把台静农看作二十年代乡土小说的代表作家之一。在鲁迅 1935 年编选的《中国新文学大系·小说二集》中，荣幸地被选入四篇作品的作家除鲁迅本人外只有二人，而台静农，就是这二人中的一位。"② 台静农 1924 年在北京大学文科研究所国学门勤工俭学，1925 年初识鲁迅，此后两人关系密切，友谊深厚。在国学门，台静农和《歌谣》周刊的编辑常惠结识，并应常惠之邀，1925 年到家乡淮南收集民歌，进而深入农村生活的最底层，了解到民间生活的原生态状态，不仅看到了民不聊生的农人的残酷景状，同时也对民俗审美价值和民间价值伦理有了切身的感受，这使得他的乡土小说在 20 世纪 20 年代独树一帜，以现实主义的精细笔触刻画了旧社会具体鲜活的农民形象，特别是乡土女性。

---

①商金林：《以小说参与时代的批评和变革——论台静农的〈地之子〉和〈建塔者〉》，《北京大学学报（哲社版）》，2002 年第 3 期。

②董炳月：《台静农乡土小说论》，《中国现代文学研究丛刊》，1994 年第 2 期。

台静农《致淮南民歌的读者》中描述征集歌谣时的境状："从此我便奇异着我们兵匪扰攘的乡间，居然有了这些美妙的民歌，因而我的欲望也扩大了，我托了许多朋友，为我在各处搜集……"[①] 在"兵匪扰攘的乡间"听到"美妙的民歌"，这相反的刺激使得台静农的小说没有局限于批判社会现实的单向维度，而是呈现出内涵丰厚的文本意蕴。他"用心血细细地写出耳边听到的，目中看到的""人间的辛酸和凄楚以及伟大的欢欣"，显示出作者善于从民间取材，通过民众百姓的日常生活来揭露社会黑暗以及展示民间话语伦理的特点。

在《地之子》中，台静农着重刻画了一群中国社会最底层的女性在军阀混战、兵匪横行的现实社会中忍受着非人的生活，受到鲁迅的高度评价："在争写着恋爱的悲欢，都会的明暗的那时候，能将乡间的死生，泥土的气息，移在纸上的，也没有更多，更勤于这作者的了。"[②] 一个"移"字就代表着对他忠实于现实的创作态度的肯定。《新坟》中，四太太的女儿被大兵奸淫致死，儿子被大兵打死，巨大的苦难使她精神失常，而亲族叔不仅当初弃她们母子于不顾，后来还骗取了四太太的家产，最后自焚于儿子坟旁；《红灯》里，得银的娘在儿子死后为弥补她生前未给孩子添置过长衫的遗憾，就想借钱买纸糊衫来超度儿子的亡魂，贫困使她不能如愿，只有从破墙上捡一块用剩的红纸做一个红灯来祭奠。《吴老爹》《蚯蚓们》《负伤者》中少主母、李小妻子、吴大郎老婆都难逃被卖的命运……可以说，妇女歌中反映的女性的现实遭遇以及精神、情感都进入台静农的小说创作及其人物塑造中。如《红灯》结尾处描述了得银娘孑然一身的凄凉和超脱，让人联想起台静农曾征集的一首淮南民歌：

> 小乖姐生得白如银，
> 没有孩子到干净，
> 久后一日身死亡，
> 埋在郊外一座坟，

---

① 台静农：《致淮南民歌的读者》，《歌谣》第 97 期，1925 年 6 月 28 日，第 4 版。
② 鲁迅：《小说二集·导言》，刘云峰编：《中国新文学大系导言集（1917—1927）》，天津：天津人民出版社，2009 年，第 91 页。

也没有烧纸化纸银①。

越说"没有孩子倒干净",越深埋着失去孩子的悲哀,笼罩着巨大的孤独和悲凉。社会现实批判之外,台静农在歌谣收集过程中和底层民众促膝长谈、密切接触,歌谣所传递的民风、民俗和民间话语使台静农的小说超越了社会历史的单一批判,触摸到更为深厚的民俗生活和人性内蕴。正如研究者分析台静农的乡土小说是从三个层面对羊镇人的生存状态作生动形象的展示——社会历史层面、文化风俗层面、人性层面②。《烛焰》描述了羊镇的"冲喜"婚俗,但女孩子"伊"的父母之所以同意女儿去冲喜,是因为得知未来的婆婆性格温和,女婿又病得不重,女儿不仅漂亮,学问还好,相信女儿出嫁后会有好的生活。小说细腻地刻画了婚礼当天,双亲对女儿的疼爱,姑母、姨母等亲戚为其添置嫁妆,李妈还对新媳妇不失时机地打趣,回荡着歌谣《回门歌》里吟唱的温馨。《蚯蚓们》虽然是典妻题材,但作品叙述了丈夫李小是不得已而为之,对妻子充满深切情感和满心愧疚。妻子骂他没本事,连老婆也养活不了,李小也只有沉默以对。小说描述了他们即将分离的一幕:

惭怍与忧伤交攻着,使他不能安然睡去。终于似睡非睡地闭了眼,不久又惊醒了。醒后睁了眼,见月光依然明亮地照着房中一切,妻在门口迎着月光坐着,正在收拾伊平日的针线,隐隐还听到伊伤心的叹息。于是他向伊问:

"为什么还不睡?"

"哪有心肠睡!"伊低声说。

他听了,全身立刻颤动了,又颤栗地向伊说:

"我真对不起你,使你走到这条路。"

他说了,并未听见伊的答话。少顷,他看见月光之下的伊的影子,在那里颤动,原来伊是在啜泣。于是他也忍不住哭了。③

①台静农:《淮南民歌·三十七》,《歌谣》第85期,1925年4月5日,第7版。
②董炳月:《台静农乡土小说论》,《中国现代文学研究丛刊》,1994年第2期。
③台静农:《地之子》,北京:人民文学出版社,2000年,第95—96页。

没有对民间生活的熟悉和同为人的感同身受，台静农也许无法在典妻题材中还会这么细腻地叙述夫妻之间的深厚情感、相濡以沫。《拜堂》写汪大嫂在丈夫去世后和小叔子汪二相好，并且有了四个月的身孕，当她满心羞愧地去找邻里牵亲时，田大娘、赵二嫂却没有丝毫鄙夷蔑视，反而一口应下，支持认同："小家小户守什么？况且又没有牵头；就是大家的少奶奶，又有几个能守得住的？"乡间百姓在贫困愚昧之中仍不乏人情的温馨跃然纸上，体现着民间底层社会的伦理观与价值观。镇上的其他人，推车的吴三、拎画眉笼的齐二爷、摆花生摊的小金也表示了祝贺和理解。虽然汪二爹爹出于封建家长的心态骂了几句："以前我叫汪二将这小寡妇卖了，凑个生意本。他妈的，他不听，居然他俩个弄起来了。"齐二爷却劝说："也好。不然，老二到哪里安家，这个年头？"小金也说："好在肥水不落外人田。"这些话语暗示了底层人民在生存艰难的状况下自有生活逻辑和伦理观念。妇女歌《寡妇》中唱道："你这没儿难致富，我这没郎难做活，您家没有梧桐树，凤凰不给您家落。"不正是民间底层的价值伦理，对自我生命、自由自在和现实人性的尊重和肯定吗？

台静农曾讲述："匪区中生活的我，除了恐怖与寂寞而外，什么事都不能作，虽然也能够得到意外的兴趣，便是在田夫野老的家中向他们搜集山歌，其中能够感动我们与怡悦我们兴致的实在不少……"[1] 正是这些感动与怡悦他的歌谣，使得《地之子》呈现出批判现实主义之外的民间的思想情感和价值立场，他笔下的乡土女性也摆脱了仅为"社会压迫物"的文化符号而成为有着浑厚内蕴的"人"的形象，发出了"人"的声音。

妇女歌的发掘和研究使新文学家关注到被压在历史最深处的底层妇女，既为文学革命者提供了揭露批判社会不公与家庭压迫的武器，同时也成为了解乡土空间生存的女性民间生活和价值伦理的一面镜子，它拓宽了新文学的创作题材和视野，一再回响在之后的作家作品之中，如沈从文、孙犁、丁玲、赵树理、汪曾祺……为乡土小说的创作提供了难得的资源和路径的启示。

---

①台静农：《山歌原始之传说》，《歌谣》第 97 期，1925 年 6 月 28 日，第 6 版。

第四章
《歌谣》周刊与新文学的语言革新

　　如果说，《歌谣》周刊渗透在"人的文学"的内容构建中，那么从 20 世纪 20 年代延续至 20 世纪 30 年代的《歌谣》，同样也不同程度地参与了新文学的形式建设即语言革新，抑或是说，它本身也构成了新文学语言自我建构的重要组成部分，体现着中国文学语言发展过程中的复杂性、曲折性和艰难性。

　　在白话文运动中，广大民众之间口耳相传的歌谣被视为平民的、民族的、言文一致的、活的语言资源而被发现和挖掘。正如梁实秋 20 世纪 30 年代指出的那样："主张'国语的文学'的人和主张'白话诗'的人当然对于歌谣要发生浓厚的兴趣，所以歌谣采集的运动不早不晚发生在新文学运动勃兴的时候，这是有道理的。"[①] 应该说，歌谣运动的参与者都有意识地将歌谣等民族民间文学作为建构新文学语言的宝贵资源。沈兼士说："'国语的文学'和'文学的国语'，固然是我们大家热心提倡的，但这决不是单靠着几个少数新文学家做几首白话诗文可以奏凯；也不是国语统一会规定几句标准话就算成功的。我以为最需要的参考资料，就是有历史性和民族性而与文学和国语本身都有关系的歌谣。"[②] 可以说，《歌谣》周刊的创办很大程度上担负着新文学语言建设、语言革新的重大任务和庄严使命，是新文学家、语言学家和国语运动家共同的自觉所为。

　　20 世纪 20 年代《歌谣》周刊首期就指出歌谣征集对于国语建设的意

---

　　①梁实秋：《歌谣与新诗》，《歌谣》周刊第 2 卷第 9 期，1936 年 5 月 31 日，第 2 版。
　　②沈兼士：《吴歌甲集》序二，北京大学歌谣丛书，北京大学研究所国学门歌谣研究会出版，1926 年，第 1 页。

义。周作人针对国语草创期"词汇"贫乏之弊，提出方言调查的主张，试图通过方言词汇的收集整理来推动国语文学向地方文艺的纵深处迈进，由此促进并渗透到乡土文学的发展之中，其语言建构途径是以国语摄入方言、同化方言，将"言"提取吸收进"文"中，使新文学语言向精密细致一脉发展。同样是歌谣活动的积极参与者，刘半农等则发展了新文学语言建构的另外一脉。通过征集歌谣，刘半农注意到方言与瓦釜之音的密切联系并引发了用方言进行创作的文学实践，并扩展到对晚清吴语文学的挖掘推广以及围绕《吴歌甲集》而进行的方言文学研究，试图通过一方之言的彰显而最大程度上去表现民众自身的生活境遇和情感立场，突出平民之声。

新文学语言建构的总体目标是建立言文一致的现代白话语言书写体系。差异体现在具体的途径和方法——是"以言就文"还是"以文就言"？刊物上的周作人与刘半农分别代表了两种不同的思路、方式。如研究者所言，胡适、刘半农主张与实践的是"口语"和从"古典小说中获取白话资源"，而周氏兄弟则是"在书面语言内部进行毫不妥协的改造，由此最大限度地抻开了汉语书写的可能性"。①当然"以言就文"或"以文就言"并非泾渭分明，它们互相影响、交叉，也相互冲突、碰撞，共同推动着新文学语言在缠绕纠葛中向前发展。

事实上，旨在建设"言文一致"的白话文学经过十几年的发展却走向了另外的"言文不一致"，或者说以周氏兄弟等"以言就文"的语言建构途径发展为主流（其中原因，很多专家做过讨论，不再赘述②）。因此导致了 20 世纪 30 年代左翼知识分子开展的文学大众化及大众语运动，"五四式

---

①王风：《周氏兄弟早期著译与现代汉语书写语言（下）》，《鲁迅研究月刊》，2010 年第 1 期。

②郜元宝、张卫中、刘进才、李春阳等都对"言文一致"的限度进行过分析。文学语言本身就是一个包含着悖论的难题，它不同于日常语言，也不同于口头语。文学语言总是和"陌生化""艺术性"相连。所谓的"言文一致"具体落实到创作实践中，就会面临着许多实际困难。见郜元宝：《汉语别史——现代中国的语言体验》济南：山东教育出版社，2010 年；张卫中：《20 世纪中国文学语言变迁史》，北京：中国社会科学出版社，2013 年；刘进才：《语言运动与中国现代文学》，北京：中华书局，2007 年；李春阳：《白话文运动的危机》，北京：三联书店，2017 年。

的白话"遭到了严厉批判，反映出民族民主诉求下文学语言成长发展的悖论和艰难。1936年，白话文运动的先驱胡适将《歌谣》复刊，在《复刊词》中与大众语运动进行对话，再次借用歌谣来表达其语言观点和主张，表面上是回应瞿秋白等对白话文的批评，实际上正切中了他一直以来对白话文欧化的不满以及对文学语言大众化的认同。20世纪30年代《歌谣》周刊由原先强调言文一致转向了注重通俗易懂，将具有清晰明朗、优美自然等语言特征的歌谣、传说、故事等作为大众语的文学范本。这既是对之前片面强调口语（方音）的纠偏，又自觉呼应着文学大众化的思潮，传递出对五四文学语言脱离大众的反思，它为文学的大众化提供了诸多有益的启示，最重要的是深入浅出的语言表达方法与注重大众接受的语言思想自觉，显示出新文学在发展建构中打破精英与大众文化区隔的努力。

第一节　20世纪20年代的国语建设与方言调查

1922年12月，《歌谣》创刊时提出了两个目的：学术的和文艺的。其中文艺的是"根据在这些歌谣之上，根据在人民的真感情之上，一种新的民族的诗，也许能产生出来"[①]。国语运动家黎锦熙把歌谣活动和《诗经》采风、太史编纂"文学的国语"行为相类比，将歌谣研究誉为文艺复兴，认为歌谣对于新文艺的建设有着重要意义："歌谣研究所调查的现代歌谣，不但将来研究的结果于民俗学、言语学上必有重大的发现，也就是说对于新文艺的建设上一个极重要的预备。"[②] 因此，《歌谣》周刊的创办很大程度上有着20世纪20年代国语建设这一迫切需求和庄严使命。恰如当代研究者一针见血指出的，"歌谣征集运动除了直接为新诗提供食粮之外，也

第四章　《歌谣》周刊与新文学的语言革新

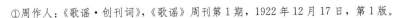

①周作人：《歌谣·创刊词》，《歌谣》周刊第1期，1922年12月17日，第1版。
②黎锦熙：《歌谣调查根本谈》，《歌谣周年纪念增刊》，1923年12月17日，第15版。

担负着为确立国语做贡献的任务"①。

新文学的自我建构就是由语言文字开始的，胡适的《文学改良刍议》、刘半农的《我之文学改良观》等都把语言问题放在了文学革命的首位。胡适《建设的文学革命论》中提出"文学的国语，国语的文学"②，从文学与国语相互关联、支持的角度提出了建立国语统治地位的新构想。新文学建设的趋向自然也归结到了国语建设上。何为文学的国语？怎样建设国语？很长一段时间，新文学家和国语运动家并没有清晰的认识，只是在摸索中进行，不避俗语俗字的语言主张和平民的文化思潮使他们将目光投向了歌谣、谚语、歇后语等民间资源，希望能从中采撷自己所需要的文化资本。

一、为国语建设提供了民众口中的活语言

《歌谣》周刊对国语建设的重视推动了全国各地的国语运动，"供给研究国语的人一点材料"③，这点材料对于文学的国语非常有价值和意义，最重要的是它提供了民众口中的活语言。把歌谣研究与语言建设、国语建设紧密相连，成为不少《歌谣》作者的一致思路。

《歌谣》周刊首期便开宗明义地点出歌谣征集对于国语建设的意义。常惠在《对于投稿诸君进一解》中把全国流传的十首具有同一母题"看见她"的歌谣一一比较后，紧接着从歌谣研究转折到国语统一上面："不是说中国的语言不能统一吗？看看歌谣的势力如何？我以为这很可以供给研究国语的人一点材料。"④ 值得注意的是，常惠所举的这十首是分别来自北京、北地、京兆、河北、绩溪、旌德、丰城、镇江、下口、陕西的"看见她"歌谣，如果从语音的角度看，它们根本无法统一。由此看来，常惠对这些歌谣做出了声音的屏蔽，只侧重国语的书面语层面。在一封回答读者

①林少阳：《从章太炎的"音"至歌谣征集运动的"音"》，王中忱、董炳月编：《东亚人文》，北京：三联书店，2008年，第193页。

②胡适：《建设的文学革命论》，胡适编：《中国新文学大系·建设理论集》，上海：良友图书公司，1935年，第127页。

③常惠：《对于投稿诸君进一解》，《歌谣》第1期，1922年12月17日，第4版。

④常惠：《对于投稿诸君进一解》，《歌谣》第1期，1922年12月17日，第4版。

的信中，他明确承认："研究歌谣的有两种，一种是文词（parole）的研究。一种是声调（musique）的研究。这两种是各占一门的，不是总得兼全的。我们现在的责任是只要老老实实把他写在纸上供大家研究，本刊也不过是个研究讨论的机关就是了。"① 由此可见，常惠的思路在于关注歌谣的文词，通过各地流传的相似的歌谣来证明方言分歧的区域语言可以向共同的民族统一语（国语）靠拢。

《歌谣》创刊就举起国语建设的旗帜，是针对国语草创时期的严峻现实而发。尽管胡适早在 1918 年就提出了文学的国语，但对于何为国语、文学国语的标准、怎样建设国语这些关键核心的问题，似乎从来没有正面讨论和解答过，只是绕过了问题，认为只要国语的小说、诗文、戏本通行之日，便是中国国语成立之时。新文学还未开始结果，为建设"国语的文学"，胡适当时仰仗的"文学的国语"资源主要来自带有白话性质的中国明清小说，"《水浒传》《三国演义》《红楼梦》《儒林外史》等等巨著，早已把白话文的形式标准化了。它们已为国语定下了标准，当了国语教师。"②当然，随着白话文运动的深入，在建设新文学语言资源的问题上，胡适的视野逐渐开阔。这溢出了本节讨论的范围，暂且不论。事实上，国语的发展并未像胡适预期的那么乐观。1922 年，周作人在《国语改造的意见》中明确否定了建设国语要"以明清小说的文章为主"和"现代民间的言语为主"的主张。他指出："明清小说里原有好的文学作品，而且又是国语运动以前的国语著作，特别觉得有价值，然而他们毕竟只是我们所需的国语的资料，不能作为标准。区区二三百年的时日，未必便是通行的障碍，其最大的缺点却在于文体的单调。"③鲁迅、傅斯年等也都指出了国语发展初期存在的问题。由此可见，周作人、鲁迅等清醒地意识到国语在 20世纪 20 年代初期仍然有着诸多弊端，无法满足新文学创作的需要。因此，寻求更多的资源对国语进行改造，建设一种理想的、能表达现代人感情思

①常惠、蔚文：《通信》，《歌谣》第 4 期，1923 年 1 月 7 日，第 5 版。
②胡适：《胡适口述自传》，上海：华东师范大学出版社，1993 年，第 183 页。
③周作人：《国语改造的意见》，1922 年 9 月 10 日刊《东方杂志》第 19 卷 17 号，钟叔河编：《周作人散文全集》（1918—1922），桂林：广西师范大学出版社，2009 年，第 754 页。

想的语言，正是《歌谣》首期就提出国语建设的目的和动机所在。

鲁迅在文学革命初期就说过："以文字论，就不必更在旧书里讨生活，却将活人的唇舌作为源泉，使文章更加接近语言，更加有生气。"[①] "活语言"是国语文学的自觉追求，比起明清白话——几百年前古人使用的口语，歌谣、谚语、歇后语是当下民众的活态语言，对于新文学家和国语运动家而言，自然更有魅力和吸引力。《歌谣》周刊中白启明的《歌谣中"儿"音的问题》《采集歌谣所宜兼收的——歇后语》，为君的《"子"和"儿"的问题》、魏建功的《拗语的地方性》、傅振伦的《谜语歇后语研究之一斑》《方言研究之一零》，钟敬文的《混号》等都提供了这样的语言形态。理论上，白启明认为歌谣与语言学、文学有着密切关系[②]；刘半农通过海外的中国民歌看出了歌谣在语言心理、语言流变哲学上的大道理[③]；容肇祖则主张要在各地歌谣里"下一个总算帐——这个总算帐是为由内部改革和扩充我们所使用底国语起见的"[④]；周作人更是相信歌谣采集"于国语即新文学的发达上一定有不小的影响"[⑤]。

强调民众口中的活语言一方面与民族国家前途、普及民众语言有着内在关联，"我们相信中华民族今后之为存为亡，全靠民众之觉醒与否；而唤醒民众，实为知识阶级唯一之使命……讲到唤醒民众，必须与民众的活语言和文艺，才能使他们真切地了解"[⑥]，另一方面又与他们反对文言的书面语言、建构言文一致的新文学诉求紧密相关。

1925 年 6 月 14 日，国语研究会刊物《国语周刊》开始发行，可以明显感觉它受《歌谣》周刊的影响和启发。在钱玄同的《发刊词》中说："我们相信正则的国语应该以民众的活语言为基础，因为它是活泼的，美丽的，纯任自然的，所以我们对于现在那种由古文蜕化的国语，认为不能

---

①鲁迅：《坟·写在坟后面》，《鲁迅全集》第 1 集，北京：人民文学出版社，2005 年，第 302 页。

②白启明：《歌谣中"儿"音的问题》，《歌谣》第 21 期，1923 年 6 月 3 日，第 1—2 版。

③刘半农：《海外的中国民歌》，《歌谣》第 25 期，1923 年 9 月 23 日，第 1—2 版。

④容肇祖：《征集方言的我见》，《歌谣》第 35 期，1923 年 12 月 2 日，第 1 版。

⑤周作人：《歌谣与方言调查》，《歌谣》第 31 期，1923 年 11 月 4 日，第 3 版。

⑥钱玄同：《发刊词》，《国语周刊》第 1 期，1925 年 6 月 14 日，第 1 版。

满足；我们要根据活语言来建立新国语。"① 民众的活语言成为钱玄同在《国语周刊》上一以贯之的主张："我们坚决地相信，现在书贾编的那些国语读本，都是十分笨伯的话，他只合给那最低的低能儿去读，它绝对不配称为国语！配得上成为国语的只有两种：一种是民众底巧妙的圆熟的活语言，一种是天才底自由的生动的白话文；而后者又必以前者为基础，所以我们认为建立国语必须研究活语言。"② "我近来坚决的相信活泼自由丰富的理想的国语，定要用民众的活语言做它的血液……惟有此等语言，意义的分别最精细，事务的描摹最确切，表情最深刻，达意最明白"③。第 2 期《国语周刊》发布广告称"征求中国谚语和民间文艺"④，更是歌谣运动走向民间的征集实践对国语运动的启示。应该说，《国语周刊》承续了《歌谣》对文学国语的建设意图，体现着其在新文学语言革新方面的影响力。

《歌谣》复刊后，曾登载一则《国语周刊》社发布的启事："征求前《歌谣》第二十一号，第三十四号，又《总目》——自第一号至第二十四号，相当于合订本第一册。以上，如有人收藏，愿出让或交换的，请与北平府右街中海该社通信接洽。交换该社所存前《歌谣》其他各期复本或国语周刊均可。"⑤ 这个细节更可以看出《国语周刊》将《歌谣》作为必不可少的学习借鉴的对象和资源，显示出《歌谣》周刊重要的语言建设意义。

二、方言调查：旨在推动国语文学向纵深发展

对活语言的重视和推崇使得国语建设的趋势自然集中在对土词方音，即"母舌"、方言的关注上来。1923 年，周作人发表《歌谣与方言调查》，指出"歌谣原是方言的诗"⑥，提出方言调查的紧迫性，拉开了《歌谣》上

①钱玄同：《发刊词》，《国语周刊》第 1 期，1925 年 6 月 14 日，第 1 版。
②钱玄同：《通信》，《国语周刊》第 4 期，1925 年 7 月 5 日，第 5 版。
③钱玄同：《答吾如老圃》，《国语周刊》，1925 年 11 月，第 4 版。
④《广告》，《国语周刊》第 2 期，1925 年 6 月 21 日，第 6 版。
⑤《启事》，《歌谣》第 2 卷第 4 期，1936 年 4 月 25 日，第 8 版。
⑥周作人：《歌谣与方言调查》，《歌谣》周刊第 31 期，1923 年 11 月 4 日，第 1 版。

提倡方言调查的序幕。随之董作宾、沈兼士、黎锦熙、钱玄同等语言学家纷纷加入，尽管他们侧重于方音，和周作人等的文学旨趣有所不同，但对土词方音的共同关注促进了国语运动的深入，催发了1924年方言调查会的成立，也促使新文学作家们有意识地用"母舌"进行创作，推动了有活力的新的中国文学的建设。

在《歌谣与方言调查》中，周作人指出歌谣中不少俗语都有音无字，亟须钱玄同、赵元任等语言学家制订科学的音标来为方言注音。音标制成之后，再把歌谣编辑成集，由各区会员分任校音注解，这样歌谣采集才不至于有重大缺陷。但是接下来并未继续商讨具体的标音方法，而是笔锋一转，认为方言调查的利益大部分并不在标注方音上，而是在别的方面。①他一语戳中提倡方言调查的真正目的——认为文学革命离大功告成还有相当远的距离，希望联合国语家一起利用歌谣中的方言为文学的国语建设做出努力，以此推进国语的文学向纵深发展。

周作人常从方言使用的细微差别来辨识文学作品的成色。曾给周作人以深刻影响的同乡清代学者范寅编有《越谚》一书，汇集了绍兴地方的歌谣、谚语、方言。其中《拜菩萨》儿歌中的一句，范寅记录为"概个小官人"，但后来在民国时期朱天民编的《各省童谣集》中却把这句改为官话"这样小官人"。周作人敏锐地发现了"概个"和"这样"两个词语表达的不同，对后者提出质疑，认为他们随意动笔，胡乱校订，反把原来活语言的神韵改掉了。② 可见，周氏非常重视方言对文学精细表达的重要性，特别看重它们对于丰满、精微与准确的国语文学创作的意义与价值。

钱玄同与周作人所见略同，他也看到了方言对于文学作品的重要性，认为方言较之文言和官话，最大的优点是含义真切，辨别度细微，而这一点对必须有细致精密描写的文学作品而言，尤为重要。他举出具体例子来

---

①周作人说："近来的文学革命，轰动一时，反对者视若洪水猛兽，固然谬不可言，赞成者歌舞升平，以为大功告成，也是太乐观了；平心而论，国语文学之成立当然万无疑义，但国语的还未成熟也是无可讳言。要是只靠文学家独立做去，年深月久也可造成'文学的国语'，但总是太费力，太迂缓了，在这时国语家便应助他一臂之力，使得这大事早点完功。"《歌谣与方言调查》：《歌谣》第31期，1923年11月4日，第3版。

②周作人：《读〈各省童谣集〉》，《歌谣》第20期，1923年5月27日，第1版。

说明方言的使用能避免官话用词浮泛之弊：

> 北京人不说"耗子"，苏州人不说"老虫"，彼此都说"鼠"；北京人不说"……"，苏州人不说"一塌刮子"，彼此搜说"总而言之"，这本来都是临时不得已的办法，可是久而久之，变为习惯，大家习非成是，以这样的说法为正常，到反觉得辨别微细是无谓的，使用活语是俚俗的了。其实，官话因为用了这两个办法，在用词上便生发了贫乏、浮泛、生硬种种毛病。[①]

之前我们论述过，周作人对于歌谣的语言形式其实有着很多不满："我们决不看清民间的言语，以为粗俗，但是言词贫弱，组织单纯，不能叙复杂的事实，抒微妙的情思，这是无可讳言的。"[②] 在《中国民歌的价值》中也说："久被蔑视的俗语，未经文艺上的运用，便缺乏细腻的表现力，以致变成那种幼稚的文体，而且将意思也连累了……中国情歌的坏处，大半由于文词的关系。"[③] 那他这时提出要通过歌谣的方言调查来进行国语建设，用意何在呢？

仔细比对 1922 年《国语改造的意见》和 1923 年《歌谣与方言调查》两篇文章，会发现周作人在如何利用民间语言来改造国语方面，有着策略上的考虑和步骤。在《国语》中，他提出要想建设现代的国语，要采纳古语、方言和新名词，以及语法的严密化。也就是说，他着眼的是词汇和语法两个层面，对于两者谁更重要，他认为"最重要的还是在于语法的严密化，因为没有这一个改革，那上边三层办法的效果还是极微，或者是直等于零……"如何实现语法的严密化？他认为"欧化"不失为一个好办法，"所谓欧化实际上不过是根据国语的性质，使语法组织趋于严密，意思益以明了而确切，适于实用"。理想的国语是"言词充足、语法精密的

---

①钱玄同：《吴歌甲集》序四，北京大学歌谣丛书，北京大学研究所国学门歌谣研究会出版，1926 年，第 6 页。

②周作人：《国语改造的意见》，1922 年 9 月 10 日刊《东方杂志》第 19 卷 17 号，钟叔河编：《周作人散文全集》（1918—1922），桂林：广西师范大学出版社，2009 年，第 755 页。

③周作人：《中国民歌的价值——〈江阴船歌〉序》，《歌谣》第 6 期，1923 年 1 月 21 日，第 4 版。

第四章 《歌谣》周刊与新文学的语言革新

言文，可以应现代的应用"①。语言建设包括音、字、词、语法、文体几个层面，而与文学国语建设最相关的集中在词汇、语法和文体方面。相对而言，语法、文体属于作家思维习惯、心理结构的深层表征，建设起来难度更大。汉语属于诗性语言，虽然有含蓄蕴藉之利，但它同时是随意模糊的，缺乏清晰准确的逻辑性，更需要模仿学习"西洋的语法"②。而词汇既可以从古语及外来语中汲取，同样也可以从方言中收获。更重要的是，这些"土词"由于是真正民众的语言，较之"官话"反倒具备得天独厚的"文学词汇"鲜活、精密、细致的优点，恰能补国语词汇贫乏之弊。因此，在方言调查中，他适时地做了国语建设的策略和步骤的调整——忽略"语法精密"，关注"言词充足"。

三、集中于方言词汇的挖掘和利用

周作人将方言调查的目的集中于词汇建设，着重于方言词汇对于文学的国语的价值和意义。"我觉得现在中国语体文的缺点在于词汇之太贫弱，而文法之不密还在其次。这个救济的方法当然有采用古文及外来语这两件事，但采用方言也是同样重要的事情。"③

作为章太炎的学生，对方言词汇的关注是周作人一以贯之的行为。晚清时期，章氏编撰《新方言》，发布《博征海内外方言告白》，无不是以方言词汇为中心。受老师启发，编词典一直是周作人为国语建设所主张的一个方案。④ 在《国语改造的意见》中，他就建议由国语统一筹备会编著完备的语法修辞学与字典。"字典应打破旧例，以词为单位，又须包含两部，甲以汉字分部，从文字去音训，乙以注音字母分部，从音去求字训"。对于

---

① 周作人：《国语改造的意见》，1922 年 9 月 10 日刊《东方杂志》第 19 卷 17 号，钟叔河编：《周作人散文全集》(1918—1922)，桂林：广西师范大学出版社，2009 年，第 758 页。

② 傅斯年：《怎样做白话文》，《新潮》第 1 卷第 2 号，1919 年 2 月 1 日，第 2 版。

③ 周作人：《歌谣与方言调查》，《歌谣》周刊第 31 期，1923 年 11 月 4 日，第 3 版。

④ 从《周作人日记》中发现，1921—1922 年周氏购买了很多的日语辞典，如《日本国语辞典一、二、三、四》(上田、松井)、《新式辞典》(芳贺矢一)、《和英辞典》(神田、石川)等，可见其强调辞典功用，也有日本方面的影响。参见《周作人日记（影印版）》，郑州：大象出版社，1996 年，第 216、274—278、280、286 页。

方言，"有许多名物动作等言词，在普通白话中不完备而方言里独具者，应该一律收入……国语中本有此语，唯方言特具有历史的或文艺的意味的，亦可以收录于字典中，以备查考或选用"。① 可见，周作人很重视语言学家的作用，对词典编纂也相当看重。他建议要通过方言调查编纂起一部类似英国 Roget 的词典，搜集各种词汇炼话，以供文学创作者写作选择使用。②

旨趣决定方法，由于着眼于新文学建设，周作人提议对方言的记录方法并非以地域方音为主，"分别门类，把一地方特别的言语记录下来，注音释义，务求详尽"；而是主张以方言词汇为主，"举出名物疏状动作多少字，征求各地不同的名称，总结起来，仿佛是杨子云的《方言》似的"。③ 无论是杨雄的《方言》还是章太炎的《新方言》，大致遵循了《尔雅》的体例，"展转钩考"各省、府、县的"乡土殊言"，以词为中心，将相似的词语放在一起从而凸显各个地方的用语特色。

周作人主张的方言记录方法延续了这一思路。他举出具体例子：小儿跌磕能忍痛不很叫喊者，绍兴称"大皮牛"，广东称"大皮仔"，北京则云"皮实"。④ "大皮牛""大皮仔""皮实"这些词汇用于不同地方的文学创作，会使得朴质、自然、带有泥土气息的词语尽显文章之细腻、之特色、之地域气息。周作人在当时还连续发表了《地方与文艺》《〈旧梦〉诗序》等，提出要"跳到地面上来，把土气息泥滋味透过了他的脉搏，表现在文

① 周作人：《国语改造的意见》，1922 年 9 月 10 日刊《东方杂志》第 19 卷 17 号，钟叔河编：《周作人散文全集》(1918—1922)，桂林：广西师范大学出版社，2009 年，第 756—757 页。

② 周作人在文学国语方面的主张有意思地和胡适形成了某个层面的对话。尽管周作人总体认同胡适的文学国语建设方面，但在具体的实践方面有所不同。胡适轻视语言学家的作用——"国语不是单靠几个言语学的专家就能造成"；周作人却很看重语言学家，一再强调国语文学离不开国语家；胡适蔑视字典的作用——"不是单靠几本国语教科书和几部国语字典就能造成"，周作人却持续推崇字典词典的价值。

③ 周作人：《歌谣与方言调查》，《歌谣》周刊第 31 期，1923 年 11 月 4 日，第 3 版。

④ 周作人：《歌谣与方言调查》，《歌谣》周刊第 31 期，1923 年 11 月 4 日，第 3 版。

字上"①，主张将文学的"国民性，地方性与个性"统一起来，和他在《歌谣》上对方言调查的提倡勾连起来，可知对方言词汇的重视和文学上的个性、地方趣味是一体两面的，"我于别的事情都不喜欢将地方主义，唯独在艺术上常感到这种区别"，"觉得风土的力在文艺上是极重大的"②。

林玉堂（林语堂）作为在德国莱比锡大学获得语言学博士的海归，同样关注方言字汇的作用，而且更具国际视野。③ 他在《关于中国方言的洋文论著目录》中记录推荐了几十本记录中国"土语""土腔"的西洋教士的著作，赞叹这些"洋"书丝毫没有轻视"土"词的态度，认为中国人应该向他们学习。④

在新文学家和语言学家的合力推动下，《歌谣》周刊为文学的国语提供了活泼、自由、新鲜的方言词汇，正如容肇祖所说的那样，在歌谣的方言中"来了一个总算账……由方言的总算账之结果，可以得容易推行的词语，而使国语丰富适用……"⑤具体而言，《歌谣》中的方言土语呈现出以下几种形态：

（一）民间鲜活的口头词语

傅振伦时为北大历史系的学生，歌谣运动激起了他对家乡河北邢台一带方言的研究，通过记录整理为文学的国语提供了许多鲜活的地方词汇⑥，如：(1)"人"之换喻法。穷大手——贫而仍摆大架子之人；好手——才干之人；死心眼子——顽固之人；窝囊废——过于老实之忠厚长者；头目——领袖；坏蛋——坏人；浑蛋——愚笨之人……(2)"人"之代名词。

---

①周作人：《地方与文艺》，钟叔河编：《周作人散文全集》(1923—1924)，桂林：广西师范大学出版社，2009年，第103页。

②周作人：《〈旧梦〉诗序》，钟叔河编：《周作人散文全集》(1923—1924)，桂林：广西师范大学出版社，2009年，第55—56页。

③林玉堂习惯着眼于不同词汇之间的细微差别，可能是他日后由语言学家转向文学家的重要心理结构之一。见彭春凌：《林语堂与现代中国的语文运动》，《中山大学学报》，2013年第2期。

④林玉堂：《关于中国方言的言文论著目录》，《歌谣》第89期，1925年5月3日，第6版。

⑤容肇祖：《征集方言的我见》，《歌谣》第35期，1923年12月2日，第1版。

⑥傅振伦：《方言研究之一零》，《歌谣》第89期，1925年5月3日，第8版。

傻瓜——愚人；东西——骂人词；不是气候——不是人也；坏种——骂语；这块货、这块料——骂人词；不是好鸟——骂他；家伙——相戏词；臭牛——戏语……（3）关于数目的方言。两口子——夫妻二人；二百五——愚人；不三不四——不正经；隔七漏八、隔二片三——办事不周正也；七言八语——人言纷纷；百八十里——一百余里之遥；块二八毛——一元左右；下三滥——不正之人；死求百咧——哀求；颠三倒四——作事不整序……直到今天还常使用"窝囊废""二百五""两口子""颠三倒四"等方言词汇，它们已经融入国语的口语和书面表达中。另外登载的歌谣往往字里行间都有活泼的民间词语，像"看见她"母题的歌谣，有形容词"得愣愣""白生生"；名词"糯米牙""大爬角""圪岔"；动词"捋栌"等。还有一些土词看似不雅，却不乏文学性。孙少仙举出一首民间歌谣"新姑爷/穿双烂皮鞋/钉子 ya 着脚，掼着老麻雀"。他说："'麻雀'一词指男子的生殖器，很有文学上的光彩，若果我们把他改了用个不俗的名词，那就失了他的本意。"①这些有着乡土蒸腾热气的土词对正在建设中的国语文学创作有相当的启发性，呈现了一种与文人语言风格相对的民间审美。

（二）彰显地域、民族特色的词语

刘半农说民歌中包含着"语言、风土、艺术三件事"②，通过地方词语的差别既能显示出鲜明的风土和地域色彩，又能表现不同地方的人对世界和事物独特的感知和经验，表达"高上精微的感情与思想，作艺术学问的工具"③，有效提升白话文学的表现能力。董作宾在《一首歌谣整理研究的尝试》中梳理了不同地方"看见她"歌谣的用词，如"北方的娶（三原），南方的接（成都）、讨（绩溪）；北方的说（陕西），南方的讲（南京）；北

---

①孙少仙：《研究歌谣应该打破的几个观念》，《歌谣》第 43 期，1924 年 1 月 27 日，第 1 版。

②刘半农：《吴歌甲集》序五，北京大学歌谣丛书，北京大学研究所国学门歌谣研究会出版，1926 年，第 1 页。

③周作人：《国语改造的意见》，1922 年 9 月 10 日刊《东方杂志》第 19 卷 17 号，钟叔河编：《周作人散文全集》（1918－1922），桂林：广西师范大学出版社，2009 年，第 755 页。

方的娃（河北），南方的仔（夏口），两两相比，便有趣味"。①张四维从不同民族来比较用词，瑶族的"娘"与汉族的"情人"意思相同，"等"与汉族的"与"相同。这些用词显示出特定民族的文化心理结构，"很可做国语统一上的参考材料，又各地一比较异同特点，并可考察民族迁流的历史"。②

（三）蕴含历史、民俗文化的词语

方言词语被称为历史、民俗文化的活化石。《歌谣》中总会把一些词语详加注释，描述其中文化内蕴。如儿歌"踢蹬帮帮，鼓舞商羊"中的"商羊"指中国神话传说中的神兽，每当大雨到来之前，会屈着一只脚在田间飞舞。在《孔子家语·辩证》、汉代王充的《论衡·变动》、宋苏轼的《次韵章传道喜雨》、明冯梦龙的《东周列国志》、清代董诰的《全唐文》中都有所记载，一个词语的运用指向了深厚的历史文化。还有云南的《弥渡山歌》将"花睡枕""漂白脚带""香豆"这些词透露的婚俗进行解释，"花睡枕"是结婚之日，女家陪嫁的嫁妆，女家不论贫富，多则数对，少则一对必定有的，枕上的花，是新姑娘的手工，而"香豆"是女对男产生爱情时，亲手以绸缎制做、内盛香草的像大豆样的信物③。这些词语引发人们对和文学有着密切关系的民俗文化的兴趣。

（四）歇后语、谚语、俗语等"炼话"

随着国语建设的深入，《歌谣》逐渐加大了歇后语、谚俗等征集和研究的力度，大量活泼风趣、言简意赅、闪烁着民众智慧、体现着民众价值情感的炼话得以呈现。歇后语"正月十六贴门神——误半月啦""老鸹落到猪身上——看见人黑，看不见自家黑""小巴狗咬月亮——不知高低"……谚语"家有万贯，不如日进分文""吃饭还是家常饭，穿衣还是粗布衣"……鲁迅对这类语言有着高度评价："方言土语里，很有些意味深长的

---

①董作宾：《一首歌谣整理研究的尝试》，《歌谣》第 63 期，1924 年 10 月 12 日，第 8 版。
②张四维：《云南山歌与猓猡歌谣》，《歌谣周年纪念增刊》，1923 年 12 月 17 日，第 28 版。
③《云南弥渡山歌》：《歌谣》第 40 期，1924 年 1 月 6 日，第 5 版。

话，我们那里叫'炼话'，用起来是很有意思的，恰如文言的用古典，听者也觉得趣味津津。各就各处的方言，将语法和词汇，更加提炼，使他们发达上去的，就是专化。这于文学，是很有益处的。"①它们从广大民众的生活中来，充满了民间的智慧，表现出自然而凝练的审美特征，给新知识分子以创作上的启示。郭绍虞认为"许多美妙的俚谚大抵简劲而又含蓄，能把很多的意义事实以很少的语句表现出来，而很少的语句又能用很少的字数组织成功"，"整齐的语调使人见而生快，和谐的音韵使人闻而感美"。②

总之，这些方言词语作为灵活自然的"母舌"，其蕴含的平民审美色彩和脱去文饰的独特魅力供了文学的国语以新材料和新血脉，丰富了国语文学的语言资源，并有效地参与了新文学的语言革新。

四、方言词语的运用：地方与文艺

随着《歌谣》周刊影响的日益扩大，作家的乡土经验和民间记忆被逐步唤起。1923年之后，文学创作中出现了越来越多的方言词语入文的现象，特别在乡土文学中尤为明显。

在歌谣运动的思潮下，一些新文学作家找到了一条更加接地气的写作途径，有意识地将方言词语这些民众的活语言运用到创作实践中去，成为他们建构语言策略、增强作品内蕴的有效方式。值得注意的是，方言词语的使用绝非仅为一种语言策略，而是意味着新文学作家对内容特色和地域色彩的追求，更重要的是，这些地域特色的书写意义往往不止于地域文化本身，更多的是指向民族、国家的文化批判。因此，20世纪20年代乡土文学对方言的使用并非整体性的，而多是方言词语的嵌入，并非严格意义上的"方言文学"③。茅盾还曾经批评过乡土作家王鲁彦的小说《黄金》，

---

①鲁迅：《门外文谈》，《鲁迅全集》第6卷，北京：人民文学出版社，2005年，第100页。

②郭绍虞：《谚语的研究》，《小说月报》第12卷第2期，1921年2月10日，第2版。

③方言文学，本书界定为基本上使用方言，或人物对话全部使用方言的文学作品。下一节重点分析这类文学。

认为他"最大的毛病是人物的对话常常不合该人身份似的太欧化了太通文了些，如果换成宁波土白，大概会使这篇小说更出色些"。[1]胡适在评价鲁迅和叶圣陶的作品时，也不无遗憾地说："假如鲁迅先生的《阿Q正传》是用绍兴土话做的，那篇小说要增添多少生气呵！可惜近年来的作者都还不敢向这条大路上走，连苏州的文人如叶圣陶先生也只肯学欧化的白话而不肯用他本乡的方言。"[2]这恰恰表明了鲁迅的未庄、王鲁彦的浙东农村、彭家煌的湖南村镇等并不指向这些地域文化本身，而是传统乡土中国的缩影或象征。反映到语言使用上，他们对方言的使用相对保守，只是使用了一些方言词语，并对其进行书面语的改造，或者说是以国语摄入方言并且同化方言，使其转化为文学的国语，实现方言国语的融会贯通，进而丰富和推动国语文学的写作。

这些方言土语的使用和《歌谣》上对方言词语的研究呈现出大致相似的途径：与地方名物、人事相关的方言词；歇后语、谚语等俗话以及与民风、民俗紧密相连的词语。

周作人说："辞汇中最感到缺乏的，动作与疏状字似还在其次，最显著的是名物，而这在方言中却多有，虽然不能普遍，其表现力常在古语或学名之上，如绍兴呼'繁缕'曰'小鸡草'，'平地木'曰'老弗大'，'杜鹃花'曰'映山红'；北平呼'栝萎'曰'赤包儿'，'蜗瓜'曰'水牛儿'，是也。"[3] 20世纪20年代乡土文学中经常用特定的方言词语来指称名物或人事。如彭家煌《怂恿》写发生在湖南农村小镇的风波，被茅盾誉为有着"浓厚的地方色彩"[4]，其中当地名物多用方言词写出，如把"酒"写"堆花"，"糖"写"小花片"，"烟"写"条丝烟""脖子"写"颈根""耳光"写"耳巴子"；"下人"写"细人子"等。许钦文的《鼻涕阿二》写浙

---

① 茅盾：《王鲁彦论》，《茅盾全集》第19卷，北京：人民文学出版社，1990年，第172—173页。

② 胡适：《吴歌甲集》序一，北京大学歌谣丛书，北京大学研究所国学门歌谣研究会出版，1926年，第3页。

③ 周作人：《绍兴儿歌序》，《歌谣》第2卷第3期，1936年4月18日，第2版。

④ 茅盾：《中国新文学大系·小说一集·导言》，刘运峰编：《中国新文学大系导言集》，天津：天津人民出版社，2009年，第74页。

东农村把家里第二个女孩叫作"鼻涕阿二",视为轻视和厌恶,另有"滥人精""贱小娘"之称,把再嫁的女人唤作"二婚头""两嫁头",失去丈夫的叫"小孤孀"等,称呼本身就能表现出对女性的蔑视。蹇先艾贵州题材的小说,也多保留方言词汇指称人的习惯,如称干苦活的人为"下力人",驮盐的人叫"盐巴客",倒霉的人为"背时鬼",店里的小伙计叫"小么厮",骂人为"尔妈"等。歇后语、谚语、俚语等俗语的使用更增加了文学语言的鲜活性。如蹇先艾《贵州道上》的"猫抓糍粑——脱不了爪爪""校场坝的土地——管事管得宽"等大量的俗语使得人物对话更加生动。

乡土文学的重要贡献之一在于其民俗学的价值。特定风俗必须依托于一定的语言形式,抑或是说要有一套说明与指称地方上民风民俗的独特的词语。它们构成了当地方言的重要组成部分,随着风俗的流传被推广开来。同时,它们能生动地记录下当地逐渐或已经消亡了的民俗习惯,被视为民族文化的活化石。借用美国学者杜赞奇的理论:"在20世纪前半叶,'地方'被普遍(尽管并不仅仅被)表征为一个更大的形成物——如民族或文化——之真实价值观念(authentic values)的地点,这种真实价值观念尤其在乡土当中得到具体体现。"[1]鲁迅《祝福》中"捐门槛""牺牲",《离婚》中的"拆灶";王鲁彦《菊英的出嫁》中的"冥婚",许杰《赌徒吉顺》的"典妻",蹇先艾《水葬》中的"水葬"等,这些表示民间风俗的词语借助特定的地域空间来进行对民族国家的文化批判。

综上,《歌谣》周刊带着新文学语言建设的迫切需求和庄严使命,在中国民族民间语言资源方面做了大量的收集、整理、研究工作,提供了新鲜自由的民众口头的活语言、有效地弥补了国语草创期的不成熟局面,推动了国语运动的深入并影响了《国语周刊》的发展走向;提倡方言调查并集中各地方言词汇的挖掘和研究,利用朴质、自然、带有土气息泥滋味的词语来促进文学的国语向鲜活、精密、细致的现代语言发展,呈现了一大

①〔美〕杜赞奇:《地方世界:现代中国的乡土诗学与政治》,褚建芳译,王铭铭主编:《中国人类学评论》第2辑,北京:世界图书出版公司,2007年,第22页。

第四章 《歌谣》周刊与新文学的语言革新

批彰显地域、民族特色和蕴含历史、民俗文化的方言词语，并以国语摄入和同化它们，利用其脱去文饰的独特魅力和民族国家的文化指向供给文学的国语以新材料和新血脉，丰富了新文学的词汇资源，并有效地参与了 20 世纪 20 年代乡土文学的语言革新，由此也渗透到之后的地域文学，如京味、川味小说的创作，在当代寻根文学中也可以看到它的影子。

第二节　《歌谣》周刊辐射下的 20 世纪 20 年代方言文学思潮

如果说，周作人在《歌谣》上提倡方言调查，其语言建构途径是以国语摄入方言、同化方言，将"言"提取吸收进"文"中，使新文学语言向精密、细致一脉发展。那么，同样是歌谣活动的积极参与者，刘半农等则发展了新文学语言建构的另外一脉，即试图通过一方之言的彰显而最大程度上去表现民众自身的生活境遇和情感立场，突出平民之声。

从《歌谣》周刊入手，考察新文学家、语言学家围绕歌谣征集而展开的种种活动时，会看到很多方言文学的主张和实践。这些或者是作家们由于征集歌谣而引发的方言文学创作，或者是整理国故运动对中国传统方言小说的挖掘，或者是借辑录的歌谣对方言文学和国语文学的关系进行的深入理论探讨，而在此集中了刘半农、胡适、沈兼士、钱玄同、鲁迅、顾颉刚等一干重量级的新文学家、语言学家、国语运动家。在以往的讨论中，它们总是被分而述之，分属于"文学创作""国故整理"和"民歌研究"等各自不同的领域。

土白（方言）在白话文的最初设计中是应有之义①。不过，面对强大的语言劲敌——文言文的巨大影响，新文学初期最重要、最集中的任务是

---

①胡适：《答钱玄同书》，姜义华主编：《胡适学术文集·新文学运动》，北京：中华书局，1993 年，第 353－354 页。

反叛旧的语言形式以实现语言的现代转型。“土白”的文学诉求被潜伏在文言/白话的强势对立中。因此，在20世纪20年代，用方言进行创作似乎并不常见，除了我们上节论述的乡土文学中有以方言词语入文的现象外，大部分的文学作品都是以白话创作，其语言要么是由北方方言为主的旧白话转化而来，要么是学习模仿欧化的白话。[①]至于方言文学创作，现有的研究只是单独提及刘半农的《瓦釜集》《扬鞭集》以及徐志摩、沈从文等的方言诗[②]。有意思的是，以20世纪20年代的《歌谣》周刊及其辐射为中心，恰恰可以形成一条线索将这些看似关联不那么密切的活动串联起来，当把它们并置在整体的话语空间时，会发现以往不常被关注的鲜明的方言文学思潮呼之欲出。

一、征集歌谣引发的方言文学创作

如前所述，1918年，刘半农为新诗创作寻求资源而提出征集歌谣的主张，亲自整理、校订各地的歌谣并发表于《北大日刊》。1919年，他专程回到家乡江阴，从船夫口中采集了歌谣20首，并兴致勃勃地请周作人为之作序。通过这些实践活动，他以往隐藏在记忆深处的吴语乡音被唤起，对土音、方言以及方言文学逐渐重视起来。而且，这些民歌乡音被赋予瓦釜之音而得到了作者的偏爱和艺术价值的推崇。1920年刘半农留学欧洲，异域的环境中，他在情感上愈发亲近祖国，而和歌谣研究会的密切联系也使他更加关注乡音和民间文艺[③]，他把采集到的二十首江阴船歌交予常惠在

①张卫中：《20世纪中国文学语言变迁史》，北京：中国社会科学出版社，2013年，第23—35页。

②张桃洲：《论歌谣作为新诗自我建构的资源 ：谱系、形态与难题》，《文学评论》，2010年第5期。

③《歌谣》第25期，刘半农发表《海外的中国民歌》；第48期，《通讯》中他致信歌谣研究会负责人周作人、沈兼士和常惠，商议为借鉴法国歌谣研究法，聘请一位出色的法国歌手担任北大歌谣研究会通讯员事宜；第51期，登载刘半农的《致吴立模书》，描述从巴黎国家图书馆所藏中国敦煌石室写本，录出材料，叙述自己在1921年以前花了近半年的时间抄完巴黎所有相关的材料的情况；第80期，刘复发表《太平天国时代的民歌》；第83期，刘复与顾颉刚通信《敦煌写本中之孟姜女小唱》，从巴黎国家图书馆所藏的敦煌写本中抄到小唱来帮助顾颉刚充实孟姜女研究的资料。

《歌谣》周刊第 24 期发表①，并以家乡江阴语为研究对象进行科学实验做出《四声实验录》，奠定了博士论文《汉语字声实验录》的基础。② 1925 年，刘半农获得法国巴黎大学语言学博士学位回国，经过现代语言专业的科学洗礼，他反而较之从前更加推崇方言，主张方言文学。

1926 年 4 月，刘半农出版《瓦釜集》，这是他用江阴方言，依家乡四句头山歌的声调作的二十多首诗歌，与以往征集的江阴船歌一起结集，北新书社印行，周作人以绍兴方言作诗题序，疑古玄同封面题字。在代自叙中，他阐发了要用方言做文学的观点，认为最好的文学语言不是国音、京音，而是母膝上所学的家乡方音。方言虽然传布区域小，却和感动力的大小成反比，是一种分外亲密有味、最高等、最真挚的语言。③ "人家说摇船朋友苦连天，我吤袄吤袄摇船也摇过十来年。我看末看格青山绿水繁华地，我喫末喫格青菜白米勒鱼虾垃圾也新鲜"④，"劈风劈雨打熄仔我格灯笼火，我走过你门头躲一躲。我也勿想你放脱仔棉条来开我，只要看你们缝里格灯光听你唱唱歌"。⑤ 在《瓦釜集》中，刘半农尽情用着方音土韵，并且有意用方言词做修饰性的衬字，从而使创作显得灵活多姿、丰富鲜活。同年出版的《扬鞭集》中也收录了不少方言的民歌体诗歌。

对此，沈从文给予了由衷赞美和高度好评："为中国十年来新文学作了一个最好的试验，是他用江阴方言，写那种方言山歌。用并不普遍的文字，并不普遍的组织，唱那为一切成人所能领会的山歌，他的成就是空前的……按歌谣平静从容的节拍，歌热情郁弗的心情，刘半农写的山歌，比他的其余诗歌美丽多了。"⑥ 沈从文的评价既表达了心之向往之情，又有些

---

① 刘半农：《江阴船歌》，《歌谣》第 24 期，1923 年 6 月 24 日，第 2—5 版。

② 姚涵：《从半侬到半农——刘半农对中国现代文学的贡献》，博士学位论文，复旦大学，2009 年，第 16 页。

③ 刘半农：《代自叙·瓦釜集》，原书北新书社 1926 年，北京：书林书社影印，2015 年，第 8—9 页。

④ 刘半农：《第二歌·劳工的歌》，原书北新书社 1926 年，北京：书林书社影印，2015 年，第 25 页。

⑤ 刘半农：《第六歌·情歌》，原书北新书社 1926 年，北京：书林书社影印，2015 年，第 37 页。

⑥ 沈从文：《论刘半农的〈扬鞭集〉》，《文艺月刊》，1931 年 2 月，第 2 卷第 2 期。

夫子自道之意。1922 年，从湘西凤凰到北大旁听的"乡下人"沈从文正赶上歌谣运动的高峰，①潮流波及加上兴趣使然，沈很快就投入收集整理家乡民谣。1926 年，沈氏整理了湘西民歌《筸人谣曲》《筸人谣曲选》并发表于《晨报副刊》，不仅详细介绍了如何对歌谣产生兴趣、征集整理歌谣的过程，而且还为每首歌谣进行了细致的说明解释。同时还创作了《镇筸的歌》《老汉的辣子》《豆腐》《乡间的夏》等方言诗歌，它们都是用镇筸土话对乡村景象和对白的直录，其间还夹杂着原汁原味的山歌。这些湘西民歌或直接引用或化用地出现在他的小说创作中。②沈从文的方言文学思路还扩展到戏剧和习俗故事的范畴，他曾设想："在一两年内能得到一点钱，转身去看看，把我们那地方比歌谣要有趣味的十月间还傩原时酬神的喜剧介绍到外面来。此外还有苗子有趣的习俗，和有价值的苗人的故事。我并且也应把苗话全都学会，好用音译与直译的方法，把苗歌介绍一点给世人。"③应该说，20 世纪 20 年代的方言文学实践对他日后独特语言艺术风格形成起着关键和决定性的作用。

歌谣征集活动引发的方言创作还波及了一些文人气息颇重的作家，如徐志摩这一时期的硖石方言诗系列。《一条金色的光痕》序言用白话和英文夹杂而成，诗里一位乡下老妇的悲惨境遇时则完全用她自己的口吻和地方土白而描述。除徐志摩之外，还有闻一多用鄂东方言、蹇先艾用贵州方言而进行的诗歌创作等。有评论者敏锐地指出，由于"重视民间歌谣而兴起的方言诗"形成了新文学"一个小小的传统"④。由此可知，20 世纪 20 年代刘半农、沈从文、徐志摩等的方言创作并非独自为战、一时尝试，而

---

①〔美〕金介甫：《凤凰之子：沈从文传》，北京：中国友谊出版公司，1999 年，第 111 页。

②沈从文介入 20 世纪 30 年代复刊后的《歌谣》周刊，参加了"风谣学会"。其小说中出现的湘西歌谣也被登载在刊物上。如《萧萧》中的那首"天上起云云起花，巴谷林里种豆荚；豆荚缠坏包谷树，小妹缠坏后生家。"《歌谣》第 2 卷第 22 期，1936 年 10 月 31 日，第 8 版。

③沈从文：《筸人谣曲·前文》，《沈从文全集》第 15 卷，太原：北岳文艺出版社，2002 年，第 17—20 页。

④张桃洲：《论歌谣作为新诗自我建构的资源：谱系、形态与难题》，《文学评论》，2010 年第 5 期。

是在歌谣运动的影响和波及下而形成的一股文学思潮。它不同于我们之前谈及的乡土小说中的方言词语入文，而是为传神表现"说话的神情口气"，细致描写"自然流露的人"而全部（或人物对话）采用地方方言进行的文学创作。

二、整理国故中的吴语文学发掘

歌谣征集活动促使新文学作家和语言学家意识到方言母舌的价值和意义，而他们又多来自非北方官话的吴语区。吴语又称吴越语、江南话、江浙话，主要通行于中国江苏南部（除南京和镇江的部分地区）、上海、浙江大部分地区、安徽南部的部分地区、江西东北部和福建西北角等。新文学史上，吴方言区造就了许多富有个性的作家。刘半农家乡江苏江阴、钱玄同浙江吴兴、周氏兄弟浙江绍兴、顾颉刚江苏苏州、胡适安徽绩溪、朱自清江苏扬州等。这些新文化、新文学的先锋大将虽然后来陆续离开家乡一度聚集到新文化中心——北京，但恰如同样来自吴方言区的俞平伯说："做京兆人好得很！——不成，你知道的，我的京腔是多么蹩脚，虽然胜似于颉刚……"① 从现有资料来看，周作人、顾颉刚等说话时无一例外有着较浓厚的家乡口音。现代语言学家认为，语言不仅仅是一种交流的手段，还是记忆与经验的载体，应该说，方言乡音这在襁褓中学习的语言与一个作家的生命体验和情感经历紧密相连。

刘半农等在整理国故中独独对晚清的吴语文学情有独钟，莫不和自己的母舌有关，抑或是说，他们对吴方言的关注和偏爱一定程度上是作家主体的情感经验使然。面对吴侬软语，俞平伯禁不住赞叹，"吴声是何等的柔曼，而歌词又何等的温厚"②，另一位歌谣研究者同样由衷地说："苏州话确是最富音乐性的美丽的方言！用国语写散文，美；用吴语写诗写歌，更美。刘半农先生的《瓦釜集》不就是采用民歌的格调，利用吴歌的自然

---

①俞平伯：《吴歌甲集》序三，北京大学研究所国学门歌谣研究会出版，1926 年，第 3页。

②俞平伯：《吴歌甲集》序三，北京大学研究所国学门歌谣研究会出版，1926 年，第 4页。

音节写成的吗?"① 胡适在《海上花列传》的序言中坦诚地说:"近百年中,上海成为全国商业的中心,吴语也因此而占特殊的重要地位。加之江南女儿的秀美,久已征服了全国少年心;向日所谓南蛮舌之音,久已成了吴中女儿最系人心的软语了。"②

但是,如果我们仅仅把他们对吴语文学的挖掘、推广,理解为是对自己家乡语言文学的一种张扬或试图谋求文化资本,未免过于狭隘。事实上,方言文学思潮是言文一致的白话文运动的应有之义和自然结果。"经过多时的研究和静想,才断定我们要说谁某的话,就非用谁某的真实的语言与声调不可,不然,终于是我们的话。"③ 这是刘半农歌谣征集和文学创作实践后的心得。在语言发展过程中,白话文的地位一旦稳固,方言的诉求自然会随之浮现。

方言无非某一特定地域的口语,刘半农等倡导方言创作表面看来是在张扬地方主义,其实只是对白话文运动中主张以活的口语代替死去的文言的有力支持。④他在《瓦釜集》中说:"中国文学上,改文言为白话,已是盘古以来一个大奇谈,何况方言,何况俚调!"⑤由此看来,在刘复们的逻辑中,特定地域的方言俚调是白话文学的进一步发展而非其对立面,是借方言彻底驱逐文言,以建立中国新文学——现代语体文的语言策略。同时,方言创作往往与语言特色、人物个性、传神描摹、独特情境等细致精微的文学诉求相连。就像典耀在评价《海上花》时认为只有吴语才能把上海市井间、交际场上"酒筵的哄饮""市井的扰攘""友朋的笑谑""清夜的絮语"声貌毕现、活灵活现地表现出来,除此之外的任何语言都很难表

---

①李素英:《吴歌的特质》,《歌谣》周刊第2卷第2期,1936年4月11日,第3版。

②胡适:《海上花列传序言》,《胡适文存》第3集,合肥:黄山书社,1996年,第364页。

③刘半农:《瓦釜集·代自叙》,原书北新书社1926年,北京:书林书社影印,2015年,第8页。

④刘进才:《语言运动与中国现代文学》,北京:中华书局,2007年,第242页。

⑤刘半农:《瓦釜集·代自叙》,原书北新书社1926年,北京:书林书社影印,2015年,第10页。

现上海的"交际酬酢"之貌。[1]这个评价应该是公允的。直到今天很多作家在文学语言的使用上，为避免雷同化以及追求独特的神韵还经常会乞灵于方言。特别是对于小说这种文体，如果说叙述语言还可以用官话（国语），那么人物语言的鲜活似乎根本不能少了方言的使用。

由于对方言有了不同的认识和格外的关注，在创作《瓦釜集》《扬鞭集》的同时，刘半农1926年挖掘到两部晚清时期的方言小说——《何典》和《海上花列传》。这两部方言小说的发现和传播，既是整理国故的题中之义，也可以看到新文学作家对方言文学的看重以及对新文学语言革新和传承所做的努力。

《何典》，又名《十一才子书·鬼话连篇录》，是清代张南庄1879年用吴方言撰写的借鬼说事的讽刺小说，全书几乎全部以吴地的方言，以风趣生动的谚语、笑话、谜语或民间故事连缀而成。由于流传民间，长时间都没有得到传播，鲁迅偶然在光绪五年（1879）印的《申报馆书目续集》中看到《何典》提要，曾多年留心访求，未得。刘半农在厂甸庙中无意发现之后进行了大力的推广宣扬。[2] 1926年他将此书标点重印，由北新书局出版，鲁迅题记，中曰："多是现世相的神髓，随手拈掇，自然使文字分外精神；又即从成语中，另外抽出思绪：既然从世相的种子出，开的也一定是世相的花……便是信口开河的地方，也常能令人仿佛有会于心，禁不住不很为难的苦笑。"[3] 这部方言奇书"谈鬼物正像人间，用新典一如古典"，吴语越声，顺手拈来，让后来者愧叹不如。"何典"从此成为滑稽幽默的方言的文化符号，得到了鲁迅、周作人、胡适、钱玄同、吴稚晖等新文化名家的推崇，还引发了《语丝》上对《何典》的讨论。

无独有偶，另一部晚清时期的吴语文学——韩邦庆的《海上花列传》（1892）在同一时期被新文学家发现并点校、出版。《海上花列传》中的人

---

① 典耀：《〈花上花列传〉整理后记》，《海上花列传》，北京：人民文学出版社，1982年，第645页。

② 鲁迅：《为半农题记〈何典〉后，作》，最初发表于1926年6月7日《语丝》周刊第82期，见《中国小说史略》，北京：中华书局，2010年，第246—248页。

③ 鲁迅：《何典》题记，《中国小说史略》，北京：中华书局，2010年，第245页。

物对话全部用苏州方言，之前也较少为人所知。鲁迅在《中国小说史略》"清之狭邪小说"中提及并评价"平淡而近自然"①。1926年，在刘半农的推动下，由他与胡适作序，汪原放点校，上海亚东图书馆出版。胡适在序言中称其为"吴语文学第一部杰作"，并"希望这部吴语文学的开山作品的重新出世能够引起一些说吴语的文人的注意，希望他们继续发展这个已经成熟的吴语文学的趋势"。②

胡适对韩邦庆的《海上花列传》给予高度评价，其中最重要的就是小说中的人物对话用的是苏州土白。他在序言中不厌其烦地举例来说明其言文一致、我手写我口的创作魅力，把书中第二十三回里卫霞仙对姚奶奶说的一整段话原封不动地引用上去，以此来表现方言对白中轻松痛快的口齿。为了比较用苏白和官话创作的不同效果，胡适还特意拈出《海上花》的句子进行改编，原文中双玉这样说："倪七月里来里一笠园，也像故歇实概样式一淘坐来浪说个闲话，耐阿记得？"他将此改成官话，"我们七月里在一笠园，也像现在这样子坐在一块说的话，你记得吗？"③通过对比，胡适认为，只有苏白才能鲜活表现人物说话时的神气意蕴。

值得注意的是，《何典》和《海上花列传》都是用吴方言所作，即通常所说的吴语小说。新文学发生初期，废文言、兴白话的最大理由在于文言造成了言文分离；而使用白话则能做到言文一致。然而所谓言文一致的白话文学主要指以北方方言为主的《水浒传》《西游记》《红楼梦》《儒林外史》等，准确来讲，这些仍然是超越方言的书面语存在，特别是超越南方方言区，如吴语、粤语区等。对于广大的南方作家和民众而言，它们并非真正的言文一致。

可见，由于歌谣运动对方言价值的凸显，使得中国传统的地方文学得以整理和传播，吴语小说的意义被重新认识，它突破了以北方官话为主的

①鲁迅：《中国小说史略》，北京：中华书局，2010年，第168—171页。
②胡适：《海上花列传序言》，《胡适文存》第3集，合肥：黄山书社，1996年，第364—369页。
③胡适：《吴歌甲集》序一，北京大学研究所国学门歌谣研究会出版，1926年，第2—3页。

第四章　《歌谣》周刊与新文学的语言革新

language形式，给中国小说增添了新的审美意识，为新文学的语言革新提供了不无裨益的参考。

语言形式，给中国小说增添了新的审美意识，为新文学的语言革新提供了不无裨益的参考。

三、由《吴歌甲集》展开的方言文学研究

1926 年 7 月，顾颉刚的《吴歌甲集》由歌谣研究会出版。它的发行与顾颉刚投入歌谣征集以及《歌谣》周刊的推动密不可分。1919 年，被歌谣运动裹挟的顾颉刚利用在家休假的时间搜集苏州一带的儿歌、民歌，经郭绍虞鼓励将部分成果刊登于《晨报》。

1922 年 12 月《歌谣》周刊创刊后，对其征集的吴歌及研究文章给予了完整的呈现：15 期从《晨报》上转载了《吴歈集录的序》；64—84 期连续登载了 100 首吴歌；88—95 期刊登了 10 篇《写歌杂记》的学术小品文；97 期将其详述征集过程、心得的文章以《吴歌甲集自序》为题付之于刊。一年后北大歌谣研究会将此汇集出版，并附上了胡适、沈兼士、俞平伯、钱玄同、刘复五人为之作的序言。[①]

《吴歌甲集》同样属于吴语文学，不过比起《何典》和《海上花》，新文学家和语言学家除了对吴歌进行赞美之外，更多的是围绕吴歌而展开了对方言文学的理论探讨，尤其集中在方言文学和国语文学的关系上。

他们进一步看到了用方言进行文学创作的独特优势和特殊功能。在对《吴歌甲集》的研究中，俞平伯面对吴歌评价道："文学的描写如不要逼真则已；如要逼真，不得不采用方言以求酷肖，否则苏州耕田的人对他的母亲'您哪''您哪'的称呼起来，侧耳听之，岂非奇迹乎？"他极为推崇母舌，认为唯有这种语言作家运用起来才最亲切稔熟，能毫无隔膜地流露出人物的真正的性情面目。[②] 胡适则通过细致具体的比较来肯定方言的文学功能。他认为顾颉刚《吴歌甲集》的上卷优于下卷，原因是"第一卷里全是儿歌，是最纯粹的吴语文学，我们读这一卷的时候，口口声声都仿佛看

---

①顾颉刚：《吴歌甲集》，北京大学歌谣丛书，北京大学研究所国学门歌谣研究会出版，1926 年。

②俞平伯：《吴歌甲集》序三，北京大学研究所国学门歌谣研究会出版，1926 年，第 2—3 页。

见苏州小孩子的伶俐、活泼、柔软、俏皮的神奇，这是'道地'的方言文学"①，而下卷因为不是纯粹的苏白民歌，大部分的长歌都显出弹词唱本的恶影响，有着浮泛的滥调与烂熟的套语，因此不及上卷。很明显，他评价的标准是方言的"道地"与否。

论述至此，我们不禁要问：为什么以歌谣征集为中心的新文学家要去提倡、推崇道地的方言？言文一致背后的语言革命蕴含着什么样的价值立场？

胡适肯定《吴歌甲集》的上卷最实质的原因在于它们是"纯粹吴语的平民文学的专集"②，可见，胡适的落脚点是平民文学，看征选的歌谣能否代表真正平民的心声。刘半农在《瓦釜集》自序中说，一年前自己受到了戴季陶《阿门诗》和某君的《女工之歌》的启迪，得此启发，他也要为"打在地狱里而没有呻吟的机会的瓦釜声音"而鸣不平，并且还要用他们的声调做出诗歌来。③ 看来，刘半农方言诗歌创作的根本目的也是为底层民众而代言。钱玄同同样着眼于民众自己的语言而欢迎"言不雅驯"，提倡引车卖浆之徒、凿井耕田之辈以及村姑农妇、灶婢厨娘等说的真自由、真活泼的话。④相似的逻辑，沈从文、徐志摩等青睐方言诗歌创作，也意味着对以雅言为根底的诗学体系的颠覆，着眼的仍然是俗民的声音。顾颉刚表达得更为显豁，在 1928 年《民俗》的发刊词上，他深入总结道："我们的使命，就在继续声呼，在圣贤文化之外解放初民众文化；从民众文化的解放，使得民众觉悟到自身的地位，发生享受文化的要求，把以前不自觉的创造的文化更经一番自觉的修改与进展，向着新生活的目标而猛进。"⑤

由此可见，刘半农等的方言创作、整理国故、顾颉刚的民歌辑录恰恰是知识分子在为"民"而努力争取的话语权。尽管有当代学者质疑其有效

---

①胡适：《吴歌甲集》序一，北京大学研究所国学门歌谣研究会出版，1926 年，第 5 页。
②胡适：《吴歌甲集》序一，北京大学研究所国学门歌谣研究会出版，1926 年，第 6 页。
③刘半农：《瓦釜集·代自叙》，原书北新书社 1926 年，北京：书林书社影印，2015 年，第 8 页。
④钱玄同：《吴歌甲集》序四，北京大学研究所国学门歌谣研究会出版，1926 年，第 9～10 页。
⑤顾颉刚：《圣贤文化与民众文化》，《民俗》，1928 年第 1 期，第 2 版。

第四章 《歌谣》周刊与新文学的语言革新

性，认为这不过是一种民众、民间的文化想象①，但不可否认的是，历史语境当中，这些知识分子的真诚理念和努力实践。从鲁迅为半农题记《何典》以及胡适的《海上花列传》序等，更能清晰地看到新知识分子建设平民文学的愿望。因此，方言文学，目的并不在于一方之言，而在于为民代言，试图发出的是"民"之声、"国"之语。

这种文学语言的建构思路在胡适、沈兼士、俞平伯、钱玄同、刘复一起为顾颉刚《吴歌甲集》写的序言中得到了充分的体现。胡适直接说，国语其实也是方言，不过是最优胜的一种方言；方言文学具有普遍性的部分形成了国语文学的基础。因此国语文学仍要向方言文学里去寻求新材料、新血液和新生命。② 胡适以一贯的机智将两者的关系阐释成相继相成，方言文学被视为国语文学的活水源头和民族资源。沈兼士赞赏吴歌那种旖旎温柔情文兼至的风调是南方歌谣中的巨擘，"这一点就足以值得研究文学和国语的人的注意"③，同样把吴歌的价值放在国语研究上面。俞平伯尽管看到了方言文学和国语热有点背道而驰的样子，却小心翼翼地避开两者矛盾，只是说自己"不但主张国语的文学，而且希望方言文学的产生"④。钱玄同和俞平伯之间形成了某种对话，作为国语运动的大将，他认为方言对国语、方言文学对国语文学不会有什么不利的影响，反而能起到促进的作用：

方言是组成国语的分子，它是帮国语的忙的，不是拦国语的路的。用古文八股的笔调来说："且夫方言之于国语，乃不相反而相成也。"这就是我对于平伯先生认为提倡方言文学跟国语文学有点背道而驰这个见解不同意的缘故……在我的意中，方言文学不但已有，当有，而且应当努力提倡

---

①邓伟：《试析五四时期语言文字建构的若干逻辑——以国语运动、白话文运动、方言文学语言为中心》，《文艺理论研究》，2016年第1期。

②胡适：《吴歌甲集》序一，北京大学研究所国学门歌谣研究会出版，1926年，第1—2页。

③沈兼士：《吴歌甲集》序二，北京大学研究所国学门歌谣研究会出版，1926年，第2页。

④俞平伯：《吴歌甲集》，北京大学研究所国学门歌谣研究会出版，1926年，第1页。

它；它不但不跟国语文学背道而驰，而且它是组成国语文学的重要原料，方言文学日见发达，国语文学便日见完美。①

钱玄同延续了胡适论述的思路，将方言文学的价值附着在国语文学的建设之中。刘复的序言并未直接讨论方言和国语的关系，不过他在文中高屋建瓴地指出民歌俗曲研究的意义在于"语言、风土、艺术"，而这件事"干脆说来，就是民族的灵魂"②。这些观点鲜明地显示出刘半农的宽广格局和高远视野，无论是他用江阴方言作诗也好，评价顾颉刚的苏州歌谣也好，绝不止着眼于一方地域，而是有着建构整个民族灵魂的诉求。由此看来，他们瞩目于方言所能带来的平民文学语言的亲和性和形象性，方言文学的主张转化成为国语文学建构寻求外在的特别是深厚的民族民间资源的问题。正如研究者所言，"令'国语的文学'的'国'得以充分体现的，便是民谣这一'民族'的声音"③。

明白了方言创作的真正目的在于民之声、国之语，就不难理解他们如何看待方言文学与国语文学的关系了。在新文学作家看来，方言调查也好，方言创作也好，并非张扬地方主义或为方言文学确定独立的审美价值，而是为国语文学提供素材，以方言文学丰富国语文学。借助歌谣征集来呈现不同地域的方言，最大程度上去表现民众的生活境遇和语言情感，使各个地方的平民的声音都能浮出地表，使它们汇入总的现代民族国家的语言建构中来，进而实现国语文学、民族文学的千秋大业。

以《歌谣》周刊及其相关的文学实践为线索，将作家的方言创作、整理国故中的吴语小说传播以及由《吴歌甲集》展开的理论研究放置在一个共同的话语空间中去阐释，从而凸显出由歌谣引发的方言文学思潮。从这个角度可以为认识20世纪20年代的新文学增添一个必要的观照角度，由此看出文学语言建构过程中民族化和本土化的一种努力。

---

①钱玄同：《吴歌甲集》序四，北京大学研究所国学门歌谣研究会出版，1926年，第10—11页。

②刘复：《吴歌甲集》序五，北京大学研究所国学门歌谣研究会出版，1926年，第1页。

③林少阳：《从章太炎的"音"至歌谣征集运动的"音"》，王中忱、董炳月编：《东亚人文》，北京：三联书店，2008年，第215页。

然而正如所有的历史都非铁板一块，在方言文学思潮背后也掩映着历史现象、语言观念的丰富性和复杂性。胡适尽管推崇吴语小说《海上花列传》，也要承认它的困难和局限性："方言文学有两个大困难。第一是有许多字向来不曾写定，单有口音，没有文字。第二是懂得的人太少""吴语悉仍其旧，致客省人几难卒读，遂令绝好笔墨竟不获风行于时"。①鲁迅、周作人尽管支持刘半农方言文学的主张和实践，但对用方言创作的局限性也有清醒的认识，1932 年，鲁迅曾把《何典》作为中国的幽默作品之一推荐给日本的增田涉。可是他的评价并不高，"全书几乎均以方言、俗语写成，连中国北方人也费解。仅为了让你看一看，知道中国还有这类书"。②周作人在 20 世纪 20 年代《国语改造的意见》《国语文学谈》等文中就提醒方言的使用不能过多，"必须用得恰好，才发生正当的效力"，而且还明确了国语要分为两种语体——口语和文章体。口语突出的是"说话"，而文章体侧重的是"用字"，两者不能混淆。因此，由《歌谣》辐射而产生的 20 世纪 20 年代方言文学思潮既成为三四十年代文学大众化讨论的先声，同时也蕴藏着语言发展过程中由于相异的语言观念而导致的矛盾冲突。而十几年后复刊的《歌谣》则以自己的方式回应着 20 世纪 30 年代文学语言建构中的问题。

第三节 20 世纪 30 年代《歌谣》周刊与文学大众化思潮

20 世纪 30 年代《歌谣》某种程度上是在文学大众化的潮流下复刊的。主编胡适在《复刊词》中不断流露出与 20 世纪 30 年代初左翼作家开展的文学大众化、大众语讨论进行对话的意味，表面上是回应瞿秋白等对五四

---

①胡适：《海上花列传序言》，《胡适文存》第 3 集，合肥：黄山书社，1996 年，第 368—369 页。

②鲁迅：《320522 致增田涉》，《鲁迅全集》第 14 卷，北京：人民文学出版社，2005 年，第 212 页。

白话的批评，实际上正切中了他一直以来对白话文欧化的不满以及对文学语言大众化的认同。20世纪30年代《歌谣》由原先强调言文一致转向了注重通俗易懂，将具有清晰明朗、优美自然等语言特征的歌谣、传说、故事等作为大众语的文学范本。这既是对之前片面强调口语（方音）的纠偏，又自觉呼应着文学大众化的思潮，传递出对五四文学语言脱离大众的反思。20世纪30年代《歌谣》为文学的大众化提供了诸多有益的启示，最重要的是深入浅出的语言表达方法与注重大众接受的语言思想自觉，显示出新文学在发展中打破精英与大众文化区隔的努力。

一、《复刊词》与大众语对话

《复刊词》中，胡适几次提到"大众语"。他首先举出了几首歌谣，首先是广西的漓江山歌：

> 买米要买一斩白，
> 连双要连好脚色。
> 十字街头背锁链，
> 傍人取笑也抵的！

> 另有湖北汉川歌谣：
> 白纸扇，折落折。
> 讨个老婆乌漆抹黑。
> 人人叫我丢了他，
> 我又割心割肝舍不得！

胡适家乡的安徽绩溪歌谣：

> 芭蕉扇，折搭折。
> 娶个老婆黑锅铁。
> 人人说我老婆黑，
> 我说老婆紫檀色。
> 人人叫我休了罢，
> 肝心肝胆舍不得。

　　胡适以一贯对民间文学的倚重不吝赞美道："寥寥几十个字里，语言的漂亮，意思的忠厚，风趣的诙谐，都可以叫我们自命文人的人们诚心佩服。这样的诗，才是地道的白话诗，才是呱呱叫的大众语的诗。"

　　接着，胡适反驳了当时一种比较有代表性的观点，即民歌的简单语言无法表现新鲜的世界和复杂的生活、感情，"现在我们住的是一个新鲜世界，生活太复杂了，感情思想也太复杂了，决不是民歌的简单语言能够表现出来的。民歌的语言技术都太简单了，只可以用来描写那幼稚社会生活的简单儿女情绪，不配做这个新时代的诗歌的范本。"他批评这话不对，"诗的艺术正在能用简单纯净的语言来表现繁复深刻的思想情绪。"为说明自己的观点，特意举出一首明末流寇时代民间的革命歌谣：

> 老天爷，你年纪大，
>
> 耳又聋来眼又花，
>
> 你看不见人，听不见话！
>
> 杀人放火的享着荣华，
>
> 吃素看经的活活饿杀！
>
> 老天爷，你不会做天，你塌了罢！
>
> 你不会做天，你塌了罢！

　　以此为反例证明民歌蕴含的丰富内容和情感，并发出赞叹："我读到末两行，真不能不诚心佩服三百年前的'普罗文学'的技术的高明！"他再次强调这样的革命歌可以做大众语的范本，"现在高喊'大众语'的新诗人若想做出这样有力的革命歌，必须投在民众歌谣的学堂里，细心精气的研究民歌作者怎样用漂亮朴素的语言来发表他们的革命情绪！"①

　　"普罗文学""革命歌""大众语"，这些字眼无一不显示出胡适借民间歌谣与当时左翼作家的文学大众化、大众语运动进行对话，以此来表达自己的语言思想。

---

①胡适：《复刊词》，《歌谣》第 2 卷第 1 期，1936 年 4 月 4 日，第 3 版。

1930 年、1932 年，在左翼文学内部，接连展开了两次较大规模的文学大众化的讨论，针对文学与大众疏离的问题将矛头指向了五四白话文，特别是文学语言过分欧化的倾向，认为五四文学背离了很多先驱者（当然包括胡适）在争取白话文合法化时提出的言文一致的原则。不少言词不可谓不激烈，如瞿秋白严厉批判五四新文学语言是"新文言"、既非人话又非鬼话的文学。所谓五四式的白话只是替欧化的绅士换换胃口，民众根本无法接受，某种程度上比以往的诗文古词离平民百姓更远。① 瞿秋白甚至指名道姓地提到胡适之，批评其提出的"国语的文学，文学的国语"的目标远远没有达到，实际的语言现状是既没有国语的文学，亦没有文学的国语，有的只是"非驴非马的骡子文学"和"文言白话杂凑的不成话的文腔"。②

面对瞿秋白的文腔革命，鲁迅、茅盾等五四文学老将进行了辩论，鲁迅在《文艺的大众化》中，清醒而尖锐地指出大面积的语言大众化并不能落到实处，"多作或一程度的大众化的文艺，也固然是现今的急务。若是大规模的实施，就必须政治之力的帮助，一条腿是走不成路的，许多动听的话，不过文人的聊以自慰罢了"。③ 而茅盾在《问题中的大众文艺》对白话文欧化存在的合理性和必然性做了辩护，以为要传播新思想必须借助新的语言载体，因此宋阳（瞿秋白）批评的"新文言"是当时必须且不得不采用的语言形式。④

耐人寻味的是，即使瞿秋白点名批评，胡适在这两次大众化的讨论中也始终不着一词。一方面可能因为这只是左翼内部的讨论，但更重要的原因应该和胡适与鲁迅、茅盾等并不一致的文学语言建构有关。白话文的欧

---

①宋阳（瞿秋白）：《大众文艺的问题》，《文学月报》，1932 年第 1 期，1932 年 6 月 10日。

②瞿秋白：《鬼门关以外的战争》，《瞿秋白文集》（二），北京：人民文学出版社，1953年，第 620—621 页。

③鲁迅：《文艺的大众化》，《鲁迅全集》第 7 卷，北京：人民文学出版社，2005 年，第368 页。

④止敬（茅盾）：《问题中的大众文艺》，《文学月报》，1932 年第 2 期，1932 年 7 月 10日。

化趋势、脱离大众并非胡适最初倡导白话文运动的初衷。① 我们甚至可以说，瞿秋白所抨击的正切中了胡适一直以来对白话文欧化的不满，从"大众化"角度对五四文学语言进行的批评体现的恰恰是胡适语言思想在经历过挫折之后的又一次复苏。

1934 年，汪懋祖等新文学的反对者借助当时南京国民政府的报刊，倡导文言复兴运动。他们接连发表多篇文章，反对白话文，主张学校恢复文言教学，甚至提倡小学生读经。此般行为马上激起了上海新文化教育界人士的集体反驳，鲁迅、陈子展、胡愈之、陈望道、叶圣陶、黎烈文等以《申报·自由谈》为主要阵地，发起了对大众语的讨论。这场讨论扩展到非左翼人士，延续三四个月，波及《中华日报》《大公报》《社会月报》等多个报刊，发表了近五百篇文章，影响颇深。②

胡适这次参与其中，在其主编的《独立评论》上发表了《所谓"中小学文言运动"》《我们今日还不配读经》，揭穿汪借教育问题对白话文讨伐、企图复兴文言的野心："（汪懋祖）不过是一个教育家的个人见解，本来不值得我们大惊小怪。他的文字所以引起读者的反感，全因为他在每一段里总有几句痛骂白话，拥护文言的感情话，使人不能不感觉这几条简单的主张背后是充满着一股热烈的迷恋古文的感情"，在批驳汪的文言主张后，胡适进一步表达了对白话文学发展的自信，"我深信白话文学是必然能继长增高的发展的，我也深信白话在社会上的地位是一天会比一天抬高的。"③

值得注意的是，胡适反对的是文言文，拥护的也是自己一直以来建构的白话文。然而，在大众语运动中，大多数参与者不仅反对文言文，而且

---

① 朱晓江：《语言与思想：胡适"白话文"主张的提出、受抑及转向——以新文化阵营内部的分歧为参照》，《学术月刊》，2016 年第 12 期。

② 李永东：《语体文的欧化与大众化之辩——评 1934 年的大众语论争》，《湘潭大学学报》，2007 年第 9 期。

③ 胡适：《所谓〈中小学文言运动〉》，原载《独立评论》第 109 号，1934 年 7 月 15 日，姜义华主编《胡适学术文集·新文学运动》，北京：中华书局，1993 年，第 224—225 页。

也批判五四以来的白话文。"白话文"成为文言文和大众语的双重对立面①。大众语反对白话文的最大理由是它与普通大众的隔膜，这其中自然有阶级立场的政治考虑，但更有超越革命环境对新文学语言状况的反思。正如学者分析的那样，"最根本的其实还在于文学内部，蕴含着新文学的自我焦虑，是其自我发展愿望之体现"②。可以说，大众语的众声喧哗正是反映了自五四以来文学语言在发展过程中所积累的症结和问题：是"大众化"还是"欧化"？是以"文"就"言"还是以"言"就"文"？是先普及再提高还是先提高再普及……这些不同语言思想的冲突碰撞在 20 世纪 30 年代文学大众化的论争中得以集中爆发和呈现。

　　胡适在这场论争中有一篇重要的文章《大众语在哪里》，论述了他对白话文和大众语关系的理解，指出"大众语不是在白话之外的一种特别语言文字"，大众语"只是一种技术，一种本领，只是能够把白话做到最大多数人懂得的本领"，提倡大众语的人"都应该先训练自己做一种最大多数人看得懂，听得懂的文章③。胡适的意思很显豁，大众语并非什么创造出来的新东西，也并非与白话文的对立，其语言的根本特征正是自己一直以来对白话文语言的设想和建构。

　　两年后，《歌谣》复刊，胡适在首期重提大众语，显示出他对这一问题有所介怀，表面上是回应瞿秋白对五四白话的批评，实际上正切中了他一直以来对白话文欧化的不满，并借助歌谣这一文学形式表达了其对文学语言大众化的认同。

第四章　《歌谣》周刊与新文学的语言革新

---

　　①威廉斯（Raymond Williams）在《关键词：文化与社会的词汇》中提醒我们：对于许多词汇而言，虽然它们在我们的生活中一直被使用，但它们的意指和内涵始终变动不居。关于"白话文"概念和内涵的变迁，有研究者进行了细致的分析。见朱晓江：《语言与思想：胡适"白话文"主张的提出、受抑及转向——以新文化阵营内部的分歧为参照》，《学术月刊》，2016 年第 12 期。

　　②贺仲明：《"大众化"的讨论和新文学的自觉》，《中国社会科学》，2006 年第 6 期。

　　③胡适：《大众语在哪里》，原载《大公报·文艺副刊》，1934 年 9 月 8 日，姜义华主编：《胡适学术文集·语言文字研究》，北京：中华书局，1993 年，第 324 页。

二、由言文一致到通俗易懂

第一章论述过，20 世纪 30 年代登载的歌谣较之 20 世纪 20 年代有所变化，胡适及编辑李素英、徐芳等用传统文学标准筛选出清晰明朗且饱含艺术性的歌谣，将民众原生态的口语转化成口语化的语言风格。刊物不再强调歌谣言文一致的特性，而是突出通俗易懂的语言形态。这反映出新文学语言观念的逐渐调整，既是对之前片面强调口语（方音）、言文一致的纠偏，又呼应着文学大众化的思潮，传递出对五四文学语言脱离大众的反思。

20 世纪 30 年代《歌谣》记录地方歌谣时，不再像 20 世纪 20 年代那样突出方言（方音），而是多转化成普通的国语，如王明记录的几首浙江歌谣：

> 青翠飞过青又青，
> 白鸽飞过打铜铃，
> 雉鸡飞过红间绿，
> 长尾巴丁飞过红嘴唇。

> 石将军训练不教创，
> 泥人有眼眼不光，
> 鸡母浴身灰当水，
> 猫儿洗面唾为汤。①

对于少数民族的歌谣时也是如此，如吴澡溪记录的番族情歌：

> 鲜花开过了，蜜蜂不用愁，
> 情缘既已断，又何悲之有？

> 依着她的心理，
> 我又牺牲了佛缘，

---

① 《浙江歌谣》，《歌谣》第 2 卷第 19 期，1936 年 10 月 10 日，第 2 版。

若毅然入山修道，

又违背了她的心愿。

这些语言形态和 20 世纪 20 年代刘半农等追求言文一致、凸显方音形成了鲜明对比。"我莳秧勿麦吭不你送饭送汤苦，你田岸浪一代一代跑跑得脚底乙烫？"① 20 世纪 20 年代《歌谣》往往用大量的注释来解释方音词汇，如第一期的浙江民歌《落拓姑娘》②，短短的一首歌谣就用了整整 19 个注释。这样的情况在 20 世纪 30 年代《歌谣》中不复存在。可见，刊物的语言思路发生了改变，不再像之前那样一味强调口语（方音）的原生态呈现。

白话文建设初期，胡适们追求言文一致，而且强调以文就言。由此产生了两种趋势，一是过于注重口语，一是方言文学的兴起。片面于口语其实先设了"出口成章"的前提，即说出的话就能成文。但是它实现的可能性相当小。知识分子和普通民众的"言"必然是不同的，就是不同的知识分子、不同的民众之间，语言表达程度也有着巨大的差异，都能成"文"吗？实际上，出口成章的毕竟极少，大多数口头的"言"只有经过提炼、转化才能成为书面的"文"。过于重视口语的语言建构路径被鲁迅、周作人等批评，指出在实际的创作实践中是行不通的。"如果也照样的写着'这妈的天气真是妈的，妈的再这样，什么都要妈的了'，那么于大众有什么益处呢？"③ 鲁迅尖锐地指出文学语言是不可能完全以口语来创作的，"文章一定应该比口语简洁，然而明了，有些不同并非文章的坏处"④。不过鲁迅很赞成"文章更加接近语言，更加有生气"。⑤ 也就是说，不能言文

①刘半农：《第十七歌·情歌》，《瓦釜集》，原书北新书社 1926 年，北京：书林书社影印，2015 年，第 53 页。

②浙江民歌《落拓姑娘》，《歌谣》第 1 期，1922 年 12 月 17 日，第 5 版。

③鲁迅：《答曹聚仁先生信》，《鲁迅全集》第 6 卷，北京：人民文学出版社，2005 年，第 79 页。

④鲁迅：《答曹聚仁先生信》，《鲁迅全集》第 6 卷，北京：人民文学出版社，2005 年，第 79 页。

⑤鲁迅：《写在〈坟〉后面》，《鲁迅全集》第 1 卷，北京：人民文学出版社，2005 年，第 302 页。

一致，却可以言文接近，不能完全口语，却可以用口语化的语言风格。如一直关注歌谣运动的朱自清，其散文就多用提炼了的活的口语，创作出口语化风格的优秀文学作品。

另外方言文学在发展中也显示出它的诸多局限。主张言文一致本来旨在建立现代的民族国家语言、最大多数人能懂的文学形式。上节提到，刘半农、胡适等推崇方言文学，目的在于最大程度上表现民众的生活境遇和语言情感，进而实现国语文学、民族文学的千秋大业。但实际上，中国地域广大、方言歧异，"言"必定要与各地的方言（方音）紧密相连，而许多方言的使用仅限于本地居民。所谓言文一致具体指哪个地方的"言"呢？语言学家赵元任曾指出："（中国）东部和南部方言之间的差别，不亚于法语之于西班牙语，或者荷兰语之于德语。"① 比如吴语文学，北方读者接受起来就相当困难，传播面非常有限，也就是说，方言文学并不能实现让最大多数人接受的设想。抑或是说，完全的言文一致无法解决中国社会启蒙无力的文化危机，反而会与现代民族国家的语言运动有所相悖②。正如汪晖所言："在某种条件下，'地方性'可能成为'全国性'的障碍。"③至此，不难理解上节论述方言文学时，胡适等一面提倡推崇，另一面又小心翼翼地回避问题，不得不指出其传播局限，只是将方言的意义定位在平民自身的语言，以此模糊言文一致与国语统一的冲突。

20世纪30年代《歌谣》自觉呼应着文学大众化思潮，对五四以来新文学语言脱离大众进行了反思，希望借民间的文学形式建构起通俗易懂的、大众能够接受的语言形态。

李素英批评不少所谓普罗文学只有一堆新名词和欧化的生硬句子凑在

---

①赵元任：《赵元任语言学论文集》，北京：商务印书馆，2002年，第880页。

②这是歌谣运动中常惠等总是避开"方音"问题的根本原因。见本章第一节。汪晖对此有所论述："在'五四'新文化运动时期，白话文的倡导主要是书面语问题，基本不涉及方音问题。"《地方形式、方言土语与抗日战争时期"民族形式"的论争》，《现代中国思想的兴起》附录一，北京：三联书店，2004年，第1514页。

③汪晖：《地方形式、方言土语与抗日战争时期"民族形式"的论争》，《现代中国思想的兴起》附录一，北京：三联书店，2004年，第1514页。

一起，依旧是精英的，而非大众的文艺①。对于绝大多数不识字的民众而言，文人创作基本与其生活无关，要想使文学能够大众化，只有将歌谣等民间文学资源作为大众语文学的范本："我们的所谓大众文艺若是永远写给自己看，那也罢了；如要它成为共同的文学，则惟有拿歌谣做参考，以民众的感情、思想、话语为我们自己的感情、思想、话语，然后表现出来"②"歌谣的特色是富于普遍性，是大众共同的心声，无论谁唱着，全会觉得亲切，恰是自己心里要说的话。"③

歌谣等民间文学最主要的语言特征是质朴和口语化④，复刊后的《歌谣》登载了大量来自民众又经过艺术观照的通俗易懂的文学艺术作品，这些都是以新文学标准选择的民间真诗。刊物花费比前期更多的篇幅登载林培庐、王国栋等辑录的谚语，各种民间故事、传说、童话等，语言形式精炼短小、清晰明朗、自然简单，为新文学语言口语化、大众化、通俗化、民间化提供了重要的参照。

能不能被大多数人懂，抑或是说，能否被民众接受是胡适最初提出白话文主张时的重要思路。"要读书不须口译，演说不须笔译；要施诸讲坛舞台皆可，诵之村姑妇孺皆可懂。不如此者，非活的言语也，决不能成为吾国之国语也，决不能产生第一流的文学也。"⑤ 有研究者指出其中重要的思想动因，是为了纠正晚清启蒙思想家严复、林纾等由于使用古文而无法将新文明传播到最大多数人的弊端，付诸的是打破知识分子（精英）和社会大众（平民）之间文化区隔的努力⑥。

①李素英：《读歌谣后所得的一知半解》，《歌谣》第 3 卷第 3 期，1937 年 4 月 17 日，第 4 版。

②李素英：《论歌谣》，《文学年报》第 2 期，1936 年 5 月。

③李素英：《读歌谣后所得的一知半解》，《歌谣》第 3 卷第 3 期，1937 年 4 月 17 日，第 4—5 版。

④〔美〕洪长泰：《到民间去——中国知识分子与民间文学 1918—1937（新译本）》，董晓萍译，北京：中国人民大学出版社，2015 年，第 72—74 页。

⑤胡适：《白话文言之优劣比较》，姜义华主编：《胡适学术文集·新文学运动》，北京：中华书局，1993 年，第 7—8 页。

⑥朱晓江：《"新文学"内部的歧见：对"新文明"的不同想象——以梁启超、胡适、周氏兄弟为中心的考察》，《中国现代文学研究丛刊》，2014 年第 11 期。

第四章　《歌谣》周刊与新文学的语言革新

　　事实上，新文学的语言实践并未按照胡适的设想，像他那样追求清白如水的白话的作家特别少，大多都走向了另外的道路，以周氏兄弟为代表，他们不同程度地借用了文言文、方言，特别是西方的欧化语言，促进了新文学语言的精密、丰富、细致。鲁迅甚至认为语言的"难懂"是必须[1]，"不像茶淘饭似的可以一口吞下去是真的，但补这缺点的是精密"[2]。五四大多数知识分子都赞成白话文欧化，郑振铎说"为求文学艺术的精进起见，我极赞成语体文的欧化"[3]，陈道望也认为"凡是思想精密、知道修辞、了解文法的人，一定不会反对语体文的欧化，而且认为必要"[4]。傅斯年更是把语言的欧化与思想的现代化、人化紧密联系在一起。[5]

　　应该说，白话文欧化解决了文学语言进行现代思想表达的问题，大大推进了新文学现代化的进程，产生了以鲁迅的《狂人日记》《野草》、周作人的散文、郭沫若的诗歌等为代表用"新式白话"创作出的具有鲜明现代性的新文学作品。然而，白话文提出的初衷——打破精英与大众之间的文化区隔再次成为历史的悬置之物。这充分反映了语言革新在艺术性与大众性之间的矛盾与纠结，民族民主诉求下文学语言发展的悖论和艰难，因此导致了 20 世纪 30 年代文学大众化的讨论，而《歌谣》复刊呼应着大众化的思潮，以自己的方式对文学语言大众化提供了有益的启示。

三、对文学语言大众化的启示

　　具体而言，《歌谣》复刊能对文学语言大众化起到什么样的作用？提供什么样的启示呢？爬梳刊物，重点凝结为两点：

---

　　①需要指出的是，在对胡适纠偏的同时，鲁迅的态度实际上也是非常复杂的，一方面出于文学语言建构的诉求，认为语言的雅致规范、精细繁复是必须，另一方面，鲁迅对文学语言不能"大众化""平民化"也始终难以介怀。这也是他为什么如此支持搜集"活语言"的歌谣运动，也是 20 世纪 30 年代大众语讨论中那么倾心拉丁化新文字的重要原因。

　　②鲁迅：《玩笑只当它玩笑（上）》，《鲁迅全集》第 5 卷，北京：人民文学出版社，2005 年，第 548 页。

　　③郑振铎：《语体文欧化之我见》，《文学旬刊》第 7 期，1921 年 7 月 10 日。

　　④陈道望：《语体文欧化的我观》，《民国日报》副刊《觉悟》，1921 年 6 月 16 日。

　　⑤傅斯年：《怎样做白话文》，胡适编：《中国新文学大系·建设理论集》，上海：良友书社，1935 年，第 226 页。

（一）深入浅出的语言表达方法

语言的通俗易懂、简单直白往往被视为无法表达复杂深厚的思想，而《歌谣》的很多作者，特别是胡适认为"浅"的语言表达和"深"的思想内容完全可以并行不悖，"复杂的情绪若不能简单化，深刻的思想若不能寻得个浅显的说法，那就用不着诗的艺术了"①，也就是说，他们推崇歌谣只是强调明白清楚、平实易懂的语言风格，并非排斥复杂繁复的思想。

早在 1922 年，胡适在《北京的平民文学》中就提出要用文学眼光对歌谣进行选择，他饶有兴趣地引用了意大利卫太尔《北京歌唱》（*Pekiness Rhymes*）里的歌谣：

> 出了门儿，阴了天儿，
>
> 抱着肩儿，进茶馆儿，
>
> 靠炉台儿，找个朋友寻俩钱儿。
>
> 出茶馆儿，飞雪花儿。
>
> 老天爷，竟和穷人闹着顽儿！②

这些有"文学趣味的俗歌"使他逐渐提炼出深入浅出的创作方法，并以此来衡量文学作品的艺术高低。在随后为汪静之《蕙的风》作序时说："故论诗的深度，有三个阶级：浅入而浅出者为下，深入而深出者胜之，深入而浅出者为上。"③ 紧接着，他批评俞平伯的新诗集《冬夜》是"最不能'民众化'的"，并拿一首民歌"高山有好水，平地有好花；家家有好女，无钱莫想他"和俞的《可笑》一诗做对比，认为民歌的价值高于俞平伯的诗作，"词句虽多至数十倍，而温厚蕴藉之处恐不及原作十分之一"④，进一步说，"我们知道诗的一个大原则是要能深入而浅出；感想（impres-

---

① 胡适：《复刊词》，《歌谣》第 2 卷第 1 期，1936 年 4 月 4 日，第 2 版。

② 胡适：《北京的平民文学》，姜义华主编：《胡适学术文集·新文学运动》，北京：中华书局，1993 年，第 422 页。

③ 胡适：《〈蕙的风〉序》，姜义华主编：《胡适学术文集·新文学运动》，北京：中华书局，1993 年，第 456 页。

④ 胡适：《评〈新诗集〉·俞平伯的〈冬夜〉》，姜义华主编：《胡适学术文集·新文学运动》，北京：中华书局，1993 年，第 449 页。

第四章　《歌谣》周刊与新文学的语言革新

163

sion）不嫌深，而表现（expression）不嫌浅。平伯的毛病在于深入而深出，所以有时变成烦冗，有时变成艰深了"①。可见，胡适看重歌谣的是简单、显明的语言却能表达蕴藉、复杂的文思和内容。

到了歌谣运动的后期，越来越多的参与者看到了民间文学的语言形式虽然简单，却蕴含着丰富厚重的情感、思想乃至民族文化。最典型的是刘半农称赞一首云南歌谣——"热头要落又不落，小妹有话又不说；小妹有话只管讲，热头落坡各走各"，里面情感的悲怆、缠绵可以抵得过一部《红楼梦》②。在复刊的《歌谣》中，有作者认为当地儿歌"满孕着思想、信仰、生活方式"，其中有"细致的描绘、深入的刻画、高妙的技巧、优美的音调"③，也有作者认为"简明浅显"的民间故事中其实有着"东方民族迁徙漂泊的痕迹和历史文化内蕴"④，这成为 20 世纪 30 年代《歌谣》作者普遍的看法，认为中国的民间文学既有深厚的民族内涵，同时也符合大多数中国人的语言表达习惯，可以做文学语言大众化的范本。因此，胡适号召新文学作家要"做这种整理流传歌谣的事业，为的是要给中国新文学开辟一块新的园地。这园地里，地面上到处是玲珑圆润的小宝石，地底下还蕴藏着无穷尽的宝矿。聪明的园丁可以徘徊赏玩；勤苦的园丁可以掘下去，越掘的深时，他的发现越多，他的报酬也越大"⑤。这并非简单仿效民间文学的语言形式，更重要的是学习一种深入浅出的语言表达方法。

实际上，在 20 世纪 30 年代的大众化思潮中，不少作家意识到照搬西方语言结构形式、过于欧化的弊端，并自觉尝试如何将复杂文思与汉语习惯相结合。老舍是深受民间文学影响的作家，他曾说："思想尽管深，能用普通话的句法说出来，思想就变成谁都能明白的事儿了"⑥ "口语也能说

---

①胡适：《评〈新诗集〉·俞平伯的〈冬夜〉》，姜义华主编，《胡适学术文集·新文学运动》，北京：中华书局，1993 年，第 450 页。
②刘半农：《国外民歌译》，北新书局，1927 年，第 1—2 页。
③张清水：《梅县童歌》，《歌谣》第 2 卷第 19 期，1936 年 10 月 10 日，第 5 版。
④葛孚英：《谈童话》，《歌谣》第 3 卷第 1 期，1937 年 4 月 3 日，第 9 版。
⑤胡适：《复刊词》，《歌谣》第 2 卷第 1 期，1936 年 4 月 4 日，第 3 版。
⑥老舍：《怎样运用口语》，《老舍全集》第 17 卷，北京：人民文学出版社，1999 年，第 323 页。

出很深奥的意思，而且说得漂亮干脆"，他也将这种语言策略称之为"深入浅出"。

（二）注重大众接受的语言思想自觉

歌谣等民间文学是一种活跃在广大民众口耳之间的特殊的语言艺术，是"耳治"而非"目治"的。这决定了它具备"又容易读又容易懂"的自然流利的语言风格，是真正属于民众（大众）的文学形式。《歌谣》周刊正是通过征集、研究这些民间文学表达其注重大众接受的语言思想自觉。

新文学的诞生带有知识分子强烈的文化批判和启蒙立场，主体内容是现代思想和自我情感，属于精英文学，大众始终对其是隔膜的，这也是新文学发生以来始终难以解决的问题。而且在对待大众无法接受新文学这一事实时，大多数五四作家往往认为问题出在"大众"而非"新文学作家"身上。当有读者质疑看不懂新文学，茅盾曾回应说："民众文学的意思，并不以民众能懂为唯一条件；如果说民众能懂的就是民众艺术，那么讴歌帝王将相残民功德、鼓吹金钱神圣的小说，民众何尝看不懂呢？"① 茅盾的想法很大程度上代表了五四新文学的普遍意见。正因为这样，20 世纪 30 年代大众语讨论中特别强调"要大众懂得"。"所谓大众语，包括大众说得出，听得懂，看得明白的语言文字"②，而且还要成为"大众高兴说，高兴听，高兴写，高兴看的语言文字"③。大众语主张者还生动地举例："为什么白居易的诗在当时社会特别流行？为什么黎锦晖先生的歌曲如今特别流行？除了其他的条件以外，听得懂，也怕是一个重要原因。至于戏曲上演，动作姿势虽能帮助大家了解剧情，重要的还在说白曲词能够叫大众听得懂。还有如今的小说虽然不必由说书的人说给大众去听，但是念起来能够和说话差不多，也是深入大众层的一个条件罢。"④

20 世纪 30 年代《歌谣》周刊呈现出大量通俗易懂的民间歌唱、故事、

---

① 沈雁冰：《通信·答梁绳祎》，《小说月报》第 13 卷第 1 期，1922 年。

② 陈子展：《文言—白话—大众语》，《申报·自由谈》，1934 年 6 月 18 日。

③ 陶行知：《大众语文之路》，宣浩平编《大众语文论战》，上海启智书局，1935 年，第 191 页。

④ 陈子展：《文言—白话—大众语》，《申报·自由谈》，1934 年 6 月 18 日。

第四章　《歌谣》周刊与新文学的语言革新

传说、俗曲等文学作品，以本土的、民间的、民族的方式构成了新文学语言革新的重要部分，代表着语言大众化、通俗化、口语化发展的重要一脉。其语言形式背后正是出于平民/大众/民众能够接受的语言思想自觉，显示出新文学在发展建构中希望打破精英与大众文化区隔的努力。胡适曾这样评论自己文章的优劣："我的长处是明白清楚，短处是浅显……我抱定一个宗旨，做文字必须要叫人懂得，所以我从来不怕人笑我的文字浅显。"① 顺应大众还是提高大众？《歌谣》周刊更多选择的是前者。"我们如果真有心做大众语的文章，最好的训练是时时想象自己站在无线电发音机面前，向那绝大多数的农村老百姓说话，要字字句句他们都听得懂。用一个字，不要忘了大众；造一句句子，不要忘了大众；说一个比喻，不要忘了大众。这样训练的结果，自然是大众语了。"②

20 世纪 30 年代《歌谣》周刊重视民众的立场和亲和大众的努力给予文学语言革新以诸多启示，一再回荡在新文学发展的很多节点上，20 世纪 40 年代民族形式大讨论，解放区作家赵树理、周立波等人的创作实践，乃至延续到当下的大众文学……可以说，关心读者能懂，注重大众接受是《歌谣》周刊延绵不断的思想影响。

---

①胡适：《四十自述》，上海：亚东图书馆，1933 年，第 122、123 页。
②胡适：《大众语在哪里》，姜义华主编：《胡适学术文集·语言文字研究》，北京：中华书局，1993 年，第 327 页。

第五章
《歌谣》周刊与新诗的自我建构

如前所述，1918 年北大歌谣运动最初发起的直接动因就是为白话新诗创作寻找民间资源。可以说，无论是 20 世纪 20 年代还是 20 世纪 30 年代的《歌谣》周刊，都是新诗在自我建构中摸索尝试、多方探寻的表征，其中的经验与问题都给予中国百年新诗思考和启示。

围绕着歌谣征集及 20 世纪 20 年代《歌谣》周刊，五四诗坛上出现了一股歌谣入诗的潮流，如文学史家所言："发起人与参与者大都是早期白话诗人，如周作人、刘半农、沈尹默等，由此而开始了现代新诗'歌谣化'的努力。"① 歌谣在早期白话诗发展过程中是以试图解决新诗创作困境而进入诗人视野的。由于五四知识分子"民"的身份定位、价值立场和自然、真实、真挚的文学审美，诗人相信歌谣能帮助新诗实现创造民族的诗的理想。他们取法歌谣进行创作，或偏重语言形式的借鉴，直接仿拟歌谣、学习其音韵、体式、风格；或偏重于民间质朴精神的探掘与汲取，创作出一批代表着那个时期高水平的诗作。可以说，正是歌谣作为新诗自我建构的重要资源参与了它寻求文类合法化、确立平民审美和自然风格的过程，伴随着白话新诗走过了新旧转型中最艰难的日子，帮助它由嗷嗷待哺、营养不良的婴儿成长为蹒跚走路的幼儿。然而，当新诗不断成长，它在发展的过程中自然有了更高的要求。由于新诗的内在发展需求（精英）与歌谣自身特性（民）之间的矛盾，歌谣并没有伴随曾学习汲取它的新诗

---

① 钱理群，温儒敏，吴福辉：《中国现代文学三十年（修订本）》，北京：北京大学出版社，1998 年，第 108 页。

走向更加深远的艺术境地，新诗最终还是被外国诗拦腰截去。

20世纪30年代《歌谣》周刊并非20世纪20年代《歌谣》平民诗学观的延续，也迥异于中国诗歌会注重歌谣的革命性、政治性之工具理性，而是在远离时代主战场的边缘地带，通过对歌谣内涵的置换重返精英主义的理性批评和话语思想，努力去建构中国的新诗。20世纪30年代《歌谣》的作者大多是与左翼相对的自由主义文人：胡适、梁实秋、朱光潜、朱自清、李长之、林庚等，他们以建构中国真正的纯诗为理想，借助各自阐释的歌谣对新诗进行本土化与诗的内容和形式的探索。面对新诗发展中的西化趋势，胡适归咎于没有认真取法于最优美的民间歌唱，梁实秋也将新诗的本土化求诸歌谣的"音节、语言、抒情叙事手腕"等技术层面。朱光潜则通过研究歌谣对新诗的形式问题有了进一步的认识，在格律化与自由化之间找到了折中的方案并完善了《诗论》的写作。李长之、林庚、朱自清则以原生态的歌谣为靶子，在与寿生、卓循的辩难中批评它们不能被称为文学，更没资格跻身诗歌的殿堂，进而深入诗性的另一问题，即什么样的内容才称得上是"诗"？《歌谣》上的讨论体现了新诗本土化与西化、大众化和纯诗化的冲突与碰撞，是五四时期"诗是平民的还是贵族的"问题的进一步升级，呈现出新诗观念的多元与斑驳，蕴含着新诗的自我焦虑，是中国新诗自我发展、自我完善愿望之体现。

第一节　歌谣入诗的理论倡导、创作实践与发展趋势（1918－1925）

刘半农在《国外民歌》自序中清晰表达了征集、研究歌谣本是为新诗创作寻找可资借鉴的资源。[①] 回到历史的语境中，我们能感受处于新旧交替时期诗人们的焦灼困境。文学革命革掉了旧诗的命，如何在旧诗的废墟

---

①刘半农：《国外民歌译》，北新书局，1927年，第1页。

上重造新诗？新诗应该是怎样的面貌？什么才是新诗？如何用白话来写有韵的或无韵的诗？诗人们在跌跌撞撞中摸索，思考探讨这亟待解决的诗学命题。白话新诗作为一个新生事物，根本没有现成的文学范本，诗人们在创作上只能摸索着尝试和实验，进行着新诗的历史想象和合法性探寻。而这时，五四白话诗人在尝试中或无意或有心发现了歌谣，并激活了这一民间资源，成为特定历史时期诗人们对本土文化的自觉选择。也就是说，歌谣从一开始就被诗人们委以重任，希望中国本土的民间资源能为新诗提供有益的资源，成为中国诗歌由旧向新、从古典向现代转型的推动力。

这种理论预期并非没有道理。在中外的诗歌发展史上，均有向民间歌谣学习、借鉴、汲取的理论倡导和创作实践。屈原的《离骚》《九歌》等楚辞作品源自民间祭祀歌谣的发现，"其俗信鬼而好祠其祠，必作歌乐鼓舞以乐诸神。屈原放逐，窜伏其域，怀忧苦毒，愁思沸郁。出见俗人祭祀之礼，歌舞之乐，其词鄙陋，因作《九歌》之曲。"（王逸《楚辞章句·九歌序》）刘禹锡不同于柳宗元"童谣无足取者君子，不道也"的观点，认为"虽俚谣俚音，可俪风什"（刘禹锡《上淮南李相公启》），认真学习民歌写出了《竹枝词》，新意频出，卓然不同。英国华兹华斯的《抒情歌谣集》使我们"充分的看出了歌谣给诗人的影响是怎样的伟大"[1]，以自然清新的形式宣告与古典主义决裂，开启一代诗风，被誉为浪漫主义诗歌的宣言。意大利的韦大列相信：根据发自人民真感情的歌谣能产生出新的民族的诗。[2] 这些给了尝试和实验中的诗人以极大的启示和鼓舞，他们通过创办《歌谣》周刊来建构歌谣乃诗中上品的理论，对歌谣寄予厚望，热情地肯定歌谣的社会价值和艺术审美价值。

从这个意义上说，20世纪20年代的《歌谣》作为新诗自我建构的重要资源参与了寻求白话新诗合法化、推崇平民文学、探索自然风格审美的过程，或者说，歌谣入诗的理论倡导和创作实践本是早期白话新诗在自我建构中积极探索的表征，其中的成功和局限都给予新诗发展以思考和启示。

---

①梁实秋：《歌谣与新诗》，《歌谣》第2卷第9期，1936年5月31日，第1版。
②〔意〕韦大列：《北京的歌谣·序》，《歌谣》第20期，1923年5月27日，第8版。

一、歌谣入诗的理论倡导：歌谣乃诗中上品

在中国新诗发生时，最早的一批白话诗人胡适、刘半农、沈尹默、周作人、俞平伯、康白情等，都是歌谣运动中的核心人物，他们对歌谣的美学风格和艺术价值高度赞赏，怀着虔诚之心看重歌谣对于新诗创作的意义。胡适宣称"一切新文学来源于民间"[1]，号召诗人向民歌学习；周作人在文章中不断明确歌谣对于新诗的好处与作用；[2] 刘半农甚至不无夸张地评价一首二十八字的云南山歌"热头要落又不落，小妹有话又不说；小妹有话只管讲，热头落坡各走各"其情感之悲怆缠绵可以抵得过一部《红楼梦》。[3] 即使没有直接参与歌谣运动的诗人，也英雄所见略同，郭沫若在给宗白华的信中说"抒情诗中的妙品最是些俗歌民谣"[4]。在《歌谣》上，认为歌谣为诗之上品，是民众的艺术和民族的诗，成为这一时期的主要观点。常惠在第2期《我们为什么要研究歌谣》中将民俗诗与司空图的《诗品》进行比较：

> 司空图对于诗的体裁是最讲究的了，他的"诗品"中《典雅》篇，里边有两句"玉壶买春，赏雨茅屋"。而今的民俗诗里也有两句没人不知道："小雨儿淋淋，烧酒儿半斤！"其中的意味、句法、那样比不上他？据我个人的意见，觉得这两句民俗诗，比那大诗翁司空图的高的多。[5]

在《歌谣周刊纪念增刊》上，章洪熙《中国的情歌》、卫景周《歌谣在诗中的地位》、何植三《歌谣与新诗》都从不同角度认为歌谣本身就是上乘的诗歌。卫景周断定歌谣与一切诗词比较起来，算得上是最上品；[6]

---

①胡适：《白话文学史》，长沙：岳麓书社，2010年，第16页。

②周作人（仲密）：《歌谣》，《歌谣》第16期，1923年4月29日，第7—8版。

③刘半农：《国外民歌译》，上海：北新书局，1927年，第3页。

④郭沫若：《三叶集》，《郭沫若全集》文学编第15卷，北京：人民文学出版社，1990年，第48页。

⑤常惠：《我们为什么要研究歌谣（上）》，《歌谣》第2期，1922年12月24日，第1版。

⑥卫景周：《歌谣在诗中的地位》，《歌谣纪念增刊》，1923年12月17日，第34—35页。

章洪熙评论村妇农夫口中的情歌比名士笔下的情诗价值要高万倍；① 何植三则认为要想巩固新诗的命运必须从歌谣中栽培涵养。② 刊物对歌谣诗的价值的发现还借助了外国学者的成果。《歌谣》周刊第 18 号和第 20 号两次刊载了意大利韦大列（Vital）写于 1896 年的《北京的歌谣序》，序言中韦大列认为"真的诗歌可以从中国平民的歌找出"：

> 我也要引读者的注意于这些歌谣所用的诗法。因为他们乃是不懂文言的不学的人所作的，现出一种与欧洲诸国相类的诗法，与意大利的诗规几乎完全相合。根据这种歌谣和民族的感情，新的一种民族的诗或者可以发生出来。③

《歌谣》上的许多研究者正是从造就民族之诗的角度论述歌谣对新诗建构的意义价值。署名青柳的论者相信民歌或童谣对于新诗的前途有几分利益和帮助④，署名家斌的作者认为歌谣的文学价值非常大，西方著名作家如但丁、歌德都受了歌谣极大的影响。⑤

对于《歌谣》上的这种理论观点，我们不禁要问：诗人们为什么对民间歌谣给予这么高的评价？为什么对歌谣于新诗的建设作用这么自信呢？若要回答这个问题，仅从诗学的角度去理也许不够，还应该看到理论背后意味着现代知识分子身份定位、价值立场和文学审美标准的重大变化。

如前所述，五四运动以来中国知识分子的社会角色的定位发生了变化，新型知识分子远离庙堂，走向广场，舍"官"向"士"，由"士"倾"民"。这种偏移于"民"的身份定位是他们征集民间歌谣、推崇平民文学、到民间去的内在原因。当时很多诗人在高度评价以歌谣为代表的民间

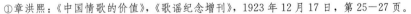

①章洪熙：《中国情歌的价值》，《歌谣纪念增刊》，1923 年 12 月 17 日，第 25—27 页。
②何植三：《歌谣与新诗》，《歌谣纪念增刊》，1923 年 12 月 17 日，第 36—37 页。
③〔意〕韦大列：《北京的歌谣·序》，周作人译，《歌谣》第 20 期，1923 年 5 月 27 日，第 8 版。
④青柳：《读"各省童谣集"第一册》，《歌谣》第 20 期，1923 年 5 月 27 日，第 3 版。
⑤家斌译述：《歌谣的特质》，《歌谣》第 23 期，1923 年 6 月 17 日，第 1—2 版。

文学时，首要的理由在于"因为他是真正的民众的艺术"。① 常惠明确地表明了研究和提倡歌谣的目的是让贵族文学不攻而破。② 在这里，内容层面的平民与贵族、工具层面的白话与文言分别和新与旧、先进与落后相照应，前者代表了文学价值的高度，后者意味着文学发展的逆向。刘半农依照家乡江阴的民歌"四句头山歌"的声调，依据方言做成诗歌集成《瓦釜集》，原因即是"我觉得中国的'黄钟'实在是太多了……我现在做这傻事：要试验一下，能不能尽我的力，把数千年来受侮辱与蔑视，打在地狱里而没有呻吟的机会的瓦釜的声音，表现出一部分来"。③ 黄钟和瓦釜的调转，蕴藏着诗人深刻的民间价值立场，这正是基于五四以来民主的人道主义视角对于平民的深切情感。因此，研究、学习、赞美歌谣绝不仅仅指向歌谣本身，还蕴含着对歌谣吟唱者——平民的关注、同情和讴歌，对贵族身份、生活的疏离和批判。正如洪长泰所言："北京大学的刘复、周作人和顾颉刚等发现了民间文学，颠覆了中国知识分子以往正统文学观；更重要的是，它改变了中国知识分子对民众的基本态度。"④ 发现民，推崇民，主动靠近并亮出与民众同等的身份定位和价值立场，自然就会肯定民间歌谣的价值和滋养新诗的能力。歌谣被看作是平民的艺术，这正是五四新文化运动者努力和企求达到的文学目标。对歌谣的推崇和研究是和日渐兴起的平民文学思潮和民众文艺运动互相促进、相得益彰的，也就是说，在五四平民文学的思潮中，在新型知识分子平民的价值立场下，歌谣这一古老的本土资源被发现并被塑造，成为新诗自我建构的重要资源。

平民的价值立场必然与高贵典雅、繁复雍容的文学审美相互抵牾。在《文学改良刍议》中，胡适提出了著名的八事：须言之有物；不模仿古人；

①常惠：《我们为什么要研究歌谣（上）》，《歌谣》第 2 期，1922 年 12 月 24 日，第 1 版。

②常惠：《我们为什么要研究歌谣（下）》，《歌谣》第 3 期，1922 年 12 月 31 日，第 1 版。

③刘半农：《代自序·瓦釜集》，原书北新书社 1926 年，北京：书林书社影印，2015 年，第 7—8 页。

④〔美〕洪长泰：《到民间去——中国知识分子与民间文学 1918—1937（新译本）》，董晓萍译，北京：中国人民大学出版社，2015 年，第 1 页。

须讲求文法；不做无病呻吟；务去滥调套语；不用典；不讲对仗；不避俗字俗语。如果说这些主张还不足以说明新文学的审美标准的话，在《什么是文学》一文中，胡适明确表达"语言文字都是人类达意表情的工具；达意达的好，表情表的妙，便是文学"，"文学有三个要件：第一要明白清楚，第二要有力能动人，第三要美"。①胡适的观点在五四白话文学兴起之时颇具代表性：好的文学、美的文学首先是要用明白清楚的语言去表达普遍真挚的情感。总结起来，他们认为"自然"和"真"是好的文学首先应具备的品格。

　　用这样的文学标准来衡量，民间歌谣是诗中上品。"在中国知识分子看来，将民歌与文人诗词相比，文人诗词艰深晦涩、矫揉造作，民歌则心口如一，纯朴自然，文人对民众的本事是望尘莫及的。"②刘半农说歌谣的好处就"在于能用最自然的声调、最自然的言词，把最自然的情感发抒出来"；③郭绍虞认为歌谣是极端自然的文章，发为自然的歌诗，成为天地间的妙文。④ 卫景周则说："歌谣都是自然流露的，都是民众放情而歌的，不但无矫揉造作之弊，即使那凝神思索之工，民众也不用的。所以就放情而唱立论，歌谣实为最上品。"⑤ 在五四白话诗体大解放的浪潮中，"自然"是诗人们最看重的艺术品格。胡适著名的《谈新诗》一文中，有学者统计"自然"一词足足出现了 29 次，⑥ 一方面是表达自然的进化论观点，更重要的是提倡审美意义的"自然"，主张诗歌应该用自然的形式和自然的音节来发天籁之声。在此种意义上，歌谣最能体现"自然"这一五四新诗人心中最高的美学原则和诗学理想。歌谣长短不限，不拘格律，遣词造句无比灵活，抒情表意明白清楚，这些都能给发展初期的新诗创作带来很多的

　　①胡适：《什么是文学》，《中国新文学大系·建设理论集》，上海：良友图书公司，1935年，第 214 页。

　　②〔美〕洪长泰：《到民间去——中国知识分子与民间文学 1918—1937（新译本）》，董晓萍译，北京：中国人民大学出版社，2015 年，第 72 页。

　　③刘半农：《国外民歌译》，北新书局，1927 年，第 1 页。

　　④郭绍虞：《村歌俚谣在文艺上的位置》，《歌谣》第 12 期，1923 年 4 月 1 日，第 8 版。

　　⑤卫景周：《歌谣在诗中的地位》，《歌谣周年纪念增刊》，1923 年 12 月 17 日，第 34—35页。

　　⑥陈均：《中国新诗批评观念之建构》，北京：北京大学出版社，2009 年，第 16 页。

启示，有助于新诗摒弃古典诗词的格律，打破旧诗对诗歌形式的束缚，用浅白质朴的语言自由地表达情感。对朴实自然、不尚雕琢的歌谣的推崇正是新诗人的艺术吁求和审美期待。

"真"是诗人们认为歌谣的另一重要价值。"真"既包括"真挚"，也包括"真实"。周作人评价民歌道："民歌的最强烈最有价值的特色是他的真挚与诚信，这是艺术品的共通的精魂。"① 古典诗词发展到一定阶段由于极度成熟和过度修饰使之不易自由地表达真情实感，而歌谣恰恰能够情真意切，袒露心声，这是很多诗人称赞歌谣、学习歌谣的重要原因。唯其"真挚"才能唤起普遍的人类的情感共鸣和心灵体验，才能有力动人，才是好诗美文。何植三的《歌谣与新诗》从"真情"层面探讨新诗与歌谣的关系："歌谣与诗的共同性质：即是真情的流露，艺术的深刻。"② 在这种认识下，诗人们努力像民间歌手学习，摆脱一切的束缚，在白话新诗创作中真挚任情地歌唱。"真实"是诗人从歌谣中获得的另一启示。绍虞赞叹村歌俗谣："这些歌谣，写的是真景，抒的是真情，绘的是真趣，绝对真实的表现。"③ 他们认为，歌谣在未经城市文明污染的农村产生，保持了口语化和原生态的真实特质。这显然受到了"真诗在民间"理念的影响，"世有假诗文，而无假山歌"，这种对"真实"的提倡反映到新诗创作中，要求诗人无论在自然界还是社会现象中都要见到真处，尤其是底层民众的思想生活状态，仍然体现诗人们关注平民的文化诉求。五四时期对平民文学审美观念的推崇使得诗人们非常看重歌谣的自由品质和现实感，将其视为新诗创作的理想资源，歌谣的特点恰恰是新诗人孜孜以求的新诗的品格。"歌谣乃诗之上品"成为 20 世纪 20 年代《歌谣》上突出的理论观点。

二、歌谣入诗的创作实践

歌谣被早期的白话诗人委以重任，表达着平民的和民族的价值立场，倡导着自然和真的文学审美。以 20 世纪 20 年代《歌谣》周刊的产生和发

---

① 周作人：《歌谣》，《歌谣》第 16 期，1923 年 4 月 29 日，第 8 版。
② 何植三：《歌谣与新诗》，《歌谣周年纪念增刊》，1923 年 12 月 17 日，第 36 页。
③ 郭绍虞：《村歌俚谣在文艺上的位置》，《歌谣》第 12 期，1923 年 4 月 1 日，第 8 版。

展为中心，五四诗坛上出现了一股新诗歌谣化的潮流，涌现出一些积极付诸创作实践的诗人，有胡适、周作人、刘半农、刘大白、俞平伯、沈尹默、沈玄庐、康白情、何植三等。这些诗人的创作取法歌谣的途径大致有三种：一是直接模仿民间歌谣的语言和体式，如刘半农的《瓦釜集》以及《扬鞭集》中的部分诗作，刘大白《卖布谣》《田主来》、胡适的《人力车夫》等；二是学习歌谣的音韵调式和往复吟唱的风格，如胡适的《希望》、刘半农的《教我如何不想她》、周作人的《题半农瓦釜集》、俞平伯的《吴声恋歌十解》、沈玄庐的《十五娘》等；更多的是学习歌谣对民众生活的关注、同情，表达质朴、率真和不受封建文化拘羁的民间精神，如沈尹默的《三弦》、康白情的《草儿》、何植三《农家的草紫》等。

1. 文人的仿拟歌谣

作为新文学的先驱者之一，刘半农既是歌谣运动的理论倡导者，又是身体力行、积极仿拟歌谣来作诗的创作实践者。从 1918 年起，他就尝试采用方言的语言、民歌和儿歌的形式来创作白话新诗，后集入《扬鞭集》中。通过对故乡江阴船歌的收集与整理，刘半农以家乡的方言和体式来作诗，编成《瓦釜集》于 1926 年北新书局出版。《瓦釜集》仿照江阴的"四句头山歌"而创作，有开场的歌、短歌、劳工的歌、情歌、农歌、女工的歌、悲歌、渔歌、船歌、滑稽的歌、失望的歌、牧歌等，以情歌数量为最。在这些情歌中，有表达青年男女之间纯洁质朴的爱慕："你一泊一泊泊出情波万丈长……一记一记一齐捣筑我心上……"有陈述赤裸裸的内心欲望："大姐走路笑笑底，一对奶子翘翘底；我想用手摸一摸，心中虽是跳跳的。"还有彰显农村青年繁忙中的爱情的："我莳秧勺麦呒不你送饭送汤苦，你田岸浪一代一代跑跑得脚底乙烫？"这些都是诗人模仿家乡人的口吻，直接用方言写就的，为了让更多的读者明白，每首诗后面有对家乡方言的注释。刘半农也被称为"中国文学史上用方言俚语作诗歌的第一人"。①方言是特定地域的口语，直接用方言进行诗歌创作既是诗人努力对平民的原生态生活的呈现，也是对言文一致的新文学运动主张用自然真实

①渠门：《读〈瓦釜集〉以后捧刘半农先生》，《北新》，1926 年第 9 期。

的口语代替硬化僵死的文言的有力支持。正如刘半农所言："经过多时的研究与静想，才断定我们要说谁某的话，就非用谁某的真实的语言与声调不可；不然，终究是我们的话。"① 刘大白的《卖布谣》《田主来》等诗和《瓦釜集》相似，也是文人模仿民间生活亲历人的语言、姿态来书写民众"自己的"诗歌。

除了直接仿拟民众的口头语言外，仿拟歌谣的"对语体"也常常出现在早期白话诗创作中。所谓对语体，即歌谣中的设问设答，这种表现法在歌谣中非常普遍，在各个地方均有流传。如山东歌谣《张官老》，它像特写镜头一般，叙写了窗外人和张官老的对话：窗外是谁呀？张官老呀？张官老呵！你怎么不进来呢？怕狗子咬呵！吾起你打之罢？那感自好呵！你拿的莫儿呀？拿的干干枣呵！你怎么不吃呢？莫有牙咬呵！你背的莫儿呀？背的破皮袄呵！你怎么不穿呢？怕虱子咬呵！吾起你捉捉罢？那感自好呵！② 白话诗取法歌谣式的"对语体"，打破了文言语句的内在压缩，趋向了自然的语言节奏。如《新青年》4卷1号上发表的胡适的《人力车夫》：……客问车夫，"今年几岁？拉车拉了多少时？"/车夫答客，"今年十六，拉过三年车了，你老别多疑。"/客告车夫，"你年纪太小，我不能坐你车，我坐你车，我心惨凄。"/车夫告客，"我半日没有生意，又寒又饥，/你老的好心肠，饱不了我的饿肚皮，/我年纪小拉车，警察还不管，你老又是谁？"/客人点头上车，说："拉到内务部西。"全诗采用对语体，充满了尝试的实验性质，呼应着"有什么话，说什么话；话怎么说，就怎么说"的诗体解放的目标。在早期白话诗中，不少诗歌也运用歌谣的对语体结构。如沈尹默的《宰羊》构建"我—你（羊）"的对话结构，劝说中有无奈与愤慨："你何必叫咩咩，有谁可怜你。"刘半农的《相隔一层纸》中老爷和叫花子的对话，老爷说"天气不冷火太热，别任他烤坏了我"，叫花子却喊"要死"，类似这样的对语体在早期白话诗中比比皆是。在胡适等最初倡导白话新诗的个人预设中，用白话作诗的工具意识要远远大于

①刘半农：《瓦釜集·代自序》，原书北新书社1926年，北京：书林书社影印，2015年，第1—2页。

②山东民歌《张官老》，《歌谣》第3期，1922年12月31日，第4版。

新诗的文体建设意识，早期白话诗歌中歌谣对语体的运用更是将诗中的口语白话彰显到了极致。

2. 歌谣的音韵调式和风格

如果说文人的仿拟歌谣突出的是新诗中的口语白话，特别是方言的运用，那么接下来白话诗人们面对的另一个问题是：歌谣通常是有韵的，新诗需不需要向歌谣学习汲取这一点？这其实和新诗要不要押韵，押什么韵的问题密切相关。关于这些问题，早期白话诗人进行了不同观点的探讨和实践。有些认为，韵脚不仅不应该是追求的创作范式，而且是应该打破的传统束缚，何植三就指出："许多人以歌谣是有韵的，我们做诗当然要求有韵（有的且照歌谣的法式做诗）……故诗有自然之韵固好，无韵亦不足短……"① 这和胡适在《谈新诗》中的观点一致，和白话自由浪潮中倡导诗体大解放一脉相承。但还有一些诗人看到了白话新诗的创作实践所带来的"只有白话没有诗"的另一种极端，所以他们希望借助歌谣的音韵调式来找回早期白话诗中缺失的"诗魂"。刘半农在《我之文学改良观》中就韵文改良提出的首要要求便是"破坏旧韵、重造新韵"②，他从语言发展的历史角度指出：要废除梁代沈约所造的早已不合今音的诗韵四声谱。至于如何重造新韵？他认为暂时可以从各地歌谣中的土音中来寻找规律。他深知，尽管晚清以来的国语运动就提倡读音统一，但这一目标并未实现，因此只有从土音—京音—统一定音诗歌音韵这几个步骤循序渐进地进行音韵重造。刘大白所见略同，也认为要用流传在各地、口头的活音韵，③ 在刘半农、刘大白等诗人看来，歌谣作为现代的活诗篇，其鲜活的音韵调式既能与刻板拘谨的古典格律对抗，又可以在一定程度上纠偏白话诗过于自由的非诗化倾向。

不少诗人学习歌谣的韵律，写出民歌韵味的诗歌，如胡适那首后来被谱成曲子广为传唱的《希望》：

---

① 何植三：《歌谣与新诗》，《歌谣周年纪念增刊》，1923 年 12 月 17 日，第 36 页。

② 刘半农：《我之文学改良观》，胡适编：《中国新文学大系·建设理论集》，上海：良友图书公司，1935 年，第 69 页。

③ 刘大白：读《评闻君一多的诗》，《黎明》第 37 期，1926 年 7 月 25 日。

你从山中来，带着兰花草。

种在小园中，希望开花好。

一日望三回，望到花时过；

急坏看花人，苞也无一个。

眼见秋天到，移花供在家，

明年春风回，祝汝满盆花！

　　这首诗用具象的充满中国传统意象的"兰花"来表达抽象的"希望"，每节二、四行押国音韵，既有歌谣朗朗上口的节奏与口语的朴实平易，又有一种难以言传的含蓄蕴藉之美。同样被谱成曲子传唱的还有刘半农的《教我如何不想她》：

天上飘着些微云，地上吹着些微风。

啊！微风吹动了我头发，教我如何不想她？

月光恋爱着海洋，海洋恋爱着月光。

啊！这般蜜也似的银夜，教我如何不想她？

水面落花慢慢流。水底鱼儿慢慢游。

啊！燕子你说些什么话？教我如何不想她？

枯树在冷风里摇，野火在暮色中烧。

啊！西天还有些儿残霞，教我如何不想她？

　　其悠然的韵律、回环往复的节奏深深浸润着歌谣的味道。押方音韵的诗有一首非常值得一提，即周作人用绍兴方言为刘半农《瓦釜集》写的序歌《题半农瓦釜集》："半农哥呀半农哥，倷真唱得好山歌，一唱唱得十来首，倷格本事直头大。我是个弗出山格水手，同撑船人客差弗多，头脑好唱鹦哥调，我只是会听来弗会和。我弗想同倷来扳子眼，也用弗着我来吹法螺，今朝轮到我做一篇小序，岂不是坑死俺也么哥！——倘若倷一定要我话一句，我只好连连点头说'好个，好个！'"周作人的这首民歌体诗作，押绍兴的方音韵，虽有戏仿意味，却写得活泼有趣，韵味悠长。此外，俞平伯的《吴声恋歌十解》、沈玄庐的《十五娘》等无论是在音韵还是在体式上都明显带有歌谣化倾向，有着回环往复的特征，呈现出质朴明朗的风格。诗人们的这种学习借鉴给新诗创作带有了一些本土色彩，丰富了白话诗的语言形式，被诗人们认为是创作出了新的民族的诗。

3. 表达质朴的民间精神

在新诗歌谣化的潮流中，更多的诗人转向对民众生活状态和精神蕴涵的书写，像歌谣那样质朴、率真地表达自由自在的情感，张扬鲜活、坚韧的生命力，从内容上，这些诗歌的创作实践了平民文学的主张。刘半农的《学徒苦》《相隔一层纸》，胡适等人的同题诗《人力车夫》，沈尹默夫人《三弦》，康白情的《草儿》、何植三的《农家的草紫》系列等都充满着对劳动者的关注、同情以及社会不平的人道主义的感慨，这些都很容易让我们联想起古典诗歌中白居易《卖炭翁》中"可怜身上衣正单，心忧炭贱愿天寒"和杜甫《自京赴奉先咏怀五百字》中"朱门酒肉臭，路有冻死骨"的中国士大夫的忧患情怀。

早期白话诗中体现的关注平民的思潮既和中国知识分子悲天悯人的人文关怀、忧患传统一脉相承，同时又具有新的特质：即新知识分子基于人的认识和劳工神圣的现代观念而生发的对普通百姓和劳动人民的同情与赞美。更重要的是，由于现代知识分子价值立场上对平民的亲近，使得他们在表现劳动人民时不再一味地采取从上到下的俯视视角去悲悯，而是像歌谣那样，用平等的、欣赏的平视目光来展示平民的日常劳动和生活，甚至用仰视的姿态来崇敬、赞美他们。周作人的《两个扫雪的人》："……雪愈下愈大了，上下左右都是滚滚的香粉一般的白雪。/在这中间，好像白浪中漂着两个蚂蚁，/他们两个还只是扫个不歇。/祝福你扫雪的人！/我从清早起来，在雪地里行走，不得不谢谢你。"诗人以通俗、清淡的语言歌颂了早期马路扫雪的清道夫，对劳动人民的质朴情感跃然纸上。《所见》这样写："皇城根的河边/几个破衣的小孩们/聚在一处游戏。'马来，马来！'/骑马的跨在他的同伴的背上了/等到月亮上来的时候/他们将柳条的马鞭抛在地上/大家说一声再会/笑嘻嘻的走散了。"周作人的这首诗表现了小孩儿的天真可爱与无忧无虑，周作人对儿歌一直十分关注，还写过孩童式的诗歌——《儿歌》，"泥人儿""布老虎""黑老鸹"这些孩童般幼稚的词语出现在诗里，活脱脱的一首生动的童谣！刘半农的《一个小农家的暮》展现的是一对农村夫妇的家常生活景象，具有浓郁的纯朴的乡村气息："……她在灶下煮饭/新砍的山柴/必必剥剥的响。/灶门里嫣红的火光，/闪着她嫣红的脸，/闪红了她青布的衣裳。//他衔着个十年的烟斗，/慢慢地从田里回来；/屋角里挂去了锄头，/便坐在稻床上，/调弄着只亲人的狗。"这里没有居高临下的说教和同情，有的只是同为人的日常生活娴静之美的发现和欣赏，有着牧歌之美。周作人在为何植三《农家的草紫》作序时评价道："在好些小篇里，把浙东田村的空气，山歌童谣的精神，表现出来，很有趣味。"① 劳动人民的生活是日常的、简单的、质朴的、自在自为的，早期白话诗人们就用清浅的、自然的、直白的、率真的语言来与之契合，从而呈现出白话新诗在新旧转型中特有的质朴鲜明的美学特征。这种美学特征在湖畔诗人的《湖畔》和《蕙的风》中，在冰心的《繁星》《春水》的小诗中也有体现，在新诗的发展史上具有过渡的意义。

三、歌谣入诗的发展趋势

在五四破旧立新的思潮中，诗人们果断去革旧诗的命，力斥古典诗歌资源（虽然不可能完全做到），旧是破了，新在哪里？五四白话诗人摸索尝试，立场趋民，审美偏实，发现歌谣，委以重任，取法资源、汲取营养，留下了一批代表着那个时期高水平的作品。可以说，这是特定历史时期的文学选择，正是歌谣作为新诗自我建构的重要资源参与了新诗寻求文类合法化、探索平民审美和自然风格的过程，伴随着白话新诗走过了新旧转型中最艰难的日子，帮助它由嗷嗷待哺、营养不良的婴儿成长为蹒跚走路的幼儿。

然而，当新诗不断地成长，它在发展的过程中自然有了更高的要求。曾经给它注入无限生命和活力的歌谣渐渐不能满足它内在发展的诉求，甚至转变成某种限制和束缚。歌谣的率真和质朴此时"像是一个玻璃球，晶

---

① 周作人：《农家的草紫》序，1924 年 1 月 12 日，钟叔河编：《周作人散文全集》（1923—1924），桂林：广西师范大学出版社，2009 年，第 308—309 页；《农家的草紫》，何植三著，1929 年 11 月上海亚东图书馆出版。

莹透彻得太厉害了，没有一点朦胧，因此也似乎缺少了一种余香与回味"，[①] 歌谣灵活的形式被逐渐成熟的诗人们感到"大约歌谣的'风格与方法'不足以表现现代人的情思，所以新诗人并不去参考他们而创作"。[②] 其实早在 1921 年，周作人就不断地为新诗提供新的艺术理论资源，先是引进了日本的俗歌、俳谐诗，接着又连续翻译了法国象征派诗人波特莱尔的散文诗，显然，周作人是有意识地引入西方的象征主义思潮来给新文学、新诗的发展提供新的动力和资源。郭沫若、闻一多、徐志摩、王独清等后来的诗人几乎都是从西方浪漫派和现代诗歌潮流中去吸取营养来开始自己的创作实践，特别是 1926 年，穆木天提出要创作纯粹的诗歌，新月派主张诗歌要成为完美的艺术品，歌谣入诗的思潮就基本淹没在新诗发展的历史轨迹之中。

直到今天，始于 1918 年盛于 20 世纪 20 年代中期的歌谣运动在学界多为民俗学所关注，将它视为中国民间文艺学的开端大事而大书特书。这初衷原本是为新诗建设的事件在文艺界，尤其是诗学界却鲜被谈起和重视。当下比较有影响力的现代诗歌史叙述，如王光明的《现代汉诗的百年演变》和龙泉明的《中国新诗流变论》等，对这一运动及《歌谣》周刊也语焉不详或潦草带过。新诗人们立足平民的价值立场和审美，从不同途径进行歌谣入诗的尝试，以期建构现代新诗的诗学，却似乎并未实现建立起民族的诗的理论目标，淹没在了 20 世纪中国新诗的历史演进中。这其中的原因耐人寻味，发人深思。如果我们从歌谣本身的特性以及它与新诗的内在张力来探究的话，也许能窥见其中几分缘由。

1. 仿拟歌谣终归是模拟

白话诗人的仿拟歌谣是为了对抗古典的格律诗歌、贵族诗歌而进行的一次语言、形式上的大胆尝试，刘半农以"母亲膝上所学的语言"来模仿原生态歌谣的言语体式，试图以假想中的民间生活亲历人的姿态来发出瓦

---

①周作人：《扬鞭集》序，1926 年 6 月 7 日刊《语丝》第 82 期，钟叔河编：《周作人散文全集》(1925—1926)，桂林：广西师范大学出版社，2009 年，第 637 页。

②朱自清：《歌谣与诗》，《歌谣》第 3 卷第 1 期，1937 年 4 月 3 日，第 6 版。

釜的声音，尽力去贴近歌谣中渗透的情感和生活。可是问题的关键在于：模拟得再像终归是模拟，贴得再近也不可能完成融入。民间歌谣源于民间，作为民间文化的载体，它传达的是民众鲜香活色、原汁原味生活的神韵。而且，吟唱歌谣的歌手通过口头—听觉来完成，在口头现场创编完成，通过听觉渠道即时传播，表演者、创作者和诗人彼此交融，构成同一过程的不同侧面。[①] 也就是说，真正的民间歌谣是特定场域下的立体的丰富的作品，有"歌"有"谣"，在表演中创作，在创作中表演。在这种场域中，"声音"的表现是主要的，"意义"的表现反而次之[②]。因此，歌谣尽管语词自然，技巧单纯，但不失原生态艺术的鲜活粗粝。然而，它一旦被诗人模拟写在纸上，就离开了歌谣产生和表达的场域，尽管白话诗人的拟歌谣诗在方言、体式上都依照原味的歌谣来创作，诗歌却由立体变为平面，声音的表现无法实现，意义的匮乏就尽显无疑。写出《中国歌谣》的朱自清在对歌谣深入研究后也不得不承认，歌谣字句单调，描写直致，仅从文字上看，是相当粗糙的。[③] 所以，仿拟歌谣注定成不了诗歌发展的主流。其实，在当时，苏雪林就评价刘半农的仿拟歌谣是"不可无一，不能有二"[④]。"不可无一"肯定的是其先锋性，"不能有二"看到的是其内在和新诗艺术特质的抵牾，苏认为它只是一种"文字游戏"，并非新诗真正的创作途径。周作人为刘半农编的江阴船歌写的《中国民歌的价值》的序文中也提到这一点："民歌在一方面原是民族的文学的初基，倘使技巧与思想有精彩的所在，原是极好的事，但若生成是笨拙的措辞，粗俗的意思，也就无可奈何。"[⑤] 至于仿拟歌谣的对语体，张扬着白话诗初期打破形式枷

---

①〔美〕M. 迈尔斯•弗里 朝戈金译：《口头诗学：帕里——洛德理论》，北京：社会科学文献出版社，2000年，第19页。

②朱自清在为罗香林编的《粤东之风》作序时说："歌谣以声音的表现为主，意义的表现是不大重要的。所以除了曾经文人润色以外，真正的民歌，字句大致很单调，描写也极简略、直致，若不用耳朵去听而用眼睛去看，有些竟是浅薄无聊之至。固然，用耳朵听，也只是那一套的靡靡的调子，但究竟是一件完成（整）的东西；从文字上看，却有时竟粗糙得不成东西。"朱自清：《罗香林编〈粤东之风〉序》，载1928年11月28日《民俗》周刊第36期。

③朱自清：《罗香林编〈粤东之风〉序》，《民俗》周刊第36期，1928年11月28日。

④苏雪林：《〈扬鞭集〉读后感》，《人间世》第17期，1934年12月。

⑤周作人：《中国民歌的价值——〈江阴船歌〉序》，《歌谣》第6期，1923年1月21日。

锁的理论诉求,但是,诗歌是语言的艺术,却并不是语言本身,真正的文学语言往往是摆脱日常语言的惯性而去追求语言的陌生化为目的的,尤其是诗歌的语言。所以,当白话新诗站稳脚跟时,对自身艺术语言的追求就提到日程上来,歌谣化的对语体显然无法满足新诗语言本身发展的需求。

2. 歌谣自有他的格律

新诗最初是为了摆脱传统形式的束缚而希望能从歌谣那里获取灵感,在白话新诗刚刚起步时,歌谣无论在音韵上还是在形式上都为新诗提供了很多有益的借鉴,如它的方音韵,还有灵活多样、丰富多彩的各种形式格调等。然而,每种形式都有它相对固定的传统技巧,歌谣并非完全不拘格律,不过是不拘古典诗词的格律而已。恰如《歌谣》周刊的编辑常惠所言:"歌谣自有他的格律,是唱的人没有不守他的规则的……"① 也就是说,所谓天籁的歌谣在形式上并非真如早期白话诗人所论述的那样率性而为,而是在音韵、形式上有所约束。无论是信天游、爬山调,还是四句头、五句子、十字调,都有它们特有的规律。其时,新诗刚刚摆脱"大传统"形式的束缚,需要创造新的形式,而歌谣式的新诗相当于在形式方面为自己加上一副"小传统"的枷锁,这在一些诗人们看来,和新诗的内在形式诉求相悖。新诗发展到一定阶段,它的形式需要根据内容而随之生成,抑或是说,新诗需要用内容来创造形式,理想的状态是每一首新诗在创作过程中都应该能创造出一种新形式来和其内容相契合。关于这一点,著名诗人及诗学理论家闻一多先生说的最为精辟:"律诗永远只有一个格式,但是新诗的格式是层出不穷的""律诗的格式是别人替我们定的,新诗的格式可以由我们的意匠来随时构造""律诗的格律和内容不发生关系,新诗的格式是根据内容的精神制造成的"。② 废名也谈到新诗与旧诗的区别在于:"旧诗的内容是散文的,其文字是诗的""新诗要别于旧诗而成立,一定要这个内容是诗的,其文字则是要散文的"。③ 废名的这个论述强调新

---

① 常惠:《我们为什么要研究歌谣(下)》,《歌谣》第 3 期,1922 年 12 月 31 日。
② 闻一多:《诗的格律》,《闻一多全集》第 2 卷,武汉:湖北人民出版社,1993 年,第141—142 页。
③ 废名:《新诗问答》,《人间世》第 15 期,1934 年 11 月 5 日。

诗之所以区别旧诗，重要的是内容的诗意而非形式上看起来像"诗"。白话诗人对歌谣音韵调式的取法更多的是指向诗的形式，这对于新旧转型时期的白话诗相当有帮助，但是在发展过程中，歌谣自身的格律限制了学习借鉴它的诗人们迈向更高的艺术境地。更糟糕的是，歌谣为新诗提供形式上的借鉴时也有局限。何其芳敏锐地指出了这一点，他认为歌谣的句法和现代口语有矛盾。歌谣常常以一个字收尾，或者在用两个字的词收尾时再加一个字，这样和双字词很多的现代口语有矛盾，写起来别扭，对于表现复杂的社会生活有所束缚。①

3. 非现代性的表达方式

歌谣表达情感的方式是自然的、真挚的，也是自由的、直接的，这是提倡歌谣入诗的诗人们最为看重的一点。在白话诗兴起之初，它对矫揉造作的古典诗风是有力的纠偏，也和五四时期平民文学的思潮互为促进。可在诗歌自身的发展中，直白浅陋成为普遍的缺陷，冲击了人们对诗歌的固有审美期待，这也是白话新诗最为后人所诟病的一点。歌谣是人民大众集体创作的产物，是口耳相传的，因此它所表现的情感一定不能过于幽深、艰涩，否则就没有办法在广大民众中间传唱久远。以情歌为例，大部分情歌表达的是相爱者毫不犹豫、坚贞不渝的深情："郎有心、姐有心，/不怕山高水路深。/山高也有盘旋路，/水深也有摆渡人；/我二人来一样心。"被誉为真正五四产儿的湖畔诗社在表达爱情时颇有歌谣风，如应修人的《妹妹你是水》："……妹妹你是水——/你是清溪里的水，/无愁地镇日流，/率真地长是笑，/自然地引我忘了归路了……"这种爱情模式清新、炽热、专注、直接，对应的是田园牧歌式的农耕社会。如果想用它来表现现代性的复杂、多变、纠结、焦虑的敏感情绪，则无法胜任。比如，如果要用歌谣体去表现穆旦《诗八首》中的现代爱情则是相当困难的。歌谣体诗歌在新诗发展初期承担了破旧立新的现代性任务，但它与生俱来的质朴特质无法满足诗人们"持续进步的、合目的性的、不可逆转的发展"的现代性诉求，新诗最终还是被外国诗拦腰截去了。

①何其芳：《关于新诗的百花齐放问题》，《处女地》，1958年第7期。

围绕着 20 世纪 20 年代《歌谣》周刊，我们从新诗自我建构的角度，考察了歌谣作为一种重要资源，参与了早期白话诗寻求文类合法性、探索平民审美和自然风格的过程。对于早期白话诗歌谣化的潮流，无论在当时还是当下，都有不同的声音和评价。无外乎两种：一种认为影响深远，20 世纪 30 年代中国诗歌会的歌谣化潮流、20 世纪 40 年代解放区的新歌谣乃至 20 世纪 50 年代的新民歌运动，都是 20 世纪 20 年代歌谣入诗的延续，开辟了西方资源影响下的新文学的另一传统——民间传统。如赵黎明的《开辟新文学的另一种传统——〈歌谣〉周刊活动与五四新文学的构建》（《长江学术》，2009 年第 1 期）、胡慧翼的《论五四知识分子先驱对民间歌谣的发现——以胡适、周作人、刘半农为中心》（《西南民族大学学报》，2003 年第 3 期）等的观点；另外一种认为由于歌谣是农耕时期的产物，它无法表达复杂多变的内心世界和现代经验，无法为新诗提供现代性的资源，也没有产生具有强烈的艺术感染力的作品，因此只是一种想象的民族的诗。如燕世超的《批判的理论难以为继——论五四前后白话诗人对民间歌谣的扬弃》（《文学评论》，2002 年第 5 期）、陈泳超的《想象中的"民族"的诗》（《中国现代文学研究丛刊》，2006 年第 1 期）等。这两种观点的结论虽然截然不同，但思维方式有相似之处：即歌谣被委以重任，成为新型知识分子张显价值立场、确认自我身份、重构文化秩序的"他者"。如果我们能试着重返历史现场，就能理解歌谣运动的文化先驱者尝试用本土的民间资源来建构新诗的良苦用心，也能同情歌谣被发展的新诗所扬弃的事实缘由了。至于 20 世纪 30 年代中国诗歌会诗人对歌谣的重新利用、20 世纪 40 年代的民歌体诗歌的发展则需要另文论述了。

第二节　20 世纪 30 年代《歌谣》周刊：中国新诗本土化及诗艺本体探索

　　20 世纪 30 年代《歌谣》重新定位于文学，尤其强调歌谣对于新诗创作的范本意义。"我们今日的新文学，特别是新诗，也需要一些新的范本"①。时隔十几年，20 世纪 30 年代中期诗坛的状况与风气与 20 世纪 20 年代初已大不相同，刊物再次提出歌谣做新诗范本，颇显得耐人寻味。上节论述过，20 世纪 20 年代初期出于破旧立新、寻求创作资源的需要，歌谣被刘半农、胡适等建构为诗中上品，白话新诗在早期发展过程中曾有歌谣入诗的创作现象，体现以歌谣丰富语言形式、构建平民审美的努力，但囿于歌谣本身特性与新诗内在发展诉求的矛盾，新诗最终被外国诗拦腰截去，更多还是倚重外国诗歌和西方诗学。那么，在新诗的理论和创作都已渡过发生期、破旧期的情况下，胡适此时又提歌谣对新诗的范本意义何在呢？歌谣又能为发展中的新诗提供哪些新的质素或参照？

　　在复刊的《歌谣》上，我们看到既有朱光潜《从研究歌谣后我对于诗的形式问题意见的变迁》②、梁实秋《歌谣与新诗》③ 等从诗的形式、诗体建设方面应和胡适的主张，认同歌谣对于新诗创作的意义；也有李长之的《歌谣是什么》④、林庚的《歌谣不是乐府亦不是诗》⑤、朱自清的《歌谣与诗》⑥ 等从诗的内容方面质疑歌谣于新诗的价值。对于这些围绕新诗与歌谣而展开的阐释、讨论乃至分歧、辩难，如果仅仅考察刊物本身，似乎没

①胡适：《复刊词》，《歌谣》第 2 卷第 1 期，1936 年 4 月 4 日，第 2 版。
②朱光潜：《从研究歌谣后我对于诗的形式问题意见的变迁》，《歌谣》第 2 卷第 2 期，1936 年 4 月 11 日。
③梁实秋：《歌谣与新诗》，《歌谣》第 2 卷第 9 期，1936 年 5 月 30 日。
④李长之：《歌谣是什么》，《歌谣》第 2 卷第 6 期，1936 年 5 月 9 日。
⑤林庚：《歌谣不是乐府亦不是诗》，《歌谣》第 2 卷第 11 期，1936 年 6 月 13 日。
⑥朱自清：《歌谣与诗》，《歌谣》周刊第 3 卷第 1 期，1937 年 4 月 3 日。

办法看清枢机所在。如果我们将它放置在 20 世纪 30 年代新诗本土化问题以及由此引申的新诗本体思考这一大的脉络中，且采用与 20 世纪 20 年代比较的方法，就会理解复刊的《歌谣》如何反应新诗发展中的问题并如何以本土的民间资源进行或正面或反面的探索，从而成为中国新诗自我建构的有机组成部分。

一、本土化探索

新文学运动中，中国文学受外国文学影响是必然的，甚至可以说这种影响是通向现代性的理性之路，中国新诗向西方诗学汲取资源和营养也是必须，是新诗在新的时代背景下得以生存发展的历史选择。即使是认为"一切新文学来源于民间"的胡适，之所以能走出"以传统反传统"的怪圈，实现"新诗成立的新纪元"，也是因为翻译了美国意象派诗人莎拉·替斯代尔的《关不住了》，在西方诗歌的启发下，认识到要"充分采用白话的字，白话的文法，和白话的自然音节"，把"诗的白话化"与"诗的散文化"统一起来，才能最终实现"诗体的大解放"①，成为真正的白话新诗。

问题是，新诗如何在学习西方、受外国文学影响的同时保有中国性？面对新诗的西化趋势，困惑随之而来：用白话写作的新诗与同样用白话翻译的外国诗有何区别？在学习西方、追求现代性的同时，中国新诗的本土性何在？如果中国新诗真如梁实秋所说"实际就是中文写的外国诗"，② 那么，中国新诗是否会陷入自我殖民化的境地？它对于中国文学的意义在哪里？这些愈发成为诗人们无法回避的难题。当代评论家敏锐指出，早期新诗"薄古""厚西"的倾向必然在后来的诗歌史中被不断反思。③ 从世界文学的视野来说，一国文学存在的依据应该是其具体的国别性。周作人在 20

---

① 钱理群，温儒敏，吴福辉：《现代文学三十年（修订本）》，北京：北京大学出版社，1998 年，第 104 页。

② 梁实秋：《新诗的格调及其他》，《诗刊》创刊号，1931 年 1 月 20 日，见杨匡汉、刘福春编：《中国现代诗论·上编》，广州：花城出版社，1985 年，第 142 页。

③ 张洁宇：《论早期中国新诗的本土化探索及其启示》，《中国现代文学研究丛刊》，2017 年第 9 期。

第五章 《歌谣》周刊与新诗的自我建构

187

世纪 20 年代就提出地方趣味正是世界文学的一个重大成分，否则是"拔起了的树木"，不但不能排到大林中去，不久还将枯槁了。① 闻一多也说"将世界各民族底文学都归成一样的，恐怕文学要失去好多的美"②。

早在 1923 年，闻一多在《〈女神〉之地方色彩》中就从形式和精神两个方面尖锐地批评了郭沫若过于西洋的倾向："《女神》中西洋的事物名词处处都是，数都不知从哪里数起。《凤凰涅槃》底凤凰是天方国底'菲尼克斯'，并非中华的凤凰。诗人观画观的是 Millet 底 Shepherdess，赞像赞的是 Beethoven 底像。他所羡慕的工人是炭坑里的工人，不是人力车夫。他听鸡声，不想着笛簧的律吕而想着 orchestra 底音乐。"③ 闻一多将这些现象归因于其对中国文化之隔膜，由于不爱中国文化而导致的欧化的毛病和风格。他真诚地呼吁诗人"要时时刻刻想着我是个中国人，我要做新诗，但是中国的新诗，我并不要做个西洋人说中国话，也不要人们误会我的作品是翻译的西文诗"。④ 周作人则试图用象征手法来沟通西方诗歌与中国传统诗歌在艺术思维与语言形式上的内在相通，"这是外国的新潮流，同时也是中国的旧手法；新诗如往这一路去，融合便可成功，真正的中国新诗也就可以产生出来了"。⑤ 可惜闻一多、周作人等的苦心在 20 世纪 20 年代并未作为突出矛盾得到及时的重视和响应。

随着新诗发展，本土化的问题愈发凸显。1931 年，梁实秋在《诗刊》⑥第一期发表了《新诗的格调及其他》，特意提出胡适"对于诗的基本观念

①周作人：《旧梦》，1923 年 4 月 12 日刊《晨报副镌》，钟叔河编：《周作人散文全集》(1923—1924) 桂林：广西师范大学出版社，2009 年，第 55—56 页。

②闻一多：《〈女神〉之地方色彩》，《闻一多精选集》，北京：燕山出版社，2012 年，第 275 页。

③闻一多：《〈女神〉之地方色彩》，《闻一多精选集》，北京：燕山出版社，2012 年，第 271 页。

④闻一多：《〈女神〉之地方色彩》，《闻一多精选集》，北京：燕山出版社，2012 年，第 272 页。

⑤周作人：《扬鞭集》序，1926 年 6 月 7 日刊《语丝》第 82 期，钟叔河编：《周作人散文全集》(1925—1926)，桂林：广西师范大学出版社，2009 年，第 637 页。

⑥《诗刊》于 1931 年 1 月 20 日创刊于上海，徐志摩、邵洵美、陈梦家等编辑，新月书店发行。1932 年 7 月 30 日出至第 4 期终刊，共 4 期。徐志摩认为北京《晨报·诗镌》是该刊的前身。

大概是颇受外国文学影响的"①，胡适随之回应，一方面承认了这是事实，另一方面对此进行辩解，认为学习外国诗不过是勇于试验新体裁和新风格的体现罢了。新诗成为中文写的外国诗决非初衷，自己希望建构的其实是形式与内容都中国化的新诗②。

事实上，本土化的诉求从一开始就存在于新诗的设计思考之中。1918年刘半农等提倡歌谣征集诉诸的是本土的民间文化。歌谣运动中，周作人、胡适一再引用意大利韦大列的话，"根据这种歌谣和民族的感情，新的一种民族的诗或者可以发生出来"，"民族的诗"自然是本土化的体现。如前所述，20世纪20年代的歌谣入诗更多与平民文化相连，呈现出对平民的语言、生活、情感贴近的倾向。20世纪30年代以来，闻一多、废名、朱光潜、梁实秋、梁宗岱等对本土化也进行了不同角度的理论思考和探索。闻一多侧重语言格律和文化审美的角度，废名、卞之琳、林庚等偏于对李商隐、温庭筠之古诗的选择性吸收，梁宗岱则提出要继承孔子、陶渊明、李白、王维等传统文学遗产，建立一种具有综合性质的"东方象征诗"。③ 由此看来，在新诗的建构中，本土化的追求一直缠绕在西方的影响之中。关键是：如何本土化？

尽管中国的诗人们抱有本土化意识，但对于具体怎样本土化的理解和实践不尽相同。这涉及如何对待中国传统文化，或曰如何处理与旧文学传统的关系问题。相对于卞之琳既着力于"化欧"又主动去"化古"④，林庚

---

①梁实秋：《新诗的格调及其他》，《诗刊》创刊号，1931年1月20日，见杨匡汉、刘福春编：《中国现代诗论·上编》，广州：花城出版社，1985年，第142页。

②胡适：《寄徐志摩论新诗》，《胡适文集》第3卷，北京：人民文学出版社，1998年，第250页。胡适说"我当时希望——我至今还继续希望的是用现代中国语言表现现代中国人的生活、思想、情感的诗。这是我理想的'新诗'的意义，——不仅是'中文写的外国诗'，也不仅是'用中文来创造外国诗的格律来装进外国式的诗意'的诗"。

③张洁宇：《论早期中国新诗的本土化探索及其启示》，《中国现代文学研究丛刊》，2017年第9期。

④卞之琳：《〈雕虫纪历〉自序》，《雕虫纪历》（增订版），北京：人民文学出版社，1984年，第15页。

第五章　《歌谣》周刊与新诗的自我建构

189

的《北平情歌》甚至完全是一份"晚唐的美丽"①，那么，胡适更多的是一种"薄古"的姿态，视"温李的诗"为反动派。②然而，胡适还要建构"中国"的新诗，为此他选择了采撷小传统文化，也就是说，倚重中国民众、乡民（俗民）创造的文化。这和他旨在建造适应现代民族国家最大多数人需要的语言相关，也和一贯的明白易懂的审美偏好有关，直接影响了他对文学及文学史的评价及建构。在新诗方面，胡适更多将其西化趋势归咎于没有认真取法于本土的民间文学。浦江清也有类似看法，在谈到新诗收获不足的原因时说："当国内新诗运动初起的时候，原曾让出一条民歌模仿的大路来的。现在的新诗作家却群趋于西洋格律和西洋情感的模仿，那边一条路荒芜着很少人走，只有在日报的副栏里偶然见到几首好的。"③

在本土化的压力和诉诸小传统的策略下，胡适在 20 世纪 30 年代《歌谣·复刊词》中明确说要取法于"我们自己最优美的民间歌唱"，号召诗人去学习其中"灵巧的技术""美丽的音节"和"流利漂亮的语言"。④他继刘半农之后再提新诗要取法民间歌唱，将其视为构建"我们自己"的诗所借用的重要资源，和废名、卞之琳等诗人不同的本土化途径形成某种对照。

值得注意的是，胡适对民间歌唱的认识和理解并非一成不变，诗人们所倚重的歌谣本体与之前相比，内涵发生了变化。20 世纪 20 年代，刘半农等看重的是歌谣的平民特质，认为流传于民众口耳之间的歌谣是真正的平民文学，强调的是其区别于文人创作的自然本质。对于歌谣本身的文学价值，除了周作人不断进行批评反思外，基本上是一边倒的赞扬。随着歌谣运动的深入，即使是偏爱民间文学的胡适也不得不正视其中缺点，对此进行客观评价。回应梁实秋西化的批评不久，胡适 1931 年 12 月 30 日在北京大学文学系的演讲《中国文学过去与来路》中，颇为复杂地谈起了民间

①废名：《林庚同朱英诞的诗》，《谈新诗》，北京：人民文学出版社，1984 年，第 185 页。

②废名：《新诗应该是自由诗》，《谈新诗》，北京：人民文学出版社，1984 年，第 27 页。

③浦江清：《卡尔菲》，《文学月报》第 2 卷第 1 期，1931 年 12 月 15 日。

④胡适：《复刊词》，《歌谣》周刊第 2 卷第 1 期，1936 年 4 月 4 日。

文学。他一方面总结了中国文学的四条来路——实际的需要、民间、国家所规定的考试和外国文学，认为"最重要的还是第二条路的民间文学"，"中国文学史没有生气则已，稍有生气者皆自民间文学而来"，并谈到傅斯年对民间文学四个发展时期的概括，"第一是本身自然风行于民间的诗词、歌谣；第二是由民间的体裁传之于文人；第三是第一流的文学家思想也受到影响，以民间的文学作为体裁而产生出一种极伟大的文学；第四是高峰后的慢慢低落……"对于第一时期原生态的民间文学，他坦承其中缺陷："来路不高明，出身微贱……民间细微的故事，如婆婆虐待媳妇啰，丈夫与妻子吵了架啰，那些题目、材料，都是本地风光，变来变去，都是很简单的……民间浅薄的、荒唐的、迷信的思想互相传染……无意的传染与模仿，并非有意的去描写。"①但是，为新文学指出来路时，胡适仍然首先推崇民间文学，"如现今大规模的搜集民间歌谣故事等，帮助新文学的开拓，实非浅鲜"。这看起来似乎前后矛盾，仔细辨析，会发现胡适"民间文学"概念的多层次性。应该说，经过了20世纪20年代歌谣入诗不彻底的理论和实践，胡适认识到原生态的民间文学、平民文学的发展局限，因此转而借重那些经传统文学标准挑选过的歌谣以及吸取民间精华的文人创作，重回精英主义的理性批评话语和思想。他后来频频谈到的民间歌唱的范本是源于民间却又高于民间的，或者说经过了文人眼光筛选提炼过的所谓"歌谣"，"我们的韵文史上，一切新的花样都是从民间来的。三百篇中的国风二南和小雅中的一部分，是从民间来的歌唱。楚辞中的九歌也是从民间来的。这些都是文学史上划分时代的文学范本。"②《国风》也好，《楚辞》也好，都已经不是民间活在口头上的歌谣了，而是成为写定的形式，"是一种不可侵犯的权威"。③

对歌谣有系统研究的朱自清曾指出歌谣意义的模糊性："中国所谓歌

①胡适：《中国文学过去与来路》，1931年12月30日北京大学文学系演讲词，原载1932年1月5日天津《大公报》，姜义华主编：《胡适学术文集·新文学运动》，北京：中华书局，1993年，第186—187页。

②胡适：《复刊词》，《歌谣》第2卷第1期，1936年4月4日，第2版。

③朱光潜：《诗论》，合肥：安徽教育出版社，1997年，第18页。

谣的意义，向来极不确定。一是合乐与徒歌不分，二是民间歌谣与个人诗歌不分；而后一层，在我们现在看起来，关系更大。"[1]如果说，20 世纪 20 年代诗人们倚重的是民间歌谣原生态的平民本色，那么，20 世纪 30 年代则转向了符合传统文学评价标准的、文人认同的歌谣中的精华。如梁实秋所说："若立在文学的立场来编集歌谣，则须有一个文学的标准，加以选择，择其内容形式具有可取的予以编录。歌谣是活文字组成的作品，但我们不能任一切活文字的作品都有价值。俚俗不算短处，最要紧的是内容（思想与情感）是否完美。"[2]

对歌谣内涵认识的改变以及对其不同侧面的汲取，使得梁实秋由批评歌谣采集转向了提倡向歌谣取法。1926 年他在《晨报副镌》发表《现代中国文学之浪漫的趋势》，以西方古典主义为标准，批评歌谣采集，认为这是浪漫趋势的一个症候。"歌谣是最早的诗歌，在没有文人的时候，就有了歌谣。其特色在'自然流露'。歌谣因有一种特殊的风格，所以在文学里可以自成一体，若必谓歌谣胜于作诗，则是把文学完全当作自然流露的产物，否认艺术的价值了。我们若把文学当做艺术，歌谣在文学里并不占最高的位置。"[3] 但是在 1936 年的《歌谣》中，他说："歌谣的用字之简朴，以及抒情叙事之手腕，在均能给新诗作者以健康之影响，自更不待言。新诗作者要寻找模范或参考的对象吗？我劝他们注意我们的民间的歌谣！"这种转变是着眼于歌谣不同的内涵所致，前者是自然风行于民间的歌谣，而后者是经过传统文学标准精选的范本；前面轻视的是自然流露的特色，后来却更看重其"音节、语言、抒情叙事手腕"等技术层面。特别是新诗的音节，梁实秋认为各国语言文字不同，因此外国的"十四行诗""无韵诗"根本无法为中国新诗的音节提供帮助。要想解决新诗音节问题，必须在本国文字范围内解决。而歌谣中保存着平民对于有音节文字的喜

---

①朱自清：《中国歌谣》，北京：北京联合出版公司，2015 年，第 4 页。
②梁实秋：《歌谣与新诗》，《歌谣》第 2 卷第 9 期，1936 年 5 月 30 日，第 2 版。
③梁实秋：《现代中国文学之浪漫的趋势》，原载《晨报副镌》1926 年 3 月 25—31 日，后载《中国现代文学研究丛刊》，1987 年第 2 期。

悦，因此歌谣正可以为中国新诗做参考的榜样。[1]

关注音节和新诗发展的另一个核心问题相连：什么是"诗"？即对诗的形式、诗的文体的界定与认识。

二、诗的形式探索

"新诗的文体概念的确立，是新文学诞生以来就一直讨论不休的问题。新诗冲破了旧格律诗的体制后，特别是在自由体诗兴起之后，诗的散文化成为一种大趋势，诗与散文以及其他艺术形式的界限模糊了，这也带来理论与创作上的困扰。"[2] 20 世纪 30 年代初期，胡适开创的白话新诗频频受到质疑，"新诗运动最早的几年，大家注重的是'白话'，不是诗，大家努力的是如何摆脱旧诗的藩篱，不是如何建设新诗的根基"[3]，"胡适之先生最初白话诗的提倡，实在是一个白话的提倡，与'诗'之一字可以说无关"[4]。面对白话诗不是"诗"的种种批评，诗人们纷纷反思该如何超越白话自由诗学，在新诗建设中引入形式法则，确立起"诗"这一独特的文体形式。在这一过程中，歌谣对朱光潜等诗的形式探索、诗体观念的建构产生了很大影响。

朱光潜是很早关注诗的本体，特别是诗的形式的理论家。他 1931 年在留学期间完成了《诗论》的初稿，其中《诗的实质与形式》《诗与散文》两篇对话体论文就已经探讨了诗是什么、诗与散文的区别等问题[5]，1933年回国后先后教授诗学于北京大学和武汉大学，期间几经修改，直到 1943年《诗论》第一版（抗战版）由国民图书出版社出版。1936 年，可能受胡适熏染，朱光潜研究诗歌起源时将歌谣，准确说是民众口头流传的歌谣（《诗论》中称现代歌谣、民俗歌谣、流动的歌谣）纳入视野范畴，由此进

---

①梁实秋：《歌谣与新诗》，《歌谣》第 2 卷第 9 期，1936 年 5 月 30 日，第 2 版。
②温儒敏：《中国现代文学批评史》，北京：北京大学出版社，1993 年，第 203—204 页。
③梁实秋：《新诗的格调及其他》，《诗刊》创刊号，1931 年 1 月 20 日，见杨匡汉、刘福春编：《中国现代诗论·上编》，广州：花城出版社，1985 年，第 142 页。
④废名：《〈周作人散文钞〉序》，止庵编，《废名文集》，北京：东方出版社，第 119 页。
⑤冷霜：《废名新诗观念的形成与 20 世纪 30 年代中期北平学院诗坛氛围》，《中国现代文学研究丛刊》，2011 年第 6 期。

第五章　《歌谣》周刊与新诗的自我建构

一步明晰了诗歌起源并修正了以往诗的形式的认识，这些变化都渗透在《诗论》的形成过程中。《歌谣》周刊第 2 期《从研究歌谣后我对于诗的形式问题意见的变迁》，朱光潜坦诚地说：

> 近来因为研究诗歌起源问题，把民国十一年北京大学《歌谣周刊》九十七期从头到尾仔细看了一遍，同时又读了几部中西文讨论歌谣的著作，和歌谣的集本，自觉得的益处实在不少。从前我对于诗学所抱的许多成见现在都要受动摇了。①

之前，朱光潜借用的诗学资源主要是中国古典诗歌，在古汉诗的观照中认为"诗的音节是循环的，有严整的规律"，"诗的固定的形式是表现诗的情趣所必需的"。所谓固定形式"在中文诗里包含三个成分（一）有规律的音节（声），（二）有规律的收声（韵），（三）有规律的章句。""对于习惯成自然的旧诗形式不免有些留恋，对于未习惯而觉其不自然的新诗的形式不免有些失望。"也就是说，更多着眼于诗歌形式的音节、韵脚、平仄、建行乃至句法的斟酌与探究等外在层面。

通过研究歌谣，朱光潜对诗的形式的认识有了变化，察觉到以往意见的不圆满。"这并非是因为歌谣没有固定的形式，实在正因为它有固定的形式。歌谣并不如一般人所想象的，全是自然的流露；它有它的传统的技巧，有它的艺术的意识。它一方面流转无定，一方面也最富于守旧性。要明白这个道理，我们须明白歌谣的起源"②。

在现代歌谣进入视野之后，朱光潜得出了"诗、乐、舞同源"的结论，而它某种程度上突破了诗的形式"必有固定音律"的局限。歌谣既有着形式的技巧，同时又超越了古典诗歌外在的格律，更多地趋向诗歌的内在节奏，"在这种混合的艺术中，诗歌可以忽略意义，跳舞可以忽略姿态，音乐可以忽略和谐。它们的主要功用都在点明节奏。后来原始的歌乐舞混

---

①朱光潜：《从研究歌谣后我对于诗的形式问题意见的变迁》，《歌谣》第 2 卷第 2 期，1936 年 4 月 11 日，第 1 版。
②朱光潜：《从研究歌谣后我对于诗的形式问题意见的变迁》，《歌谣》第 2 卷第 2 期，1936 年 4 月 11 日，第 1—2 版。

合的艺术逐渐分化，诗歌偏向意义方面走，音乐偏向和谐方面走，跳舞偏向姿态方面走，于是逐渐形成三种独立的艺术。它们虽然分离，却都还保存它们原始的共同的命脉——节奏（Melody）"。①诗歌的节奏主要表现为重叠、和声、衬字和韵。朱光潜用民间歌谣生动地举例，如凤阳花鼓歌每段的收尾"郎底，郎底，郎底当"相当于"和声"，而韵并非普遍要素，在原始时代的功用不过是为一节乐调和一节舞步的停顿，如徽戏最后的调子"的铛嘡铛嘡铛匡"就是韵的功用。可以说，朱光潜通过研究民间歌谣，透彻地洞悉了诗歌的起源进而更灵活和内在化地更新了诗的形式的问题。"每个诗人似乎都应该在习惯已养成的形式范围之内，顺着情感的自然需要而加以伸缩修改。""对于诗的形式，我主张随时变迁，我却也反对完全抛弃传统。我相信真正诗人都能做到'随心所欲不逾矩'的功夫。"②

　　诗的形式与诗体建设是新诗自诞生以来就谈论不休的问题，大致来说，无外乎格律化和自由化两种矢向。20 世纪 20 年代中后期新月派闻一多、徐志摩等为纠偏白话新诗过于自由的倾向提出格律化的主张，然而对格律的强调使得诗体再次陷入僵化的境地，导致了"豆腐干"诗的盛行，以至徐志摩不得不对诗的形式做出辩解和声明："这原则却并不在外形上制定某式不是诗，某式才是诗；谁要是在行数字句间求字句的整齐，我说他是错了。行数的长短，字句的整齐或不整齐的决定，全得凭你体会到的音节的波动性。"③ 那么，如何做到音节的波动？朱光潜从民间歌谣中得出诗歌与音乐、舞蹈同源的结论，从而看到了节奏的重要性，这里的节奏更多是灵活的，与情感的自然需要相连，是一种内在的形式。这样就建立起

---

　　①朱光潜：《从研究歌谣后我对于诗的形式问题意见的变迁》，《歌谣》第 2 卷第 2 期，1936 年 4 月 11 日，第 2 版。

　　②朱光潜：《从研究歌谣后我对于诗的形式问题意见的变迁》，《歌谣》第 2 卷第 2 期，1936 年 4 月 11 日，第 3 版。

　　③徐志摩：《诗刊放假》，原载《晨报副刊·诗镌》1926 年 6 月 10 日，见杨匡汉、刘福春编：《中国现代诗论·上编》，广州：花城出版社，1985 年，第 133 页。

一种既遵守形式，又可随时变迁的新诗的诗体规范。①鲁迅在20世纪30年代中期也批评过新诗"没有节调，没有韵，它唱不出来；唱不来，就记不住，记不住，就不能在人们的脑子里将旧诗挤出，占了它的地位"②。为此，他同样给出要借鉴民间诗歌的建议："能吸取民间形式，学些民歌，也是个办法，大致押韵……"③如果说20世纪20年代歌谣研究者看重的是歌谣不拘格律、纯任自然的形式表达和真挚感情，期望新诗作者能够师法自然，那么20世纪30年代，歌谣研究者看重和借鉴的则恰恰是歌谣的形式技巧，从中国文字的音节、节奏方面给新诗诗体建设提供了诸多的本土经验和有益启示。

三、何为真诗？——诗的内容探索

如果说朱光潜、梁实秋等从歌谣中得到了新诗建构的正面经验的话，那么，复刊的《歌谣》还出现了反面质疑，否认歌谣对新诗建构的价值，较之20世纪20年代认为歌谣乃诗中上品，李长之、林庚乃至此时的朱自清都认为歌谣根本不能称之为"文学"，更没资格跻身"诗歌"的殿堂。这涉及诗艺本体的另一问题，即什么样的内容才是真诗？它背后蕴含着20世纪30年代文学大众化和精英化的冲突与分野，也是五四以来"诗是平民的，还是贵族的"论争的进一步升级④，呈现出新诗观念发展的多元与斑驳。

---

①《诗论》第一章《诗的起源》、第二章《诗与谐隐》等章节，如"原始诗歌的作者""诗与谐""诗与隐"等论述过程，朱光潜引用了很多《歌谣》周刊上征集的现代歌谣、谜语、歇后语来说明观点，如周作人《儿歌之研究》中所引的越中儿戏歌、董作宾的《看见她》等，可见《歌谣》周刊对作者的影响。

②鲁迅：《致窦隐夫》，见杨匡汉、刘福春编·《中国现代诗论·上编》，广州：花城山版社，1985年，第181页。

③白曙：《回忆导师鲁迅二三事》，《广西日报》，1961年10月21日。

④五四时期，康白情发表《新诗底我见》，认为"'平民的诗'，是理想，是主义；而'诗是贵族的'，却是事实，是真理"，主张"诗是贵族的"。而俞平伯持相反意见，《诗底进化的还原论》主张"平民性是诗底主要素质"，所以必须"推翻诗的王国，恢复诗底共和国"，达到"诗底还原"，主张"诗是平民的"，他为民间歌谣辩护："我不愿意把歌谣和诗截然分开，只把歌谣叫做民间的诗和作家底诗相对待。"周作人支持康白情，赞同诗的贵族性。

第 6 期，李长之发文《歌谣是什么》，题目颇感突兀，自 1918 年北大征集歌谣已近 20 年，有关歌谣的界定、性质早有相当多的探讨。可李长之却重问"歌谣是什么"，自然有全盘否定的意味和姿态。他首先树立两个错误观念的靶子："大凡一种观念的错误，是由两个原故，一是受文字上传统的影响，二是受同时代其他思潮的影响。"出于传统影响常把《诗经》上的"我歌且谣"或是《水浒传》上的歌谣等同于现在征集的歌谣，也就是说，混淆了历史上写定的歌谣与正在流传歌谣的区别；至于时代思潮，李长之揭示得更为显豁："现在这个时代，是一个唯物主义，集团主义，实用主义的时代，换言之，是玄学的，个人主义的，艺术至上主义的思潮被压抑的时代。"他认为正是由于"唯物的、集团的、实用的"社会思潮倾向才使人们重视、赞美歌谣，"因为是民间的，所以很好"，而并非歌谣本身的艺术优势，这种取向值得质疑。实际上，李长之的观点有针对左联领导下中国诗歌会大众化创作潮流之意。与此相对，李长之提出歌谣也是天才创作的产物，"世界上任何事物可以没有天才的位置，独独到了艺术上，则时时刻刻不能不谈天才"。这与梁实秋"一切的文明，都是极少数天才的创造"[1] 的"天才论"非常相似，鲜明地表达了李长之作为自由主义作家文艺思想的精英主义倾向。

李长之批评歌谣运动中一味顺应民主主义、平民主义而无限地、非理性地推崇歌谣，认为歌谣只是一些文化教养较浅的人创作而已，文学价值相当有限，称不上是诗。李长之的讨论关切到诗的内容方面的重要思考，显然他是站在"纯诗"的立场上去探寻新诗内容本体。

李的观点受到了持诗歌平民化立场、来自贵州山区的寿生和卓循的激烈反驳。寿生讽刺批评他缺乏调查经验、只是待在象牙塔里空想的歌谣观念。卓循采用"以其之矛攻其之盾"的方法，认为李长之恰恰是受了个人主义的影响才会得出歌谣是个人创作的观点。他尖锐地指出：李之所以不同意歌谣是民间创造的诗歌，是害怕天才在集团的意义之下消减了，对集

---

① 梁实秋：《文学与革命》，《新月》，1928 年第 1 卷第 4 期。

体和平民有成见才会得出错误的结论。①

不过，李长之得到了同为京派诗人林庚的坚决支持。林庚同样从诗的内容切入得出了"歌谣不是乐府亦不是诗"的结论。"先说什么是诗，诗是我们生活园地的扩大。我们平日的生活实际上只限于一小部分，那只指我所最熟悉的一些事物，只限于我们五官的感受及生活的常识。诗则不然，它是在我们生活之外追求一个更大的生活，这生活我们无以名之。姑即名之曰灵魂的生活。"②林庚认为诗歌源于生活却必须高于生活，是一种超乎日常生活本身的追求精神、灵魂的内容实质。它与现实人生的关系如朱光潜归纳："诗与实际的人生世相之关系，妙处惟在不即不离。惟其'不离'，所以有真实感；惟其'不即'，所以新鲜有趣。'超以象外，得其圜中'，二者缺一不可。"③在林庚看来，歌谣从生活中来，回生活中去，没有超越，最好的歌谣也无非"能于日常生活中找情趣，能使最实际的生活都因此活泼起来。凡歌谣中所写的必是大家所熟悉的情绪与事物，如男女的私情，姑嫂的纠纷等等"，诗可以流传，具有人类情感的共通性，而歌谣却不能，它只属于现世生活，"我到现在还可以读古人的好诗，但我们到现在便很难懂得个人的歌谣。"因此，歌谣和诗歌具有内容本质的不同，"诗是要跳出这个范围而把生活更扩大去，歌谣是要就在这范围里把它弄得更热闹起来。"④ 总之，他们认为新诗的内容应该是高贵的、超越日常的形而上精神之表达，而歌谣是现世的、沉浸生活的形而下世绘之描摹，所以歌谣不能跻身诗歌之殿堂。⑤

———————————

①寿生：《莫把活人抬在死人坑》，《歌谣》第 2 卷第 9 期，1936 年 5 月 30 日；卓循：《写给〈歌谣是什么〉的作者》，第 2 卷第 10 期，1936 年 6 月 6 日。

②林庚：《歌谣不是乐府亦不是诗》，《歌谣》第 2 卷第 11 期，1936 年 6 月 13 日，第 2 版。

③朱光潜：《诗论》，合肥：安徽教育出版社，1997 年，第 40 页。

④林庚：《歌谣不是乐府亦不是诗》，《歌谣》第 2 卷第 11 期，1936 年 6 月 13 日，第 2 版。

⑤有意思的是，在参与《歌谣》讨论的同时，林庚由原来《夜》《春夜与窗》中的自由诗逐渐转变为《北平情歌》(1936)、《冬眠曲及其他》(1936) 中的传统形式之诗。他一面否定"歌谣"于新诗的价值，一面又将具备民族内容和形式的诗命名为"情歌""曲"，可见诗人对于"歌""谣"具有多种不同的理解了。

相比之下，较李长之、林庚年长 12 岁的朱自清对歌谣与新诗关系的认识有一个变化的过程。20 世纪 20 年代初期，经历五四民粹主义洗礼的朱自清①对旨在张扬平民文学、民间文化的《歌谣》周刊非常热爱、感兴趣，常常是刊物还没印出就迫不及待地一睹为快。② 1925 年，朱自清进入清华中文系教书，1929－1931 年专门开设歌谣课程，"在当时保守的中国文学系学程表上显得突出而新鲜，很能引起学生的兴味"，③他从学术和文艺的双重角度研究中国本土的民间文学，期冀能够"创造出我们这个时代的中国新文学"。然而，由于长时间象牙塔的熏染，朱自清逐渐退去了对平民主义的非理性崇拜，对歌谣深入系统研究后，他反而改变了以往看法，洞彻到民众口中的歌谣对真诗建构的局限。1937 年《歌谣》复刊一周年，他发表了《歌谣与诗》，指出歌谣不能称为"真诗"。20 世纪 20 年代歌谣运动时胡适、周作人经常引用意大利韦大列的话，"在中国民歌中可以寻找到一点真的诗"，佩弦此时明显与前对话和辩难。他从"真"字做文章，认为"真诗"不仅指自然、亲切、流利、明白易懂，而且还应该包括"认真"的"真"，而这一点"歌谣的性质里却似乎没有"。他从纯文学和诗歌的观念出发，指出"歌谣在读者在听者，一向也只是玩意儿，即使歌咏悲情，也还是轻快的徘味；乐歌的音调也是如此。在这种意味里，歌谣便不是真诗了"，"歌谣的'风格与方法'不足以表现现代人的情思，所以新诗人并不去参考它们而创作"，歌谣的文艺价值只是供文学史的研究，供人欣赏、摹仿，但"止于偶然摹仿，当做玩意儿，却不能发展为新体，所以与创作新诗是无关的"。④朱自清的评判甚为严厉，却清晰地反映出他此时以学者和自由知识分子的立场追求纯正的文学理想的姿态，对新诗内容本体的用心思索。这也是一直以来致力于真诗创作的诗人们一以贯之的严肃

---

　　①许纪霖：《从象牙塔到十字街头》，《中国知识分子十论》，上海：复旦大学出版社，2003 年，第 157－162 页。

　　②常惠：《回忆〈歌谣〉周刊》，《民间文学》，1962 年第 6 期。

　　③浦江请：《跋记》，朱自清《中国歌谣》，北京：北京联合出版公司，2015 年，第 190 页。

　　④朱自清：《歌谣与诗》，《歌谣》第 3 卷第 1 期，1937 年 4 月 3 日，第 6 版。

第五章　《歌谣》周刊与新诗的自我建构

态度："诗不是为消遣的，做诗不能讲德谟克拉西"① "要把创格的新诗当一件认真事情做"②。

表面看来，李长之、林庚、朱自清既与主张诗歌平民化的寿生、卓循有激烈的观点冲突，又与主张新诗要取法歌谣的胡适、梁实秋、朱光潜有不同的意见分歧，其实，他们之间的矛盾性质并非一致。大致说来，他们与后者同属于 20 世纪 30 年代追求"自由之精神、独立之人格"、与左翼相对的自由主义知识分子。他们的分歧主要源自对歌谣内涵范畴不同层面的理解。这一点我们之前也有分析。德国民俗学家劳依舍耳认为，民族心理学上的"大众诗"和文明种族的"民间文艺"是完全不同的两码事。③ 如果说李、林、佩弦批评的歌谣指的是民众正在流传、接近民俗学意义上的"大众诗"，而胡、梁、孟实取法的歌谣则是有着文学艺术研究价值的"民间文艺"。因此，两者之间看似分歧，却有着相同的指向：即本土化诉求下诗的本体研究与诗性探索。什么才是中国新诗的形式？什么样内容的诗才能称得上是真诗？他们更多从精英文学的评判标准对含义不同的歌谣进行正面汲取或反面批评，为中国新诗的自我建构提供了经验教训。

然而，与寿生、卓循的论争本质上却是精英立场和平民观念的辩论，是文学的个人性和大众化、诗是平民的还是贵族的观念的碰撞，折射出中国新诗发展的基本矛盾，呈现出其在建构过程中的自我焦虑及自我完善之愿望。平民（大众）/贵族（精英）的张力"贯穿于中国现代新诗发展的全过程，由此形成了新诗发展的两种倾向、两大潮流；正是这两者之间的矛盾、对立、制约与渗透，推动者中国新诗艺术的发展"④。即使是同一诗人，在诗的平民化还是贵族化之间也并非泾渭分明，在 20 世纪 30 年代中国的历史环境中，朱自清、林庚、李长之等虽然属于卡尔·曼海姆所谓

---

① 闻一多：《闻一多论新诗》，武汉：武汉大学出版社，1985 年，第 12 页。
② 徐志摩：《徐志摩散文全集·第二卷》，王亚民编，石家庄：花山文艺出版社，1992 年，第 277 页。
③ 李长之：《略谈德国民歌》，《歌谣》第 2 卷第 36 期，1937 年 2 月 27 日，第 8 版。
④ 钱理群：《周作人与五四诗歌艺术思维的变迁》，《周作人研究二十一讲》，北京：中华书局，2004 年，第 156—157 页。

"自由漂浮"的知识分子，但是中国传统"士"文化使得他们仍然心系民族大众。比如朱自清，他一方面轻视民众流传的歌谣，另一方面又承认"表现劳苦生活的诗与非表现劳苦生活的诗历来就并存着，将来也不见得会让一类诗独霸"[1]，肯定诗的平民化趋向。这种矛盾游移正是诗人建构"中国新诗"时的复杂心境和态度，也反映出新诗发展中的多元、艰难和困惑。

20世纪30年代《歌谣》的作者除寿生、卓循之外，大多属于与左翼相对的自由主义文人，胡适、周作人、梁实秋、朱光潜、李长之、林庚、朱自清、陈梦家、陆侃如、徐芳、冯沅君……就诗歌研究而言，他们更侧重于从中国新诗的内部本体来发掘歌谣价值或分析其局限，在远离时代主战场的边缘地带，以建构纯文学为理想，试图进行中国新诗的本土化及诗艺本体的探索。

与之相对，20世纪30年代诗坛上还有着另一种对待歌谣的方式和态度，表现出激进的革命色彩和时代特征。1932年9月，穆木天、杨骚、任钧、蒲风等诗人在上海发起成立了中国诗歌会，[2] 是左联领导下"推行诗歌歌谣化方面最不遗余力，且产生了广泛影响的群体"。[3] 积极投身于革命的诗人们主张创作诗歌要"采用歌谣的形式"[4]，"歌谣的创作，总是我们的努力之主要的方向之一"。[5] 会刊《新诗歌》上刊登了许多以歌谣充实诗

---

①佩弦（朱自清）：《新诗的进步》，选自1937年1月1日《文学》八卷1号，见杨匡汉、刘福春编：《中国现代诗论·上编》，广州：花城出版社，1985年，第303—305页。
②文学史家指出中国诗歌会与政治之间的密切联系："中国新诗尽管从早期白话诗开始，就有强烈的时代性与现实性，但与革命政党、政治的这种思想与组织领导上的密切的联系，则是由此为启端的，其影响自是十分深远。"钱理群等：《中国现代文学三十年（修订本）》，北京：北京大学出版社，1998年，第301页。
③张桃洲：《论歌谣作为新诗自我建构的资源：谱系、形态与难题》，《文学评论》，2010年第5期。
④署名同人等（穆木天）：《关于写作新诗歌的一点意见》，《新诗歌》第1卷第1期，1933年2月11日。
⑤穆木天：《关于歌谣之制作》，《新诗歌》第2卷第1期，1934年6月1日。

歌的创作实践。① 中国诗歌会主张和实践的新诗歌谣化顺应阶级倾向、政治立场与历史现实，提倡战斗的力的美，注重诗歌外部社会功能，与诗的平民化、大众化紧密相连，与民族命运、时代潮流息息相关，是"另一世界"② 的诗学主张，也是歌谣的工具理性于新诗价值意义的另一种途径。

当代研究者在回顾反思歌谣与新诗的关系，或者歌谣入诗的创作潮流时，往往将 20 世纪 20 年代的歌谣征集运动、20 世纪 30 年代中国诗歌会的新诗歌谣化、20 世纪 40 年代的民歌体叙事诗乃至 20 世纪 50 年代的新民歌运动放置在一条连贯叙述的脉络之中③。在此，我们发现 20 世纪 30 年代《歌谣》是溢出之外的，它并非 20 世纪 20 年代歌谣运动中"歌谣乃诗中上品"审美观念的延续，也没有在 20 世纪三四十年代"新诗歌谣化"的创作实践中去追求新诗的平民化与大众化，而是出于建构中国真诗之诉求，把重新阐释的歌谣作为一种重要的本土资源进行汲取或反思。

由此可见，歌谣等民间文学资源就像是一束穿透七彩棱镜的光，仅看到这束光远不够，还应该认识这棱镜——正是不同的歌谣参与者对新诗、新文学有着丰富、多元且不断变化的认知、审美、建构，才使得它在不同的群体和发展的历史语境中呈现出五彩斑斓的炫目之光。

---

①《新诗歌》上登载了不少实为歌谣的革命诗歌，如第 1 卷第 2 期，奇玉（即石灵）的《新谱小放牛》："什么人天上笑嘻嘻？什么人地下苦凄凄？什么人种稻没得米？什么人养蚕没得衣？大军阀天上笑嘻嘻，小百姓地下苦凄凄，庄稼汉种稻没得米，采桑娘子养蚕没得衣。大工厂什么人修修？花车机器什么人留？什么人成天不住手？什么人享福硬揩油？大工厂泥水匠儿修，花车机器铁匠留，纺纱女成天不住手，资本家享福硬揩油……"还有"歌谣"专号（第 2 卷第 1 期）上的《月光歌》："月光光，耀耀光，团团出在正东方。富人吃香肉，穷人喝白汤；富人吃的白米饭，穷人吃的粗批糠；咦呀呀，饿肚肠！"这种"旧瓶装新酒"的做法和清末民初梁启超等看重歌谣的启蒙工具意义有相通之处。梁启超创办《新小说》设有"杂歌谣"一栏，创作"新乐府""歌""行""粤讴"等多种形式的歌谣，宣扬启蒙思想；陈独秀的《安徽俗话报》借用流行于民间的俚曲俗调样式输入时代性救亡的内容，以达到宣教的最大效果。

②鲁迅：《白莽作〈孩儿塔〉序》，最初发表于 1936 年 4 月《文学丛报》月刊第 1 期，《鲁迅全集》第 6 卷，北京：人民文学出版社，2005 年，第 512 页。

③如张桃洲的《论歌谣作为新诗自我建构的资源——谱系、形态与难题》（《文学评论》，2010 年第 5 期）、贺仲明的《论民歌与新诗发展的复杂关系——以三次民歌潮流为中心》（《中国现代文学研究丛刊》，2008 年第 4 期）、李怡的《论中国现代新诗的歌谣化运动——兼论〈国风〉、〈乐府〉的现代意义》（《西南师范大学学报》，1994 年第 3 期）等。

第六章 《歌谣》周刊波余：
"歌谣"与新文学的"人民性"

　　本章我们将重点讨论《歌谣》这份刊物的余响，即它究竟对中国新文学的发展有何或明显或潜在的影响。如前所述，它参与、渗透、内化于新文学的思想观念、语言形式以及新诗的构建之中，作为不可或缺的文化因子促进了新文学的发展。然而，《歌谣》中有几个现象我们始终无法回避：第一，20世纪20年代《歌谣》周刊以"平民"为价值立场，以社会大众文化变革为诉求，但纵观97期刊物，前49期以登载和研究各地征集的歌谣为主，之后大量的版面用于方音方言、孟姜女专号、婚姻专号等民间传说及民俗的理论探讨，越来越偏重于学术研究。后来又并入《国学门周刊》，其1925年10月14日创刊，至1926年8月18日停刊，前后出版了两卷24期，内容包括歌谣、唱曲、风俗、传说、语言文字及训诂、学术思想、考古学、金石学、目录及校勘等。歌谣只是占据了其中少量的部分，而其他的文章大多属于学院派的专业化研究。专深的研究不但排斥了民众，就连普通的知识分子也难以介入其中。始于"民"的价值立场，却最终以"精英"性而再度兴起，与"民"乃至歌谣都渐趋渐远。① 第二，20世纪30年代，胡适等复刊《歌谣》，本意是追求文学语言的大众化，希望打破精英与大众文化之间的区隔，将语言文字普及大众，即"向那绝大多数的农村老百姓说话，要字字句句他们都听得懂"②。实际上，这些自由知

---

　　①具体论述见拙文：《从新文学的范本到新国学的建构——论歌谣运动的转折轨迹》，《社会科学家》，2017年第11期。

　　②胡适：《大众语在哪里》，姜义华主编：《胡适学术文集·语言文字研究》，北京：中华书局，1993年，第327页。

识分子根本没有走出自己的阶层，与农村老百姓缺乏基本的联系、了解，仍局限于自身的"象牙塔"与生活圈子中。第三，时政歌谣是歌谣中很重要的一部分，劳动人民有感于切身政治状况而创作，与民众的生活息息相关，能鲜明地反映出各个时代人民生活的社会面貌，但正如我们之前论述的那样，《歌谣》周刊对时政歌谣刻意疏离和排斥，刊物所选择的歌谣基本为"无意义的儿歌"与"尽显人欲的情歌"以及反映底层生活的"妇女歌"，是知识分子"过滤"民众部分真实生活后的呈现。20 世纪 30 年代在"风沙扑面，狼虎成群"的中国社会境状中，《歌谣》周刊同样疏离"时政歌谣"，选择的是历史化、经典化与审美化的歌谣，是自由知识分子抒情的、雅致的文学资本。

这些无法回避的现象提示我们思考一个重要问题："歌谣"与新文学的"人民性"关联。实际上，"歌谣"等民间文艺始终都是近现代中国形塑自己成为伟大民族国家的符码，其中蕴含着深刻的"人民性"，它既是一种文化资本，也是一种象征。"人民性在内容上反映人民的生活、命运，表现人民的情绪和愿望，代表人民的利益和呼声，体现人民的思想、审美观点和理想，以及广泛地吸取和利用民间艺术的养料；在形式上易于人民接受和喜闻乐见。"[1] 以"人民性"的视角来反思《歌谣》周刊，可以清晰地看到：《歌谣》周刊虽然以民族、民众、民间为口号，但又具有鲜明的精英化、学术化色彩，追根到底仍是发生在精英知识分子小圈子内部的文艺和学术运动，而缺乏与歌谣的持有者——人民大众的真实沟通和联系。这可能是两个时代的《歌谣》周刊并未达到最初"民"的设想与目的而与初衷越走越远的根本原因。《歌谣》的亲历者、中国民俗学的创始人钟敬文对此一针见血地指出，歌谣运动的不足在于："没有运用马克思主义的立场、观点和方法去观察处理这种科学对象。和这个缺点相联系，它没有把这种以人民为对象的科学工作，跟当时的社会运动——尤其是革命运动联系起来，自然也没有跟这种文学的作者的工农大众结合起来。它主要是

---

①朱立元：《美学大辞典》（修订本），上海：上海辞书出版社，2014 年，第 647 页。

在知识阶层中活动。"①

耐人寻味的是，如我们在第二章所论述，《歌谣》周刊的最后一期是由胡适最欣赏的"北大女学生"徐芳打破了刊物"不涉时政歌谣"的原则，奏出了激进的时代之音，强调歌谣的工具意识与政治意识，指出新文艺主潮应该以民众、人民为本位。由此，我们看到了在自由、精英知识分子内部蕴含的"人民性"张力，认识到同时期20世纪30年代中国诗歌会、革命根据地"红色歌谣"的合理性，也预示着20世纪40年代《在延安文艺座谈会上的讲话》绝非空穴来风，实乃历史必然，昭示着延安文艺征集歌谣的革命面貌与民众底色。这些《歌谣》周刊的波余，显示出其影响的长久、理性、潜在而深远。

一、中国诗歌会的歌谣诗学

中国诗歌会②与《歌谣》周刊的参与者一样，同样主张创作新诗要取法歌谣。在中国诗歌会的官方刊物《新诗歌》创刊号的《发刊词》中，左翼诗人坚定地宣称："我们要用俗言俚语，／把这种矛盾写成小调鼓词儿歌，／我们要使我们的诗歌成为大众歌调，／我们自己也成为大众中的一个。"③《新诗歌》第二卷第一期的"歌谣专号"更以近50页的篇幅集中展示了歌谣化运动各方面的成果。④除了刊载大量歌谣化的新诗外，《新诗歌》还以各地"歌谣选"的形式，搜集整理了来自各个方言地区的民歌与

①钟敬文：《"五四"前后的歌谣学运动》，《中国民间文学论文选（1949—1979）》（上册），上海：上海文艺出版社1980年，第404页。

②关于中国诗歌会的成立过程、组织架构与活动历史的回忆、考订与研究，见任钧：《关于中国诗歌会》，《月刊》1946年第1卷第4期；王亚平、柳倩：《中国诗歌会》，《新文学史料》1979年第1期；任钧：《任钧自述生平及其文学生涯》，卢莹辉编《诗笔丹心：任钧诗歌文学创作之路》，第261—282页，文汇出版社2006年；柯文溥：《论中国诗歌会》，《文学评论》1985年第1期；蔡清富：《关于中国诗歌会的几件史实》，《中国现代文学研究丛刊》1986年第2期；柳倩：《左联与中国诗歌会》，《左联回忆录》，第258—277页，中国社会科学出版社1982年；王训昭：《前言》，王训昭编：《一代诗风：中国诗歌会作品及评论选》，第1—17页，华东师范大学出版社1996年。

③《发刊词》，《新诗歌》第1卷第1期，1933年2月11日。

④之前的《新诗歌》，除第一卷第六、七期合刊外，每期仅8页篇幅。可见中国诗歌会对"歌谣专号"的重视。

情歌，同时穆木天、叶流有两篇论述歌谣诗学的重要论文，勾勒出从搜集、改编到理论阐述的完整运动图景。

从诗学主张上来看，胡适等主编的《歌谣》周刊与穆木天、蒲风等主编的《新诗歌》都主张新诗要向歌谣学习取法。胡适在《复刊词》中提议要用歌谣为中国新诗扩大范围，增添范本；《新诗歌》则主张要"新诗歌谣化"。表面看起来，两者的诗学主张有不少相似之处，但仔细探究，会发现两者有着实质的差异。

首先，前者将"歌谣"视为"玲珑圆润的小宝石"，即自由审美、空灵惬意的文学符号，脱离社会革命。后者将"歌谣"视为"感动听众的真正力量"，即"能朗读，通俗，大众化"文学形式，与革命社会有着密切关联。成立于1932年9月的中国诗歌会，本身就是"左联"的重要组成部分，是20世纪30年代最为重要的左翼诗歌组织，与中国共产党领导的革命斗争有着直接的、自觉的血肉联系。[①] 它的核心便是反对资产阶级浪漫诗风的个人化、唯美化、象征化、艺术化，提倡诗歌的大众化、通俗化、现实化。其《中国诗歌会缘起》写道："在次殖民地的中国，一切都沐浴在疾风狂雨里，许许多多的诗歌材料，正赖我们去摄取，去表现。但是，中国的诗坛还是那么的沉寂；一般的人闹着洋化，一般人又还只是沉醉在风花雪月里……把诗歌写得和大众距离十万八千里，是不能适应这伟大的时代的。"[②]如第五章所论述，20世纪30年代《歌谣》从中国新诗的内部本体来发掘歌谣价值或分析其局限，在远离时代、社会的边缘地带，以建构"纯文学"为理想，试图进行中国新诗的本土化及诗艺本体的探索。马克思主义文论家考德威尔曾评价这些缺乏与社会联系的文艺作品道：

如果这些诗篇缺乏社会的联系，它们就是个人的，而艺术作品越是和社会对立，那么大胆造出的同社会绝缘的个人联想也就越多——怪癖、奇特而玄妙。因此，在资产阶级幻象的阶段，艺术表现出从艺术的社会世界

---

①钱理群等：《中国现代文学三十年（修订本）》，北京：北京大学出版社，1998年，第301页。

②《中国诗歌会缘起》，《新诗歌》第1卷第1期，1933年2月11日。

到私人玄想的个人世界的急遽发展。这就导致个人主义。诗人在反抗资本主义时，由于他依然处于资产阶级的圈子之内，所以他只能走向极端的个人主义，完全"丧失对自己社会关系的支配"、并走向绝对的商品生产——事实上，走向他所谴责的资本主义的核心。他成为彻底的镜子里的革命家。

而当他过分得意地宣告他终于达到彻底自由时，正是自由完全从他手边溜走的那一刻。[1]

《歌谣》的主编胡适在学理上主张"文艺自由"，追求文学语言的大众化，希望打破精英与大众文化区隔，将语言文字普及大众，用考德威尔的评价却谓"镜子里的革命家"，正如有学者评论胡适的那样"始终没有敢于真正面对中国的残酷的社会冲突，特别是中国农村鲜血淋漓的现实，这一致命弱点影响到他所致力的新文学运动以及本人的命运"[2]。不仅胡适，当时脱离民众的自由知识分子恐怕都难以摆脱这样的弱点。最后一期胡的学生徐芳打破了不关现实、不涉政治的戒律，将歌谣的工具性、社会性推向了极致，既体现了她身上激进革命的民族热情和民主情绪，也让我们看到了在危机深重的岁月里，任何抛弃特定社会语境而空谈文学的不可能。由此，不难理解抗战时期作家们为什么会"大都真诚地放弃了自己的个性追求，希望和广大民众一起高唱时代进行曲"[3]，京派作家如卞之琳、何其芳等在战争时期会呈现出全新的文学面貌，[4] 也会更深刻地洞悉20世纪40年代新文学的走向、风格和战时特点。

其次，《歌谣》重视的是"作为文本的歌谣"，而中国诗歌会重视的则是"作为声音的歌谣"，区别在于是否真正被民众接受，是左翼诗人对自

---

①〔英〕考德威尔：《考德威尔文学论文集》，陆建德等译，南昌：百花洲文艺出版社，1995年，第112页。

②姜义华主编《胡适学术文集·新文学运动》，北京：中华书局，1993年，总序，第2页。

③钱理群，温儒敏，吴福辉：《中国现代文学三十年（修订本）》，北京：北京大学出版社，1998年，第383页。

④刘淑玲：《〈大公报〉与现代文学》，石家庄：河北教育出版社，2004年，第127—137页。

第六章 《歌谣》周刊波余：「歌谣」与新文学的「人民性」

身实践、自我理解、自我定位的重要部分。如第二章所述，歌谣研究会把"歌谣"指向两个方面：一是已经历史化、经典化的歌谣范本，二是符合传统文学审美标准的歌谣，将歌谣拉回文艺的雅致正统之路，强调"文本"的文学性和文艺根性。而中国诗歌会则自觉把歌谣化的诗歌创作实践以及民众接受当作重点，侧重民众能"听"懂、会"唱"且符合大众口味的"歌谣"。在《新诗歌》创刊号《关于写作新诗歌的一点意见》上，作者明确提出："要紧的是要使人听得懂，最好能够歌唱""诗歌是应当同音乐在一起，而成为民众所歌唱的东西"。① 听懂、会唱指向的都是真正的"民众"本体。"我们得承认，它（歌谣）的所有的长处，都不是故意弄出来的标新立异，常是最自然不过的合乎中国大众口胃的东西。"② 如何符合中国大众口味？中国诗歌会的诗人进一步指出，要从歌谣的音韵形式入手，"歌谣几乎有一个很普遍的特色，就是无论那一首歌谣里表现的是什么，他总能够深刻的感动人"。而这一点，"就不得不归功于音韵方面的成就了"，"这种民间的诗，在音韵方面的成就，往往是很好的"，③ 讲究音韵指向的是"声音"。歌谣研究会同样讲"音韵"，但其指向是"文本艺术"。

再次，两者都追溯歌谣的起始，歌谣研究会侧重学理溯源，指向了歌谣节奏、文本本身，而中国诗歌会的"劳动起源论"则指向了左翼的文化政治、阶级属性。朱光潜认为"节奏"是歌谣的原始命脉，"在这种混合的艺术中，诗歌可以忽略意义，跳舞可以忽略姿态，音乐可以忽略和谐。它们的主要功用都在点明节奏。后来原始的歌乐舞混合的艺术逐渐分化，诗歌偏向意义方面走，音乐偏向和谐方面走，跳舞偏向姿态方面走，于是逐渐形成三种独立的艺术。它们虽然分离，却都还保存它们原始的共同的命脉——节奏（Melody）"。④ 中国诗歌会则将歌谣的起源追溯到了人类在劳动中的"一呼一吸"的生理节奏及其声音表现，人类劳动时，"由于人

---

① 《发刊词》，《新诗歌》第 1 卷第 1 期，1933 年 2 月 11 日。
② 蒲风：《抗战诗歌讲话》，诗歌出版社，1938 年，第 62 页。
③ 石灵：《新诗歌的创作方法》，天马书店，1935 年，第 77—79 页。
④ 朱光潜：《从研究歌谣后我对于诗的形式问题意见的变迁》，《歌谣》第 2 卷第 2 期，1936 年 4 月 11 日，第 1 版。

体内的生机作用而下意识地哼出几声只有音而无意义的'咳''嗳''唷'构成了所谓的劳动呼声，而正是这种'劳动呼声'促成了歌谣的根源，等到人类语言进化到复杂化和人的思索密接以后，歌谣就有了一个轮廓来"。① 对此，晚近的研究者曾犀利地指出：

> 对歌谣的历史起源的厘定，显然不是一种客观的、学术性的文学史考证。相反，将歌谣的起源奠定在劳动者的劳动过程之中这一论述方式，清晰地指向了左翼文化政治的阶级论属性。左翼诗学试图通过给出一种歌谣的历史发生学，来把握歌谣与社会生活之间的关系。

> 正因为诗歌的音响节奏起源于劳动者的身体节奏，它便具有了能够打动、呼应劳动者的身体反应的能力。这种能力内在于歌谣的起源之中，成为诗歌感动听众的真正力量所在。换句话说，对歌谣（以及歌谣化新诗）的音响节奏的讨论，内在地指向了诗歌影响、呼应，乃至塑造听众的生理运作与身体感官的可能性。诗之"声"内在地关联着诗之"身"。②

综上所述，歌谣研究会与中国诗歌会的诗学主张既有一定的相似之处，又存在很大不同。相似之处在于都重视"歌谣"对文学的启发性和民族性的认同。不同之处在于，前者以立足建构中国本土的"纯诗"为表现，而后者以立足于社会革命立场的新诗运动为表现；前者的创作指向仍然是个人的、精英的，偏向"写"与"看"的"文本"的诗歌，后者则把诗歌归还给民众，侧重民众的接受，偏重"听"与"唱"的"声音"；歌谣研究会重在学理溯源和学术探究，而中国诗歌会重在发挥其革命动员潜能，力图对民众的情感生发和思想教育产生广泛的社会效果。从"人民性"的角度来看，后者的影响比较明显和积极。不过我们也不能因此而否定歌谣研究会存在的意义。某种程度上，它对后者可以起到印证、补充乃至制约的作用，使得"大众的""人民的"歌谣呈现出更为深远、长久、理性的面向。

———————

　①叶流：《略谈歌谣小调》，《新诗歌》第二卷第一期，1934 年 6 月 1 日。
　②康凌：《"大众化"的"节奏"：左翼新诗歌谣化运动中的身体动员与感官政治》，《文学评论》，2019 年第 2 期。

二、革命根据地红色歌谣的美学特征

如果说中国诗歌会的歌谣化运动突破了北大歌谣运动没有与工农大众结合的局限，将"歌谣"的影响深入扩大到上海、北京、广州等地的工农大众，那么，革命根据地的红色歌谣则进一步将其革命动员潜能扩展到落后偏远的山区农村与广大农民之中，进一步巩固并凸显其"人民性"特征。

关于红色歌谣，不少学者都有界定，[①] 总体来说，有广义、狭义两种区分。广义的红色歌谣指"中国共产党领导下的革命根据地地区流传的革命歌谣"，[②] 包括"中国共产党建立以来所有的革命歌谣，涵盖从建党、第一次、第二次国内革命战争，抗日战争、解放战争，乃至于中华人民共和国成立以后各时期产生的革命歌谣"。[③] 狭义的红色歌谣，"是对第二次国内革命战争时期苏区歌谣的习惯称谓"[④]，仅指第二次国内革命战争时期（1927—1937）流传在红色根据地的反映革命斗争生活的歌谣。当时的红色根据地散布于江西、湖南、湖北、河南、安徽、广东、广西等。"这些红色政权存在的原因，除了中国特殊的国内外形势之外，最重要的一点便是稳固的农民群众基础，而红色歌谣则对此起到了关键作用。"[⑤] 本节将采用狭义上的红色歌谣概念。

如前所述，北大歌谣运动开拓了一个以歌谣为文学范本的新文学语境，并通过搜集整理、赞美推崇歌谣，表现出接近"民"的价值立场和文化倾向。这种接近对于并未真正深入民众的知识分子来说，可能只是一种想象性的跨文化之旅，而对于工农占绝大多数、知识分子占少数并且活动在山区农村的革命力量来说则切实可行。实际上，共产党一向注重利用通

---

①代表性的有陆建德、高有鹏、王焰安、黄景春、曹成竹等。

②高有鹏：《红色歌谣是中华珍贵的民族文化遗产》，《民间文化论坛》，2011 年第 3 期。

③黄景春：《当代红色歌谣及其社会记忆——以湘鄂西地区红色歌谣为主线》，《民族文学研究》，2017 年第 3 期。

④陆耀东编：《中国现代文学大辞典》，北京：高等教育出版社，1998 年，第 499 页。

⑤曹成竹：《歌谣与中国文学的审美革新——以 20 世纪早期"歌谣运动"为中心》，北京：人民出版社，2019 年，第 176 页。

俗歌谣动员民众。早在北大搜集歌谣的初期1918年，歌谣运动就出现了向革命嬗变的趋势。《北大日刊》10月3日、5日《歌谣选》栏目连续登载了李大钊搜集的三首政治歌谣，其中两首都有鲜明的现实革命性。[1] 李号召青年学生到农村中去，邓中夏等随之组织了平民教育讲演团。[2] 民间歌谣被激进的知识分子赋予了乡村牧歌的唯美内涵与浓厚的政治色彩，成为负载意识形态的平民文学和社会变革的有力工具。多年后魏建功回忆道，歌谣在李大钊、李辛白等革命知识分子那里被建构为反帝反封建通俗宣传的武器。[3]然而，当时歌谣运动的"文化领导者"周作人对激进的歌谣观极不赞同，当他看到《北大日刊·歌谣选》出现革命倾向时他不断质疑，并逐渐将歌谣运动定位于"文艺的"和"学术的"，竭力避免政治歌谣、革命歌谣的介入，将歌谣征集活动限定在文化文学的范畴内。

当"文化领导权"掌握在中国共产党手里时，革命的红色歌谣才得以贯彻落实。1922年安源大罢工，1923年海丰农民运动，都曾流传红色革命歌谣。1925年毛泽东在湖南韶山创办农民夜校，曾用当地民谣编写课本。[4] 1926年他在担任广东农民运动讲习所所长期间，给农民讲习班设置的课程就有"革命歌"，调查科目也有"民歌"。他还曾带领学员到韶关地区考察农民运动，让学员收集歌谣几大本。[5] 之后东江根据地、井冈山根据地、赣南闽西根据地和鄂豫皖根据地等都重视编创红色歌谣，利用民间歌谣做宣传鼓动工作。正如当代学者所论述的那样，在这些多位于落后偏远地区的根据地，歌谣无疑是最有影响力的大众文化，它不仅是地方特有

①《北京大学日刊》，《歌谣选》1918年10月3日、5日登载的歌谣："瘦马拉搭脖，糠饭粃子活。在直隶乐亭一带，地主多赴关外经商，农事则佣工为之。此谣即讽地主待工人不可太苛。言地主以糠饭食工人，则工人所作之工活，粃子之类也。""不剔辫子没法混，剔了辫子怕张顺。入民国来，乡间盛传此谣。张顺殆张勋之讹。复案：剔字当是薙字之音转。"

②户晓辉：《现代性与民间文学》，北京：社会科学文献出版社，2004年，第150页。

③魏建功：《〈歌谣〉四十年》，《民间文学》1962年第1、2期。

④陈晋：《文人毛泽东》，上海：上海人民出版社，1997年，第57页。20世纪20年代北大歌谣运动时，时在北京的毛泽东也受到了影响，这体现在新民歌运动时与臧克家等的谈话，毛泽东提及"北大搜集民谣"的事迹，建议诗人从民间歌谣中汲取经验。

⑤黄景春：《当代红色歌谣及其社会记忆——以湘鄂西地区红色歌谣为主线》，《民族文学研究》，2017年第3期。

的传统习俗，也是底层民间社会表达情感、沟通交流的重要手段。中国共产党抓住了这一文化资源，努力把"大众"改造为"先锋"或者说"新兴"的艺术形式，在中国社会最底层的文化基础上植入了"红色"印记。①

出于革命斗争的需要，中国共产党或从农民中间搜集整理歌谣，或引导民众编制创作歌谣，对其进行改造利用，使其成为流传于根据地的"红色歌谣"，以追求政治的宣传化与文艺的大众化。但是这些红色歌谣绝不仅仅是宣传的工具，而是中共根据地承袭、尊重当地歌谣传统模式，契合传统审美习俗并融入新的意象内容、价值立场与时代话语，进而实现歌谣"人民性"的建构。以鄂豫皖苏区的红色歌谣为例②，我们来阐释革命根据地红色歌谣的艺术美学特征。

（一）民众习俗与革命意象相对接

红色歌谣以民间习俗与审美经验为前在结构，在民众习俗中，红色作为一种色彩并不是中性的，而是象征着喜庆、欢快、热烈的情感体验与人生经验。红色歌谣借助民间社会对"红色"的审美趋向与期望，将民间大众的朴素自然的审美习俗与革命斗争相勾连，共同营构出民众生活和革命斗争相融合的审美氛围：

《闹革命离不了共产党》

红旗红马红缨枪，闹革命离不了共产党。

千里马儿认路长，红军处处打胜仗。

山南海北飘红旗，苏区处处见太阳。③

《红军打仗最英勇》

什么花开满山红？什么人打仗最英勇？

---

① 曹成竹：《关于歌谣的政治美学——文化领导权视域下的"红色歌谣"》，《文艺理论与研究》，2012 年第 2 期。

② 2018—2019 年，笔者曾到鄂豫皖革命根据地中的光山县、新县、商城县、罗山县、桐柏县、方城县、确山县等地做红色歌谣的田野调查。

③ 新县红色歌谣：《河南红色歌谣》，郑州：河南人民出版社，1960 年，第 6 页。

什么人怕见什么人面？什么人打仗像狗熊？

映山红花开满山红，红军打仗最英勇，

白匪怕见红军面，蒋匪打仗像狗熊。①

《日出东方一片红》

日出东方一片红，山歌越唱心越明，

工农群众团结起，土地革命就成功。②

《领路人是毛泽东》

映山红开花红满坡，解放大军过黄河，

水流千转归大海，大别山是革命窝。

红旗滚滚过山来，日子过好要土改，

农民收回自己地，新天新地重安排。

日头一出鸡冠红，领路人是毛泽东，

我们跟着共产党，世世代代享太平。③

在这些歌谣中，通过民歌特有的"比兴"，将百姓观念中的"红色"及与此相关的意象，如太阳、鸡冠、映山红、满山红、杜鹃、樱桃、火等与红旗、红军、红马、战旗、共产党等革命意象互为支撑，在传统审美经验和新审美对象之间进行互文转换，实现了民众经验与革命意识的有效对接，使得红色歌谣深入人心，既契合民众的情感经验，又具有政治宣传和凝聚力量的效果。

（二）日常生活与斗争意识相融合

"红色歌谣"紧紧扎根于民众的日常生活，在百姓的生存、生活、生命、情感、情绪、情理中融入强烈的主体性意识和革命斗争意识，通过实实在在的"物质"（感官、情绪、情感）和"生活"（日常、景观、伦理）

---

① 商城红色歌谣：《河南红色歌谣》，郑州：河南人民出版社，1960年，第21页。

② 商城红色歌谣：《河南红色歌谣》，郑州：河南人民出版社，1960年，第36页。

③ 大别山红色歌谣：《河南红色歌谣》，郑州：河南人民出版社，1960年，第30—33页。

而真正触动人民大众的"精神",感情抒发有坚实的物质基础做支撑,表现出乐观开朗精神与感恩肺腑情意,超脱了传统歌谣的无奈控诉和哀情悲叹:

《子弟兵就是好》

谷穗儿黄,黄金金,帮俺收割的是红军,
担的担,捆的捆,抢收抢种快的很,
喊他吃饭他不来,叫他吸烟他不肯。
红军就是子弟兵,世界各国都驰名。[1]

《军民一起收割忙》

饱油油谷子一片黄,军民一起收割忙
今年收成比往年好,多亏红军来帮忙。
不吃俺家饭,不喝俺家汤,
俺把军衣收拾起,偷偷洗来偷偷浆。[2]

《红军帮俺收割送进仓》

白匪来了鸡鸭猪狗光,红军来了把水挑满缸。
白匪来了粮食柴草都抢光,红军来了帮俺收割送进仓。[3]

《全靠恩人共产党》

拿起馍,端起汤,想起往年泪汪汪,
一家共有三口人,爹娘饿死在他乡,
剩我一人好可怜,东奔西跑无地方。
今也盼,明也盼,好容易盼来共产党,
打倒地主分了地,又分三间大瓦房。

---

① 商城红色歌谣:《河南红色歌谣》,郑州:河南人民出版社,1960年,第22页。
② 确山红色歌谣:《河南红色歌谣》,郑州:河南人民出版社,1960年,第24页。
③ 新县红色歌谣:《河南红色歌谣》,郑州:河南人民出版社,1960年,第20页。

自从参加合作社，大家选我当队长。

娶了媳妇成了家，头生孩子进学堂，

有吃有穿生活好，全靠恩人共产党![1]

在这些歌谣中，表现了百姓对红色政权、红军、中国共产党的衷心拥护和爱戴。人民对革命的感恩戴德来自共产党、红军与人民在日常生活中积累的血肉相连、鱼水相依的深厚情感。红军为百姓收割庄稼、挑水送仓，百姓为红军缝缝补补、洗衣打浆。这些扎根于日常生活的红色歌谣不同于以往普通歌谣中的日常叙述，"从生活中来，回生活中去，没有超越"，[2] 而是在日常生活中体现出十分强烈的主体性意识和对革命斗争热切期盼的强烈愿望，从侧面反映了土地革命时期鄂豫皖革命根据地波澜壮阔的伟大斗争历史画面。

（三）真挚爱情与革命宣言相支撑

情歌是民间歌谣中的重要内容。红色歌谣中也有很多抒发两性之间情感的歌谣，情真意切，感人肺腑。但它们的特殊性在于，红色审美为这些歌谣赋予了一种高昂的政治力量，真挚爱情与政治宣言相互支撑。这些红色情歌不再是传统情歌里单纯缠绵的你情我爱、你侬我侬，而是将浓烈的爱情融于革命斗争意识中。没有革命的成功，个人的情感就无法实现，只有送郎去革命，幸福才有所依托：

《不到翻身不见面》

哥哥当红军，

妹妹家中等，

不到翻身不见面，

不得自由不结婚。[3]

---

①商丘红色歌谣：《河南红色歌谣》，郑州：河南人民出版社，1960年，第28页。

②林庚：《歌谣不是乐府亦不是诗》，《歌谣》第2卷第11期，1936年6月13日，第2版。

③确山红色歌谣：《河南红色歌谣》，郑州：河南人民出版社，1960年，第112页。

《做双鞋儿送情郎》

一根线，一根针，千针万线心连心。

哥哥要把红军当，低下头来细思想。

穷哥翻身要彻底，火线杀敌理应当。

不告爹，不告娘，做双鞋儿送情郎。

哥哥穿上这双鞋，去打反动贼老蒋。

但等胜利回家转，妹妹迎接三道岗。①

《石榴开花心里红》

石榴开花心里红，哥当红军妹来送，

早些消灭白匪军，回来再把婚事成。②

《送郎投红军》

早起开柴门，红日往上升，

近日送郎投红军，小妹喜在心。

列强真毒辣，勾结那军阀，

可怜我穷人真无法，血汗任他刮。

我郎志气强，血气正方刚，

参加红军真雄壮，实在好儿郎。

此去投红军，夫妇两离分，

叫声我郎听分明，妹有话叮咛。

婚姻有几春，你我爱情深，

虽然我是女子们，主义看得清。

反动派政治都推翻，工农掌政权，

革命成功再见面，夫妇重团圆。③

---

① 新县红色歌谣：《河南红色歌谣》，郑州：河南人民出版社，1960年，第112页。
② 豫南红色歌谣：《河南红色歌谣》，郑州：河南人民出版社，1960年，第114页。
③ 商城红色歌谣：《河南红色歌谣》，郑州：河南人民出版社，1960年，第122—125页。

这些在当地广为流传的红色爱情歌谣，基本承袭了传统民间情歌的抒情模式，简单质朴、自然流露、情真意切。同时，它也追求彻底的文艺大众化和政治宣传化，将真挚爱情与革命现实紧密结合，在个人情感中融入了强烈的革命性和鲜明的时代性，体现了"红色歌谣"在精神风貌方面的新变，从而完成对红色情歌的美学建构。

对于红色歌谣，以往研究往往肯定其政治宣传性和群众参与性，认为它们在革命根据地的巩固和红色文化思想的传播方面做出了巨大贡献，然而却不具有艺术审美方面的魅力，如语言过于直白质朴，形式单调机械等。通过研究发现这样的认识有失偏颇，红色歌谣并非没有艺术魅力，而是有着独特的"人民性"的美学风格和文本形态：通过民歌特有的"比兴"，将百姓观念中的"红色"意象与革命意象互为支撑，在传统审美经验和新审美对象之间进行互文转换；强烈的主体性意识和对革命斗争热切期盼的强烈愿望通过百姓的生产生活、情绪情感等日常生活中体现出来，通过实实在在的"物质"—"肉身"（感官、情绪、情感）和"生活"（日常、景观、伦理）而触动人民大众的"精神"；真挚爱情与革命宣言相支撑，将浓烈的爱情融于革命斗争意识中，融入了人民大众新的情感结构，完成了对红色歌谣"人民性"审美的建构。

三、延安歌唱的大众语言探索与应用美学指向

延安时期，中国共产党对传统民间资源积极借鉴并进行了一系列改造和利用的实践，创造出了充分反映与表达人民，特别是广大农民的生活、思想、情感与审美的延安文艺，将传统民间资源中不自觉的"人民心声"转化并建构为鲜明的文艺"人民性"，歌谣的改造利用是其中尤为重要的一部分。

本书所指的延安歌唱，特指延安时期的文学艺术工作者以流行于陕北

及北方地区的歌谣（民歌）①为基本艺术原型，在基本保留其音乐原有面貌的基础上，对其中的唱词进行改写。这种改写既包括语言方式的，又包括美学趣味及文化取向。它们不同于同一时期李季、阮章竞等创作的民歌体新诗（仍以"阅读"和"视觉"为主），而是指与音乐艺术有着密切的关联的以"歌唱"和"听觉"为主的"延安歌唱"唱词。代表性的作品有陕北农民李有源在陕北民歌"白马调"的基础上，重新填词，创作的不朽颂歌《东方红》；光未然、冼星海受到北方船工号子的启发而创作的《黄河大合唱》；贺敬之、马可吸收冀鲁民歌的音调和节奏创作的《南泥湾》；刘西林根据河北民歌"十字调"填词创作的《解放区的天》；音乐家张寒晖依据陇东民歌"推炒面"调填词创作的《军民大生产》；农民艺人汪庭有根据陕北"绣荷包"调填词创作的《绣金匾》，安波根据陕北"打黄羊"调而填词创作的《拥军花鼓》，在陕北"小放牛"调的基础上填词创作的《毛主席领导咱打江山》等，还有《刨洋芋》《献花》《红旗歌》《五朵花儿开》等众多根据"歌谣"而进行改造的音乐艺术作品。

这些"延安歌唱"深受广大人民群众的欢迎和喜爱。然而，长期以来，学界关注更多的是李季、阮章竞等创作的歌谣体新诗，如《王贵与李香香》《漳河水》，但是对由歌谣改造而来的"延安歌唱"关注不足，而笔者认为这是延安文艺中非常值得研究的文学艺术现象。《王贵与李香香》等歌谣体新诗虽然激活了民间，但仍然没有深入广大民众中去，最重要的原因可能是普通民众无法通过"阅读"来从这些书面表达中寻求诗意的满足，正如当代学者尖锐指出的那样"这些诗尽管在艺术形式上有鲜明的大众化倾向，但并没有被成功地交还给大众，主要还是在知识分子圈子内流传"②。经由歌谣改造的"延安歌唱"则不同，它们在当时响彻革命圣地延安，直到今天《东方红》《南泥湾》《黄河大合唱》《解放区的天》等歌曲

---

①关于"歌谣"与"民歌"称谓的区别，曹成竹的论文有精彩的论述。见曹成竹：《"民歌"与"歌谣"之间的词语政治——对北大"歌谣运动"的细节思考》，《民族艺术》，2012年第1期。更多学者对于延安时期的"歌谣"采用"民歌"称之，本书为了称谓的前后一致，仍然使用"歌谣"一词。

②傅宗洪：《延安时期民歌改造的诗学阐释》，《文学评论》，2011年第5期。

还广为传唱，深入人心。我们想进一步追问的是："延安歌唱"为什么会深受群众的欢迎拥护，历经时光考验？从歌曲唱词的角度而言，在主流意识形态规训下，其"人民性"的语言形式机制和美学实践是如何建立、创构的？

（一）大众语言探索

在第四章《歌谣与新文学的语言革新》中曾论述过，利用民间歌谣而建构的现代白话始终没有解决文化、文学语言的大众化问题。五四时期的"歌谣"参与者过于张扬"惟平民、惟白话、惟口语"的非理性的意气之声，导致与文学语言的本质相差甚远而成为空中楼阁，在遭受文学实践的挫折后又转向了民族学术和新国学的建构之中，没有将民间大众语的文学初衷进行到底；20世纪30年代《歌谣》自觉呼应着文学大众化思潮，对五四以来新文学语言脱离大众的现象进行了反思，希望借民间的文学形式建构起通俗易懂的、大众能够接受的语言形态，然而归根到底还是落入了精英文学的窠臼；左翼文人倡导"大众语"，提出"听得懂"是文学作品大众化的标准[1]，但实际上左翼的"大众语"还是一次发生于知识分子内部的文学革命，在某种程度上也可以看作是知识分子间争夺文化领导权的一次斗争。可见，大众语言探索并不只是一个理论阐释的问题，也不仅是一个技术上的问题。这一问题的解决，首先需要知识分子立场的转变，知识分子必须放弃精英知识分子的启蒙心态与文化英雄的角色定位，更重要的是，绝不能止步于理论的探讨，关键是要落实到文学语言创作的实践和行动上。

真正以文学实践的"行动"对文学语言大众化的理论提倡予以历史回应的是延安的歌谣改造。由于真正站在了人民的立场上，最广泛地动员了

---

①陈子展：《文言—白话—大众语》，原载《申报·自由谈》1934年6月18日，文振庭编《文艺大众化问题讨论资料》，上海：上海文艺出版社，1987年9月版，第209—210页。里面提到："据我个人的愚见，大众语文学在诗歌小说戏曲三类，说、听、看三样都须顾到，尤其要注重听，叫人听得懂。因为诗歌朗读也好，听得懂就是深入大众的一个必要条件。为什么白居易的诗在当时社会特别流行？为什么黎锦晖先生的歌曲如今特别流行？除了其他条件以外，听得懂，也怕是一个重要原因。"

广大群众参与，① 因此从人民的语言中得到了很多灵感与策略，巧妙地解决了文学语言中书面语与口语的纠结、普通话与方言的缠绕、音乐语言与文学语言的张力，生产出一种真正能够交还给民间并被人民大众真正接纳的抒情话语方式。归纳起来主要有两个方面：

1. 口语的"抒情雅化"与书面语的"口语俗化"

本书之前提到过一个观点——"文学是语言的艺术，但绝不是语言本身"，也就是说，既然是文学语言，就不可能完全是口语，它必须具有文学语言的精密、丰富、细致、抒情等特征。鲁迅曾尖锐地指出文学语言不可能完全以口语来创作，"文章一定应该比口语简洁，然而明了，有些不同并非文章的坏处"②，但同时，现代白话提出的初衷——打破精英与大众之间的文化区隔始终成为历史的悬置之物。那么，延安的歌谣改造是如何解决书面语与口语矛盾的？也就是说，它如何既保持文学语言的特性同时又能被广大民众所接受并喜爱呢？首先是口语的"抒情雅化"，一方面广泛地采用口语，消除"唱"与"听"之间的语言障碍，保证百姓的接受程度，另一方面对口语进行处理，使用民间歌谣中的双声词、对话式的情节结构，意象化的叙述等手段来进行艺术的加工提纯，增强文本的抒情性。如《山丹丹开花红艳艳》：

> 千家万户把门开，
> 快把亲人迎进来，
> 热腾腾儿的油糕摆上桌，
> 滚滚的米酒捧给亲人喝……

---

① 音乐家张鲁曾回忆当年他们如何进入音乐作词"采录作业"的方式：与大众一起生活一块儿歌唱，考察他们的生活的方式；以为群众表演的方式；以甘当小学生、向老艺人学习的方式；拉家常的方式；参与民俗活动的方式；针对不同对象采用个别的和集体采访的不同方式等等，来得到对方的接纳和认可；具体的操作是通过"诱唱"引出宝藏；后是联欢，并在与民众娱乐中检验记谱的成果；最后还有联系群众的反省等，这些充分表现出当年的文艺战士深入民间，与人民在一起，并经受人民洗礼的创作方式。参见张鲁：《峥嵘岁月的歌——忆"鲁艺"河防将士访问团》，《音乐研究》2001 年第 2 期。

② 鲁迅：《答曹聚仁先生信》，《鲁迅全集》第 6 卷，北京：人民文学出版社，2005 年，第 79 页。

歌词将"油糕""米酒"等口语化的物象编织进抒情话语的光谱中，巧妙征用"热腾腾""滚滚"等双声词来增强语言的艺术性，这种将日常口语的加工改造，散发着一种本真的语言芬芳。还有贺敬之作词，马可谱曲的《南泥湾》：

> 花篮的花儿香，听我来唱一唱，唱呀一唱；
> 来到了南泥湾，南泥湾好地方，好地呀方。
> 好地方来好风光，好地方来好风光；
> 到处是庄稼，遍地是牛羊。
> 往年的南泥湾，处处是荒山，没呀人烟；
> 如今的南泥湾，与往年不一般，不一呀般。
> 如今的南泥湾，与往年不一般；
> 再不是旧模样，是陕北的好江南。

这首歌词特别具有可读性，排比、衬词的使用保存了民众口中鲜香活色、原汁原味生活的神韵，使现代抒情话语从另一方向进行了延伸。

在口语抒情雅化的同时，延安歌唱还改造了书面语，使它尽可能地向口语靠近，或在知识分子的文雅语言中加入质朴通俗的民众语言，或化雅为俗，对书面语作充分口语化的处理。如光未然的《黄河大合唱》，有些乐章段落如《黄河颂》《黄河怨》仍有文雅之气，为了提高民众的接受程度，作词家用《黄河船夫曲》《河边对口曲》等乐章来平衡，特别是《河边对口曲》：

> 张老三，我问你，你的家乡在哪里？
> 我的家，在山西，过河还有三百里。
> 我问你，在家里，种田还是做生意？
> 拿锄头，耕田地，种的高粱和小米。
> 为什么，到此地，河边流浪受孤凄？
> 痛心事，莫提起，家破人亡无消息。
> 张老三，莫伤悲，我的命运不如你！

为什么，王老七，你的家乡在何地？

在东北，做生意，家乡八年无消息。

这么说，我和你，都是有家不能回！

歌词完成用情节化的结构模式和口语化的语言方式来完成文学语言的建构。桂涛声的《在太行山上》，一面有"红日照遍了东方，自由之神在纵情歌唱"这样相对书面化的词句，但其"母亲叫儿打东洋，妻子送郎上战场"却充满了口语乡土的气息。塞克作词的歌曲往往是化雅为俗，如《二月里来》"种瓜的得瓜种豆的得豆、谁种下仇恨谁遭殃""仇恨的种子也会发芽"，《丰收》"个个村落笑嘻嘻，又有耕牛又有鸡"，都给人自然天成，清新质朴之感。即便那些仍有"文雅"之气的作品，也尽力使其语言生活化与口语化，如《黄河大合唱》等，这些都是延安歌唱的语言形式努力达到"人民性"的建构途径。

2. 有限度地使用方言，以达到普遍接受

如何处理好方言与普通话的关系是歌谣运动中遇到的相当棘手的难题。对于延安文艺创作来讲，要实现与当地农民、士兵语言符码交流的可能，需要使用方言，但要想使文学作品产生更为广泛的文化影响，并且在更高的意义上将文艺活动纳入建立民族国家的轨道，则需要克服方言的语音语义差异，使作品摆脱狭隘的区域性限制。对此，延安歌谣改造采取的一个基本策略是"有限度地使用方言土语"，并与能够体现地方语言特色的歌谣式语言结构方式相结合，由此化解方言与普通话的矛盾，以达到普遍接受。一个典型例子是由安波根据陕北黄羊调填词的《拥军花鼓》：

（男）八路弟兄是个个能，

（女）保卫咱边区陕（呀）甘宁，

（男）帮咱们种来又帮咱们割，

（女）哪一家百姓不（呀）领情。

（合）哎哩美翠花，海哩海棠花，

哪一家百姓不（呀）领情。

最初安波沿袭了当地的方言，采用的衬词是"哎哩美翠花，黑不溜溜儿花"，后来发现"黑不溜溜儿花"在当地指男女粗俗的"骚情"话，[①]而普通话语境中的"黑不溜溜儿花"也缺乏美感，因此，安波将歌词改为"哎哩美翠花，海哩海棠花"，既保留了方言色彩，又摆脱了方言词汇与语音语义的限制。另外，还有《东方红》《山丹丹开花红艳艳》等歌曲中的唱词都对方言土语既有部分采纳，又适当疏离，这种有限度地使用方言避免了语言的文化狭隘性。从实验效果来看，延安歌谣改造的这一策略是成功的，所以它能超越地域与时间，响彻到全国，穿越至当代。

（二）应用美学指向

应用美学指研究人类物质生产和日常生活的审美活动。审美的组词方式是"审"＋"美"，也就是说，只有去审美的人才会感觉"美"。美和人有关系，没有人就无所谓美，美只有对"愿意审""能够审""审得懂"的人来说才具有价值。因此，审美现象是以人与世界的审美关系为基础的，是审美关系中的现象[②]。

如何让广大农民群众通过参与创作或欣赏活动，在客观事物的形象上发现美、感知美、鉴赏美，从而形成主客体关系，这一点对于延安文艺者而言是一个相当重大问题。不可否认，20世纪40年代的延安农民与五四新文学以来建构起来的诸多美学观念格格不入，那么怎样使以农民为主体的大众以主人公的身份从文学艺术形式中找到了属于自己的审美经验，分享文学艺术的乐趣呢？延安歌唱的先锋实践指向了应用美学，落实到一种综合性的应用美学感性艺术形式（由视觉、听觉、触觉、感觉、情绪等多种感官而构建）。

---

①作曲家刘炽回忆道："每次唱到'哎哩美翠花，黑不溜溜儿花'，当地观众都大笑不止，开始我们以为演员表演精彩，引起笑声，后来发现不对！下来后，采访当地群众，也是笑而不答，又询问秧歌把式，他们说'那是一句儿话（不好听的话）。是说男女下身部分……'我们才恍然大悟，后来改成了'哎哩美翠花，海哩海棠花'。这就是由于不懂方言俚语，又'一塌瓜子'照搬所造成的笑柄。"刘炽《"鲁艺家"的秧歌》，见曾刚编《山高水长——延安音乐回忆录》，西安：太白文艺出版社，2001年，第387页。

②杜夫海纳的《审美经验现象学》、蒋孔阳的《美学新论》等著作都表达过此种观点。见杜夫海纳：《审美经验现象学》，北京：文化艺术出版社，1996年；蒋孔阳：《美学新论》，北京：人民文学出版社，2006年。

第六章 《歌谣》周刊波余：「歌谣」与新文学的「人民性」

所谓应用美学是研究人类物质生产和日常生活的审美活动。在中国古代，"美"原本就是与物质生产、日常肉身紧密相连：《说文解字》曰"美，甘也。从羊从大，羊在六畜主给膳也，美也善同意"，"美"指味觉；《韩非子》曰"夫香美脆味，厚酒肥肉，甘口而病形"，"美"指嗅觉；《列子·杨朱》"则人之生也奚为哉？奚为哉？为美厚乐，为声色尔"，"美"与视觉、听觉、味觉的安乐享受相关。因此，传统意义上的"美"是诉诸味觉、嗅觉、视觉、听觉、触觉的综合性官能感受。这种官能性感觉不仅能满足人本能的自然欲求，而且能给人以生命的充实感，让人感受到生命的活力，领悟到人生的意义、愉悦和快乐。① 后来在历史的发展过程中，儒家提升了美的含义，扩延了美的范围，而道家则把官能享受的功能性和道德伦理的功利性上升到"道"的至高境界。由此可见，审美活动原本是从物质生产活动和实用功利活动中超越出来的。应用美学就是使这种从物质功利活动中超越出来的审美活动，重新回到物质的实用功利领域中去，回到衣食住行用中去。叶朗先生曾为这样的回归进行过辩解：粗看，应用美学似乎把形而上的精神的东西，降低到形而下的物质的层面，超功利的东西被功利的东西"污染"，其实恰恰相反，它是把形而下的东西升华为形而上的东西，是在物质的东西中增添一个精神的层面，在功利的东西中增添一个超功利的层面。②

延安歌唱中立足于百姓的衣食住行，在政治教化与群众的日常乡土生活之间合理运作。我们再来举例贺敬之作词，马可谱曲的《南泥湾》：

> 花篮的花儿香，听我来唱一唱，唱呀一唱；
> 来到了南泥湾，南泥湾好地方，好地呀方。
> 好地方来好风光，好地方来好风光；
> 到处是庄稼，遍地是牛羊。

---

①深受笠原仲二观点的启发，见〔日〕笠原仲二：《古代中国人的美意识》，北京：北京大学出版社，1987年。

②该论述参见叶朗《美学原理》，北京：北京大学出版社，2018年；罗筠筠：《审美应用学》，北京：社会科学文献出版社，1998年。

《南泥湾》中"到处是庄稼，遍地是牛羊"，"庄稼""牛羊"这些"物象"对于农民而言，是最能引起"美"感的"意象"。歌句"到处是庄稼，遍地是牛羊"既是陈述，更是歌唱；它所呈现的物象既是自然景观，更是人文景观。还有安波根据陕北打黄羊调填词的《拥军花鼓》：

（女）正月里来是新春，（男）赶上了猪羊出（呀）了门，

（女）猪呀羊呀送到哪里去？

（男）送给那英勇的八（呀）路军。

（合）哎哩美翠花，海哩海棠花，

　　送给那英勇的八（呀）路军。

这种"叙述"的美学价值在于：在"自然"意义上的"现实"物质基础上提供了属于民众的有意味的物质和空间形态，"猪羊"渗透着文本的感染力、民众情感（情绪）的投入性、读者（听众）的参与性以及感官政治的动员与舆论伦理的诉求。

最典型的是张鲁作词谱曲的《有吃有穿》：

纺车转的 zen 呀 zen 的响！
哎呀响的哎呀转的响的响的转的转了一个响，
　拿起那个棉卷虚个襄襄摇的紧那个抽得欢，
　纺出的线线匀个旦旦，浆下的线线明闪闪，
　那个织下的布那个平个展展，
　白个生生的白衬衣布（那个）缝下的衣衫经耐穿，
　夏天穿上凉爽爽冬天穿上暖堂堂呵！
　噢你看那细针呀巧缝呀缝下的衣衫经耐穿，
　咳唻哼咳哎呦丰衣呀足食呀丰衣足食有力量。

抡起镢头 ceng 呀 ceng 的响！
抡起镢头开起来 ceng 的 zen 的 zen 的 ceng 的 ceng 的 zen 的响。
　开起那个荒地不要忙，掏的深那个锄的勤，
　苗苗长的肥又壮，一年打下了两年粮那个粮食存起能备荒，
　白面馍馍那个熟谷谷，小米饭那个香又香

猪肉羊肉炖豆腐，粉条子菠菜鸡蛋汤呵！

噢你看那肚子饱呀喜洋洋有吃有穿有力量。

咳唻哼咳哎呦丰衣呀足食呀丰衣足食有力量。

这首歌词的内容核心点是"丰衣""足食"，再具体些，就是"纺线""白衬衣""镢头""白面馍馍""小米饭""猪肉羊肉炖豆腐""粉条子菠菜鸡蛋汤"……这些表面看起来只是物质的东西被编织进抒情的谱系中，它们就不仅具有吃饱肚子、穿暖衣服的实用功能，而是蕴含了与人民息息相关的审美内涵，具有一种精神的氛围，给人一种"美"的享受，达到了从物质生产和日常生活中引导超越出来的精神文化层面。同时，歌词中的"纺车转的 zen 呀 zen 的响，哎呀响的哎呀转的响的响的转的转了一个响"；"抡起镢头 ceng 呀 ceng 的响，抡起镢头开起来 ceng 的 zen 的 zen 的 ceng 的 ceng 的 zen 的响"，充分尊重和体现了民间歌谣的听觉文化。"民间歌谣源于民间，作为民间文化的载体，它传达的是民众鲜香活色、原汁原味生活的神韵。而且，吟唱歌谣的歌手是通过口头—听觉来完成，在口头现场创编完成，通过听觉渠道即时传播，表演者、创作者和诗人彼此交融，构成同一过程的不同侧面。"[①]之前歌谣运动者对听觉文化有所认识，但实际创作中并没有贯彻，而延安歌唱则实施了这一点，保持了有声有色的原生态艺术的鲜活粗粝。歌曲有着触摸"棉卷囊囊""白衬衣布"的喜悦，弥漫着"猪肉羊肉炖豆腐""粉条子菠菜鸡蛋汤"的饭香，回彻着"zen 呀 zen、ceng 呀 ceng 的响"的乡音，涌起了喜悦充实美好的情绪，这样触觉、味觉、听觉、情绪、感觉等多种感官构建起综合性的应用美学感性艺术形式。它沟通了革命话语与人民生活，将民间文艺的生态价值转化为现代文学话语的合理内核，颠覆了五四新文学以来建构起来的诸多美学观念。这种美学指向是真正从人民出发，立足人民需要的，留给后来的文艺创作以无限启示。

---

①〔美〕M. 迈尔斯·弗里 朝戈金译：《口头诗学：帕里——洛德理论》，北京：社会科学文献出版社，2000 年，第 19 页。

结　语

　　《歌谣》周刊是新文学史是上一份重要却常常被忽视的刊物。它的特殊之处在于：由精英知识分子发起、参与却大量、集中刊载了以歌谣为主体的民间文学及研究文章。它既对抗西方，又抵制正统；既是知识分子求诸本土的策略，又是他们用小传统重构新传统的手段，是民族主义情感和民主主义理念相交织的文化产物。本书选取这样一份特殊且颇具代表性的刊物为个案，通过对它诞生发展乃至两次停刊的深入探究、对原始史料、原始期刊的细致整理、爬梳剔抉，考察本土的民间资源是如何进入、渗透、内化于新文学的思想观念、语言形式以及新诗的构建之中，不仅作为不可或缺的文化因子促进了新文学的发展，而且也呈现出发展过程中本土（民族）/外来（西方）、平民（大众）/贵族（精英）、保守/激进等各种矛盾张力，从而成为新文学自我建构的重要组成部分。

　　1918年2月始的北大歌谣运动是五四文学革命的题中之义，歌谣作为"民族的诗"启迪了最难攻克的新诗创作，推动了旨在建立现代民族国家语言形式的白话文运动，并在"到民间去"的思潮下促进了人的文学的内容建设。民族的诗在刘半农、周作人、胡适等"歌谣共同体"那里却有着不同的理解和阐释，他们将歌谣纳入各自对新文学的想象与建构之中。1922年底诞生的《歌谣》周刊并非歌谣征集最初预想目标的实现，而是遭遇困难、波折后转化研究思路的产物。诗人刘半农出于新诗创作寻找不涉淫亵、自然成趣的天籁之音，却与原生态歌谣的现实存在发生抵牾，反映出"民"的立场和"诗"的审美之间的纠葛；周作人并不认同征集运动中的平民文学崇拜以及革命的激进趋向，在复杂的歌谣场域中形成了独特的平民文学观并选择从人类学、民俗学出发，将保持原貌的歌谣材料从国民文化心理的角度进行研究，把"民"作为研究对象来抵达"人"的文学的思想体系。歌谣同人修改简章、调整思路，并借助国学门的平台实现了歌谣运动由新文学范本到新国学建构的转折，确立了《歌谣》周刊"学术的"和"文艺的"两个目的，契合了新型知识分子中国的文化身份认同以及民族与民主、文学与科学等多重诉求，多方面推动和促进了新文学和新文化的建设。

20世纪20年代的《歌谣》周刊始于平民文艺，止于民族学术。它努力实现平民文学情感形式的本真式还原，突出民众艺术的质朴、真实、自然之审美，建构了西方影响之外的平民化、民间化传统，是对传统文学、正统文学的刻意反拨和颠覆。但价值理想的革新与"文学"的创作实践时有矛盾，因此刊物后期逐渐转向了民族学术的研究并最终并入《国学门周刊》。20世纪30年代的《歌谣》周刊始于文学理性，止于民意表达。它重回知识分子的理性批评话语，不再强调原生口语的歌谣，而是突出历史化、文艺化的雅致歌谣。但20世纪30年代中期特定的社会环境使得歌谣不可能也不总是唯美抒情的歌唱，刊物最终越过了不涉政治的原则，发出了民意歌谣的时代强音，预示出新文学在第三个十年中的走向、风格和战时特点。激进的姿态与保守的文艺初衷相背离是20世纪30年代《歌谣》戛然停刊的根本原因。

《歌谣》周刊大量且集中刊载了从各地征集而来、在广大民众之间口耳相传的原生态歌谣，特别是20世纪20年代《歌谣》。这些源自民间的、原本不登大雅之堂的歌之心声经过了新知识分子的观照和阐释而获得了新思想的巨大力量。刊载数量最多的是情歌、儿歌和妇女歌，它们被发现、转化、重构，参与到"人的文学"的思想建设中去。20世纪20年代《歌谣》周刊专门开辟儿歌专栏，将儿歌与成人歌谣区分出来，本身就是对儿童独立价值的肯定。周作人受西方人类学影响的同时，本土儿歌的征集实践对其儿童本位观的形成产生了非常重要的作用。通过儿歌研究加深了对儿童特殊性的体认；通过对当时儿歌集追求意义的批评，逐渐将"无意义之意义"作为儿童文学的最高艺术标准，形成了不同于主流的为人生的儿童文学观念，提倡真正的儿童本位、赤子吟唱。情歌被知识分子视为解构儒家礼教和正统秩序的最有力的资源，一方面颠覆传统的贞操观念，反抗礼教对人性的压抑，另一方面通过对传统《诗经》的再阐释大胆张扬人的情欲，将其解读为现代意义的爱情诗，显示出情歌于人的深层改造的价值意义。妇女歌的挖掘和研究促使新文学家关注到了被压在历史最深处的底层妇女，既为文学革命者提供了揭露和批判社会不公、家庭压迫的武器，同时也成为作家了解乡土空间生存的女性生活情感、民间伦理的一面镜子，直接促使了以台静农为代表的乡土小说家的创作，为乡土小说提供了有益的资源和发展路径的启示。

　　《歌谣》周刊从 20 世纪 20 年代延续至 20 世纪 30 年代，每个时期都不同程度地参与到了新文学的语言革新中，抑或是说，它本身也构成了新文学语言建构的有机组成部分，体现着文学语言发展过程中的复杂性、曲折性和艰难性。20 世纪 20 年代的《歌谣》带着新文学语言建设的迫切需求和庄严使命，在民族民间语言资源方面做了大量收集、整理、研究工作，提供了新鲜自由的民众口头的活语言、有效地弥补了国语草创期的不成熟局面，推动了国语运动的深入。周作人提倡方言调查并集中各地方言"词汇"的挖掘和研究，利用朴质、自然、带有土气息、泥滋味的词语来推动国语文学向地方文艺的纵深处迈进。其建构途径是以国语摄入方言、同化方言，将"言"提取吸收进"文"中，使新文学语言向精密、细致一脉发展。而刘半农、胡适等则发展了新文学语言建构的另外一脉。通过征集歌谣，他们意识到方言与瓦釜之音的密切联系试图通过一方之言的彰显而最大程度上去表现民众自身的生活境遇和情感立场，突出平民之声，以实现民族文学的千秋大业。事实上，旨在建设"言文一致"的白话文学经过十几年的发展却走向了另外的"言文不一致"，反映出民族民主诉求下文学语言发展的悖论和艰难。20 世纪 30 年代的《歌谣》正是回应新文学语言发展中的问题。主编胡适再次借用歌谣来表达其"白话文"的语言主张，与大众语的对话表面上是回应左翼对五四白话的批评，实际上正切中了他对白话文欧化的不满以及对文学语言大众化的认同。20 世纪 30 年代《歌谣》周刊由原先强调言文一致转向了注重通俗易懂，将具有清晰明朗、优

结语
JIEYU

美自然等语言特征的歌谣、传说、故事等作为大众语的文学范本。这既是对之前片面强调口语（方音）的纠偏，又自觉呼应着文学大众化的思潮，传递出对五四文学语言脱离大众的反思，它为文学的大众化提供了诸多有益的启示，显示出新文学在自我建构中打破精英与大众文化区隔的努力，在之后的发展节点，如 20 世纪 40 年代民族形式大讨论上屡有回响。

无论是 20 世纪 20 年代还是 20 世纪 30 年代的《歌谣》周刊，都是中国新诗在自我建构中摸索尝试、多方探寻的表征。由于五四知识分子"民"的身份定位、价值立场和自然真实的文学审美，诗人相信歌谣能帮助新诗实现创造民族的诗的理想。他们围绕 20 世纪 20 年代《歌谣》倡导"歌谣乃诗中上品"的诗学理论，并取法歌谣进行创作，或偏重语言形式的借鉴，直接仿拟歌谣、学习其音韵、体式、风格；或偏重于民间质朴精神的探掘与汲取，创作出一批代表着那个时期高水平的诗作。可以说，正是歌谣作为新诗自我建构的重要资源参与了它寻求文类合法化、确立现代形式与内容的过程，推动白话新诗实现了由传统向现代的转型。然而，由于新诗的内在发展需求与歌谣自身特性之间的矛盾，歌谣并没有伴随曾学习汲取它的新诗走向更加深远的艺术境地，新诗最终还是被外国诗拦腰截去。面对新诗的西化趋势，"用中文写外国诗"的质疑，20 世纪 30 年代的《歌谣》周刊积极进行了本土化和诗艺本体的探索，它并非 20 世纪 20 年代《歌谣》平民诗学观的延续，也迥异于同期中国诗歌会注重歌谣的革命性、政治性之工具价值，而是在远离时代主战场的边缘地带，出于建构中国新诗之诉求，借助各自阐释的歌谣来探寻新诗的本体问题。其中的论争、分歧、辩难是新诗发展过程中的自我焦虑，同时也是它自我完善愿望之体现。给予中国百年新诗以思考和启迪。

综上，我们从《歌谣》周刊的角度透视新文学，丰富了对新文学的认识，挖掘到其发生发展过程中新鲜且重要的元素，窥见了新文学自我建构过程中的民族民主诉求以及其中的矛盾张力；从新文学的角度反观《歌谣》周刊，又解决了以往歌谣运动研究思路下并未深入探讨的问题。

行文至此，绪论中提到的问题已基本解决。不过在写作过程中，始终有两个问题萦绕心头，挥之不去，一是"歌谣"的本体问题；二是《歌谣》周刊对新文学的影响问题。分析讨论时有涉及，但并未系统聚焦于此，它的变幻莫测吸引我们继续探讨。

首先，"歌谣"的本体问题。歌谣本是存在于世俗民间中的口头文学形式，其作用和意义对于使用它的民众是单纯而直接的：抒情、言志、纪实、交际、娱乐、教育，是日常生活、民情风俗、价值情感的自然表达。但是对于"发现"它的知识分子而言，其意义、价值绝非如此简单。朱自清在《中国歌谣》中对歌谣的名称、起源与发展、历史、分类、结构、修辞等各方面进行了细致的分析，但也得出了所谓歌谣的意义极不确定的结论[1]。正是由于概念的模糊性与所指的不确定性，理论上就给"歌谣"带来了巨大的言说与阐释空间。民族的、民主的、民粹的；启蒙的、革命的、政治的；思想的、文艺的、审美的；学术的、历史的、语言的；乃至大众的、民俗的、文化的等，均可以在歌谣那里找到各自的话语资源。从晚明到当下，"歌谣"成为蔚为大观的文学、文化现象。它的符征与符旨之间的巨大张力，内涵意义的不断变化、变形以致错位使之成为"一种价值理性与工具理性兼具，并具有象征意义的文化资本以及兼具威权的意识形态"[2]。从"歌谣"这一万花筒来透析文学、文化的多彩光棱是今后关注和努力的方向，相信它能为新文学的民族性与现代性研究提供一个有意思的视角。

其次是《歌谣》周刊对新文学的影响问题，即它究竟对中国新文学的发展有何或明显或潜在的影响。如前所述，它参与、渗透、内化于新文学的思想观念、语言形式以及新诗的构建之中，作为不可或缺的文化因子促进了新文学的发展。然而，《歌谣》中有几个现象我们始终无法回避：第一，20世纪20年代《歌谣》周刊以"平民"为价值立场，以社会大众文化变革为诉求，但纵观97期刊物，前49期以登载和研究各地征集的歌谣为主，之后大量的版面用于方音方言、孟姜女专号、婚姻专号等民间传说

---

①朱自清：《中国歌谣》，北京：北京联合出版公司，2015年，第4页。朱自清1929—1931年专门在清华大学开设"歌谣"这门课程。《中国歌谣》以上课讲义为内容。

②岳永逸：《保守与激进：委以重任的近世歌谣——李素英的〈中国近世歌谣研究〉》，《开放时代》，2018年第1期。

及民俗的理论探讨，越来越偏重于学术研究。后来又并入《国学门周刊》，其 1925 年 10 月 14 日创刊，至 1926 年 8 月 18 日停刊，前后出版了两卷二十四期。内容包括歌谣、唱曲、风俗、传说、语言文字及训诂、学术思想、考古学、金石学、目录及校勘等。歌谣只是占据了其中少量的部分，而其他的文章大多属于学院派的专业化研究。专深的研究不但排斥了民众，就连普通的知识分子也难以介入其中。始于"民"的价值立场，却最终以"精英"性而再度兴起，与"民"乃至歌谣都渐趋渐远。[①] 第二，20世纪 30 年代，胡适等复刊《歌谣》，本意是追求文学语言的大众化，希望打破精英与大众文化区隔，将语言文字普及大众，即"向那绝大多数的农村老百姓说话，要字字句句他们都听得懂"[②]。实际上，这些自由知识分子根本没有走出自己的阶层，与农村老百姓缺乏基本的联系、了解，仍局限于自身的"象牙塔"与生活圈子中。第三，时政歌谣是歌谣中很重要的一部分，劳动人民有感于切身政治状况而创作，与民众的生活息息相关，能鲜明地反映出各个时代人民生活的社会面貌，但正如我们之前论述的那样，《歌谣》周刊对时政歌谣刻意疏离和排斥，刊物所选择的歌谣基本为"无意义的儿歌"与"尽显人欲的情歌"以及反映底层生活的"妇女歌"，是知识分子"过滤"民众部分真实生活后的呈现。20 世纪 30 年代在"风沙扑面，狼虎成群"的中国社会境状中，《歌谣》周刊同样疏离"时政歌谣"，选择的是历史化、经典化与审美化的歌谣，是自由知识分子抒情的、雅致的文学资本。

这些无法回避的现象提示我们思考一个重要问题："歌谣"与新文学的"人民性"关联。实际上，"歌谣"等民间文艺始终都是近现代中国形塑自己成为伟大民族国家的符码，其中蕴含着深刻的"人民性"，它既是一种文化资本，也是一种象征。"人民性在内容上反映人民的生活、命运，表现人民的情绪和愿望，代表人民的利益和呼声，体现人民的思想、审美

---

①具体论述见拙文：《从新文学的范本到新国学的建构——论歌谣运动的转折轨迹》，《社会科学家》，2017 年第 11 期。

②胡适：《大众语在哪里》，姜义华主编：《胡适学术文集·语言文字研究》，北京：中华书局，1993 年，第 327 页。

观点和理想，以及广泛地吸取和利用民间艺术的养料；在形式上易于人民接受和喜闻乐见。"① 以"人民性"的视角来反思《歌谣》周刊，可以清晰地看到：《歌谣》周刊虽然以民族、民众、民间为口号，但又具有鲜明的精英化、学术化色彩，追根到底仍是发生在精英知识分子小圈子内部的文艺和学术运动，而缺乏与歌谣的持有者——人民大众的真实沟通和联系。这可能是两个时代的《歌谣》周刊并未达到最初"民"的设想与目的而与初衷越走越远的根本原因吧。《歌谣》的亲历者、中国民俗学的创始人钟敬文对此一针见血地指出，歌谣运动的不足在于："没有运用马克思主义的立场、观点和方法去观察处理这种科学对象。和这个缺点相联系，它没有把这种以人民为对象的科学工作，跟当时的社会运动——尤其是革命运动联系起来，自然也没有跟这种文学的作者的工农大众结合起来。它主要是在知识阶层中活动。"② 耐人寻味的是，如我们在第二章所论述，《歌谣》周刊的最后一期是由胡适最欣赏的北大女学生徐芳打破了刊物"不涉时政歌谣"的原则，奏出了激进的时代之音，强调歌谣的工具意识与政治意识，指出新文艺主潮应该以民众、人民为本位。由此，我们看到了在自由、精英知识分子内部蕴含的"人民性"张力，认识到同时期20世纪30年代中国诗歌会、革命根据地"红色歌谣"的合理性，也预示着20世纪40年代《在延安文艺座谈会上的讲话》绝非空穴来风，实乃历史必然，昭示着延安文艺的革命面貌与人民底色。

歌谣研究会与中国诗歌会相比，前者的创作指向仍然是个人的、精英的，偏向"写"与"看"的"文本"的诗歌，后者则把诗歌归还给民众，侧重民众的接受，偏重"听"与"唱"的"声音"；歌谣研究会重在学理溯源和学术探究，而中国诗歌会重在发挥其革命动员潜能，力图对民众的情感生发和思想教育产生广泛的社会效果，这也是二者"同途殊归"的原因。而红色歌谣绝不仅仅是宣传的工具，而是中共根据地承袭、尊重当地歌谣传统模式，契合传统审美习俗并融入新的意象内容、价值立场与时代

---

① 朱立元：《美学大辞典》（修订本），上海：上海辞书出版社，2014年，第647页。

② 钟敬文：《"五四"前后的歌谣学运动》，《中国民间文学论文选（1949－1979）》（上册），上海：上海文艺出版社1980年，第404页。

结语
JIEYU

话语，将民众习俗与革命意象相对接、日常生活与斗争意识相融合、真挚爱情与革命宣言相支撑，进而建构了充分具有"人民性"的文艺创作。到了延安时期，中国共产党对传统民间资源积极借鉴并进行了一系列改造和利用的实践，歌谣的改造利用是其中尤为重要的一部分。由于真正站在了人民的立场上，最广泛地动员了广大群众参与，因此从人民的语言中得到了很多灵感与策略，巧妙地解决了文学语言中书面语与口语的纠结、普通话与方言的缠绕、音乐语言与文学语言的张力，将延安歌唱的先锋实践指向了应用美学，落实到一种综合性的应用美学感性艺术形式，使以农民为主体的大众以主人公的身份从文学艺术形式中找到了属于自己的审美经验，分享了文学艺术的乐趣，生产出一种真正能够交还给民间并被人民大众接纳的抒情话语方式。

参考文献

一、期刊报纸

《歌谣》《北京大学日刊》《民俗周刊》《国学门周刊》《国语周刊》《民间文学》《新青年》《晨报·副刊》《语丝》《儿童世界》《诗刊》《申报·自由谈》

二、文集、作品集、资料集

[1] 阿英编:《中国新文学大系·史料·索引》,上海:良友图书公司,1936年。

[2] 鲍晶编:《刘半农研究资料》,天津:天津人民出版社,1985年。

[3] 北大中文系语言学、汉语教研室编:《文学语言问题讨论集》,北京:文字改革出版社,1957年。

[4] 顾颉刚:《吴歌甲集》,北京大学歌谣丛书,北京大学研究所国学门歌谣研究会出版,1926年。

[5] 顾颉刚:《顾颉刚民俗学论集》,上海:上海文艺出版社,1998年。

[6] 胡适:《胡适文存》,合肥:黄山书社,1996年。

[7] 胡适:《胡适学术文集·新文学运动》,姜义华等主编,北京:中华书局,1993年。

[8] 胡适:《胡适学术文集·语言文字研究》,姜义华等主编,北京:中华书局,1993年。

[9] 胡适:《胡适日记》,沈卫威编,太原:山西教育出版社,1998年。

[10] 胡适编：《中国新文学大系·建设理论集》，上海：良友图书公司，1935年。

[11] 胡适：《胡适口述自传》，唐德刚译，上海：华东师范大学出版社，1993年。

[12] 黎锦熙：《国语运动史纲》，北京：商务印书馆，2011年。

[13] 李大钊：《李大钊全集》，北京：人民出版社，2013年。

[14] 刘半农：《国外民歌译》，北新书局，1927年。

[15] 刘半农：《瓦釜集》，北新书局，1926年。

[16] 刘半农：《刘半农文选》，北京：人民文学出版社，1986年。

[17] 刘俐娜编：《顾颉刚自述》，郑州：河南人民出版社，2005年

[18] 鲁迅：《鲁迅全集》，北京：人民文学出版社，2005年。

[19] 沈从文：《沈从文全集》，太原：北岳文艺出版社，2002年。

[20] 台静农：《地之子》，北京：人民文学出版社，2000年。

[21] 任重编：《文言·白话·大众语论战集》，上海：民众读物出版社，1934年。

[22] 王哲甫：《中国新文学运动史》，北平：杰成印书局，1933年。

[23] 文振庭编：《文艺大众化问题讨论资料》，上海：上海文艺出版社，1987年。

[24] 闻一多：《闻一多精选集》，北京：燕山出版社，2012年。

[25] 吴同瑞，王文宝，段宝林编：《中国俗文学七十年——"纪念北京大学〈歌谣〉周刊创刊七十周年暨俗文学学术研讨会"文集》，北京：北京大学出版社，1994年。

[26] 徐廼翔编：《文学的"民族形式"讨论资料》，南宁：广西人民出版社，1986年。

[27] 杨匡汉、刘福春编：《中国现代诗论》，广州：花城出版社，1985年。

[28] 张菊香、张铁荣编著：《周作人年谱（1885－1967）》，天津：天津人民出版社，2000年。

[29] 张若英编：《中国现代文学史参考资料》，上海：光明书局，1934年。

［30］刘运峰编：《中国新文学大系导言集（1917—1927）》，天津：天津人民出版社，2009年。

［31］郑振铎编：《中国新文学大系·文学论争集》，上海：良友图书公司，1935年。

［32］周作人：《周作人散文全集》，钟叔河编，桂林：广西师范大学出版社，2009年。

［33］周作人：《周作人日记》（影印版），郑州：大象出版社，1996年。

［34］周作人：《周作人民俗学论集》，上海：上海文艺出版社，1999年。

［35］周作人：《知堂回想录》，北京：北京十月文艺出版社，2013年。

［36］钟敬文编：《歌谣论集》（影印本），上海：上海文艺出版社，1989年。

［37］中国民间文艺研究会上海分会编：《中国民间文学论文选》，上海：上海文艺出版社，1980年。

［38］朱自清：《朱自清精选集》，北京：燕山出版社，2010年。

［39］延安文艺丛书编委会：《延安文艺丛书》，长沙：湖南文艺出版社，1987年。

［40］河南人民出版社编委：《河南红色歌谣》，郑州：河南人民出版社，1960年。

［41］曾刚编：《山高水长——延安音乐回忆录》，西安：太白文艺出版社，2001年。

三、学术著作类

［1］〔苏〕巴赫金：《巴赫金全集》，白春仁等译，石家庄：河北教育出版社，1998年。

［2］〔美〕本尼迪克特·安德森：《想象的共同体——民族主义的起源与散布》（增订版），吴叡人译，上海：上海人民出版社，2011年。

［3］〔日〕柄谷行人：《日本现代文学的起源》，赵京华译，北京：中央编译出版社，2013年。

［4］〔法〕布迪厄：《艺术的法则——文学场的生成和结构》，刘晖译，

北京：中央编译出版社，2001 年。

[5]〔美〕本杰明·史华慈等著：《五四：文化的阐释与评价——西方学者论五四》，王跃、高力克编，太原：山西人民出版社，1989 年。

[6] 曹尔云：《白话文体与现代性——以胡适的白话文理论为个案》，北京：三联书店，2006 年。

[7] 陈方竞：《多重对话：中国新文学的发生》，北京：北京大学出版社，2005 年。

[8] 陈平原：《中国现代学术之建立》，北京：北京大学出版社，1998 年。

[9] 陈平原：《触摸历史与进入五四》，北京：北京大学出版社，2005 年。

[10] 陈泳超：《中国民间文学研究的现代轨辙》，北京：北京大学出版社，2005 年。

[11] 陈以爱：《中国现代学术研究机构的兴起——以北大研究所国学门为中心的探讨》，南昌：江西教育出版社，2002 年。

[12] 陈均：《中国新诗批评观念之建构》，北京：北京大学出版社，2009 年。

[13] 陈万雄：《五四新文学的源流》，北京：三联书店，1997 年。

[14] 陈子展：《中国近代文学之变迁 最近三十年中国文学史》，上海：世纪出版集团，2013 年。

[15] 丁帆：《中国乡土小说史》，北京：北京大学出版社，2007 年。

[16] 恩斯特·卡西尔：《人论》，甘阳译，上海：上海译文出版社，1985 年。

[17] 高玉：《现代汉语与中国现代文学》，北京：中国社会科学出版社，2003 年。

[18] 高友鹏：《中国现代民间文学史论》，开封：河南大学出版社，2004 年。

[19] 郜元宝：《汉语别史——现代中国的语言体验》，济南：山东教育出版社，2010 年。

[20]〔美〕洪长泰：《到民间去——中国知识分子与民间文学 1918—1937（新译本）》，董晓萍译，北京：中国人民大学出版社，2015 年。

[21] 胡适：《白话文学史》，长沙：岳麓书社，2010 年。

［22］胡适：《五十年来中国之文学》，上海：上海科学技术文献出版社，2014年。

［23］户晓辉：《现代性与民间文学》，北京：社会科学文献出版社，2004年。

［24］姜涛：《"新诗集"与中国新诗的发生》，北京：北京大学出版社，2005年。

［25］姜涛：《公寓里的塔——20世纪20年代中国的文学与青年》，北京：北京大学出版社，2015年。

［26］敬文东：《被委以重任的方言》，北京：中国人民大学出版社，2010年。

［27］〔美〕金介甫：《凤凰之子：沈从文传》，符家钦译，北京：中国友谊出版公司，2000年。

［28］〔英〕雷蒙·威廉斯（Raymond Williams）：《关键词：文化与社会的词汇》，刘建基译，北京：三联书店，2016年。

［29］〔英〕雷蒙德·威廉斯：《文化与社会：1780－1950》，吴松江 张文定译，北京：北京大学出版社，1991年。

［30］李孝悌：《清末的下层社会启蒙运动：1901－1911》，石家庄：河北教育出版社，2001年。

［31］李春阳：《白话文的危机》，北京：三联书店，2017年。

［32］李世涛编：《知识分子立场：激进与保守之间的动荡》，北京：时代文艺出版社，2002年。

［33］刘守华、陈建宪编：《民间文学教程》，武汉：华中师范大学出版社，2013年。

［34］刘继业：《新诗的大众化和纯诗化》，北京：北京大学出版社，2008年。

［35］刘进才：《语言运动与中国现代文学》，北京：中华书局，2007年。

［36］刘禾：《语际书写——现代思想史写作批判纲要》，北京：三联书店，1999年。

［37］刘淑玲：《〈大公报〉与中国现代文学》，石家庄：河北教育出版

参考文献
CANKAO WENXIAN

社，2004 年。

[38] 刘人鹏：《近代中国女权论述—国族、翻译与性别政治》，台北：学生书局，2000 年。

[39] 龙泉明：《中国新诗流变论》，北京：人民文学出版社，2003 年。

[40]〔日〕木山英雄：《文学复古与文学革命》，赵京华译，北京：北京大学出版社，2004 年。

[41] 潘正文：《五四社会思潮与文学研究会》，北京：新星出版社，2011 年。

[42] 钱理群：《周作人传》（修订本），北京：华文出版社，2013 年。

[43] 钱理群：《周作人研究二十一讲》，北京：中华书局，2004 年。

[44] 钱理群 温儒敏 吴福辉著：《中国现代文学三十年（修订本）》，北京：北京大学出版社，1998 年。

[45] 钱理群 陈子善 吴福辉编：《中国现代文学编年史——以文学广告为中心》，北京：北京大学出版社，2013 年。

[46] 孙玉石：《中国现代诗学论丛》，北京：北京大学出版社，2010 年。

[47] 汪晖：《现代中国思想的兴起》，北京：三联书店，2004 年。

[48] 王铭铭等编：《中国人类学评论》第二辑，北京：世界图书出版公司，2007 年。

[49] 王瑶主编：《中国文学研究现代化进程》，北京：北京大学出版社，1996 年。

[50] 王光东：《新文学的民间传统》，济南：山东教育出版社，2010 年。

[51] 王光明：《现代汉诗的百年演变》，石家庄：河北人民出版社，2003 年。

[52] 王文宝：《中国民俗学史》，成都：巴蜀书社，1995 年。

[53] 王文参：《五四新文学的民族民间文学资源》，北京：民族出版社，2006 年。

[54] 温儒敏：《中国现代文学批评史》，北京：北京大学出版社，1993 年。

[55] 王晓明编：《二十世纪中国文学史论》，上海：东方出版中心，2005 年。

［56］王忠忱、董炳月编：《东亚人文》，北京：三联书店，2008 年。

［57］王桂妹：《文学与启蒙—〈新青年〉与新文学研究》，北京：中国社会科学出版社，2010 年。

［58］〔美〕韦勒克、沃伦：《文学理论》，刘象愚等译，北京：三联书店，1984 年。

［59］〔美〕魏定熙：《权利源自地位——北京大学、知识分子与中国政治文化（1898－1929）》，张蒙译，南京：江苏人民出版社，2015 年。

［60］夏晓虹、王风等著：《文学语言与文章体式：从晚清到"五四"》，合肥：安徽教育出版社，2006 年。

［61］徐新建：《民歌与国学——民国早期"歌谣运动"的回顾与思考》，成都：巴蜀集团，2006 年。

［62］许纪霖：《中国知识分子十论》，上海：复旦大学出版社，2003 年。

［63］〔美〕余英时：《士与中国文化》，上海：上海人民出版社，2003 年。

［64］〔美〕约翰·迈尔斯·弗里：《口头诗学：帕里－洛德理论》，朝戈金译，北京：社会科学文献出版社，2000 年。

［65］张卫中：《20 世纪中国文学语言变迁史》，北京：中国社会科学出版社，2013 年。

［66］张涛甫：《报纸副刊与中国知识分子现代转型》，桂林：广西师范大学出版社，2007 年。

［67］赵世瑜：《眼光向下的革命——中国现代民俗学思想史论》，北京：北京师范大学出版社，1999 年。

［68］止庵：《周作人传》，济南：山东画报出版社，2009 年。

［69］朱光潜：《诗论》，合肥：安徽教育出版社，1997 年。

［70］朱自清：《中国歌谣》，北京：北京联合出版公司，2015 年。

［71］朱自清：《新诗杂话》，北京：三联书店，1984 年。

［72］钟敬文：《民间文艺学及其历史》，济南：山东教育出版社，1998 年。

［73］武新军：《意识形态与百年文学》，开封：河南大学出版社，2011 年。

［74］袁盛勇：《历史的召唤：延安文学的复杂化形成》，北京：中国戏剧出版社，2007 年。

参考文献
CANKAO WENXIAN

[75] 艾克恩：《延安文艺史》，石家庄：河北教育出版社，2009 年。

[76] 罗岗 孙晓忠主编：《重返"人民文艺"》，上海：上海人民出版社，2019 年。

[78] 王荣主编：《发现与阐释——陕甘宁文艺研究新论》，西安：陕西师范大学出版总社，2019 年。

[79] 蒋孔阳：《美学新论》，北京：人民文学出版社，2006 年。

[80] 朱立元：《美学大辞典》（修订本），上海：上海辞书出版社，2014 年。

[81] 叶朗《美学原理》，北京：北京大学出版社，2018 年。

[82] 〔英〕考德威尔：《考德威尔文学论文集》，陆建德等译，南昌：百花洲文艺出版社，1995 年。

[83] Robert Redfield. Peasant Society and Culture. Chicago：University of Chicago press，1956.

四、学术论文类

[1] 曹成竹：《歌谣运动的"情感结构"——关于中国歌谣运动的回顾与反思》，博士文位论文，南京大学，2011 年。

[2] 曹成竹：《从"民族的诗"到"民族志诗学"——从歌谣运动的两处细节谈起》，《文艺理论研究》，2011 年第 8 期。

[3] 曹成竹：《"天才的"还是"集体的"：关于歌谣归属的文艺论争》，《民族艺术》，2016 年第 5 期。

[4] 陈泳超：《想象中的"民族"的诗》，《中国现代文学研究丛刊》，2006 年第 1 期。

[5] 陈泳超：《刘半农对民歌俗曲的借鉴与研究》，《中国现代文学研究丛刊》，2001 年第 1 期。

[6] 陈泳超：《周作人的民歌研究及其民众立场》，《鲁迅研究月刊》，2000 年第 9 期。

[7] 陈泳超：《周作人的儿童文学研究》，《求是学刊》，2000 年第 6 期。

[8] 陈永香：《对北大歌谣运动的再认识》，《上海师范大学学报》，

2000 年第 8 期。

［9］董炳月：《台静农乡土小说论》，《中国现代文学研究丛刊》，1994年第 2 期。

［10］邓伟：《试析五四时期语言文字建构的若干逻辑——以国语运动、白话文运动、方言文学语言为中心》，《文艺理论研究》，2016 年第 1 期。

［11］傅宗洪：《"音乐的"还是"文学的"——歌谣运动与诗学传统的再认识》，《中国现代文学研究丛刊》，2011 年第 9 期。

［12］郜元宝：《音本位还是字本位——在汉语中理解汉语》，《当代作家评论》，2002 年第 2 期。

［13］胡慧翼：《论五四知识分子先驱对民间歌谣的发现——以胡适、周作人、刘半农为中心》，《西南民族大学学报》，2003 年第 3 期。

［14］贺仲明：《"大众化"的讨论和新文学的自觉》，《中国社会科学》，2006 年第 6 期。

［15］贺仲明：《论民歌与新诗发展的复杂关系》，《中国现代文学研究丛刊》，2008 年第 4 期。

［16］旷新年：《胡适与白话文运动》，《中国现代文学研究丛刊》，1999 年第 2 期。

［17］旷新年：《"人"归何处？——"人的文学"话语的历史考察》，《中国现代文学研究丛刊》，2014 年第 1 期。

［18］李怡：《论中国现代新诗的歌谣化运动——兼论〈国风〉、〈乐府〉的现代意义》，《西南师范大学学报》，1994 年第 3 期。

［19］李怡：《重审中国新诗发展的启端——初期白话诗研究综述》，《中国现代文学研究丛刊》，1996 年第 2 期

［20］林分份：《周氏兄弟的民间立场及其对新文学的塑造》，《中国现代文学研究丛刊》，2008 年第 1 期。

［21］林分份：《"民众"信仰与"情感作用"—鲁迅民间文学和新文学论述中的身份认同》，《励耘学刊（文学卷）》，2009 年 2 期。

［22］刘继林：《民间话语与五四新诗》，博士学位论文，华中师范大

参考文献
CANKAO WENXIAN

学中文系，2011 年。

［23］宋剑华：《新文学对传统文化的批判与承续》，《中国社会科学》，2014 年第 11 期。

［24］刘进才：《一部歌谣与五篇序言——〈吴歌甲集〉引发的方言文学与国语问题》，《汉语言文学研究》，2014 年第 4 期。

［25］龙泉明：《论中国现代新诗的民间化运动》，《理论与创作》，1996 年第 6 期。

［26］刘淑玲：《〈大公报〉与中国现代文学》，《河北学刊》，2004 年第 3 期。

［27］冷霜：《废名新诗观念的形成与 20 世纪 30 年代中期北平学院诗坛氛围》，《中国现代文学研究丛刊》，2011 年第 6 期。

［28］刘锡诚：《北大歌谣研究会与启蒙运动》，《民间文化论坛》，2004 年第 3 期。

［29］刘锡诚：《歌谣研究乡土派及其历史地位》，《中国非物质文化遗产》第九辑，2005 年 8 月。

［30］刘锡诚：《董作宾：乡土研究的先驱》，《西北民族研究》，2004 年第 2 期。

［31］吕微：《现代性论争中的民间文学》，《文学评论》，2000 年第 2 期。

［32］刘晓春：《民俗与民族主义——基于民俗学的考察》，《学术研究》，2014 年第 8 期。

［33］李永东：《语体文的欧化与大众化之辩——评 1934 年的大众语论争》，《湘潭大学学报》，2007 年第 9 期。

［34］罗志田：《文学史上白话的地位和新文学中白话的走向——后五四时期提倡新文学者的内部论争》，《近代史研究》，2002 年第 2 期。

［35］罗志田：《走向国学与史学的"赛先生"》，《近代史研究》，2000 年第 3 期。

［36］彭春凌：《分道扬镳的方言调查——周作人与〈歌谣〉上的一场论争》，《中国现代文学研究丛刊》，2008 年第 1 期。

［37］彭春凌：《林语堂与现代中国的语文运动》，《中山大学学报》，2013 年第 2 期。

［38］彭春凌：《五四前后顾颉刚的思想抉择与学术径路》，《现代中文学刊》，2009 年第 8 期。

［39］商金林：《以小说参与时代的批评和变革——论台静农的〈地之子〉和〈建塔者〉》，《北京大学学报（哲社版）》，2002 年第 3 期。

［40］汪青梅：《歌谣与新诗——歌谣运动的理论论争和创作实践考察》，《文艺争鸣》，2011 年第 11 期。

［41］吴翔宇：《想象中国：五四儿童文学的局限与张力》，《文艺争鸣》，2013 年第 11 期。

［42］王富仁：《中国现代诗歌的发展》，《江苏社会科学》，2003 年第 1 期。

［43］王利娟：《周作人"儿童本位"观的理论资源及脉络》，《中国现代文学研究丛刊》，2014 年第 6 期。

［44］王风：《文学革命的胡适叙事与周氏兄弟路线——兼及"新文学""现代文学"的概念问题》，《中国现代文学研究丛刊》，2006 年第 1 期。

［45］王文参：《鲁迅与民间歌谣、谚语》，《学术交流》，2008 年第 3 期。

［46］夏明钊：《台静农传略》，《江淮文史》，2001 年第 3 期。

［47］姚涵：《"歌谣"与五四新文学的生成——以〈歌谣〉周刊为核心》，硕士学位论文，上海大学，2007 年。

［48］姚涵：《从"半侬"到"半农"——刘半农对中国现代文学的贡献》，博士学位论文，复旦大学，2009 年。

［49］燕世超：《批判的理论难以为继——论五四前后白话诗人对民间歌谣的扬弃》，《文学评论》，2002 年第 5 期。

［50］岳永逸：《保守与激进：委以重任的近世歌谣——李素英的〈中国近世歌谣研究〉》，《开放时代》，2018 年第 1 期。

［51］岳凯华：《歌谣的搜集：五四激进文人民间情怀的表达》，《中国文学研究》，2007 年第 1 期。

参考文献
CANKAO WENXIAN

[52] 袁先欣：《"到民间去"与文学再造：周作人汉译石川啄木〈无结果的议论之后〉前后》，《中国现代文学研究丛刊》，2017 年第 4 期。

[53] 张洁宇：《论早期中国新诗的本土化探索及其启示》，《中国现代文学研究丛刊》，2017 年第 9 期。

[54] 张光芒、徐仲佳：《性爱思潮与现代中国启蒙的崛起》，《天津社会科学》，2005 年第 4 期。

[55] 张弢：《现代报刊中的"歌谣运动"研究》，博士学位论文，南京师范大学，2013 年。

[56] 张桃洲：《论歌谣作为新诗自我建构的资源：谱系、形态与难题》，《文学评论》，2010 年第 5 期。

[57] 张永：《周作人民俗趣味与京派审美选择》，《文学评论》，2009年第 4 期。

[58] 赵黎明：《开辟新文学的另一种传统——〈歌谣〉周刊活动与五四新文学的构建》，《长江学术》，2009 年第 1 期。

[59] 赵黎明：《五四歌谣方言研究与"国语文学"的民族性诉求》，《学术论坛》，2005 年第 12 期。

[60] 赵京华：《周作人与柳田国男》，《鲁迅研究月刊》，2002 年第9 期。

[61]〔日〕今村与志雄：《鲁迅、周作人与柳田国男》，赵京华译，《中国现代文学研究丛刊》，1992 年第 1 期。

[62] 赵京华：《周作人的民族国家意识》，《文学评论》，2015 年第1 期。

[63] 朱自强：《"儿童的发现"：周作人"人的文学"的思想源头》，《中国现代文学研究丛刊》，2013 年第 10 期。

[64] 朱晓江：《语言与思想：胡适"白话文"主张的提出、受抑及转向——以新文化阵营内部的分歧为参照》，《学术月刊》，2016 年第 12 期。

[65] 朱晓江：《"新文学"内部的歧见：对"新文明"的不同想象——以梁启超、胡适、周氏兄弟为中心的考察》，《中国现代文学研究丛刊》，2014 年第 11 期。

［66］万建中：《"人民性"：民间文艺的核心所在——对习近平总书记关于文艺重要论述的理解》，《民族文学研究》，2018 年第 6 期。

［67］武新军：《文学资源：从开放到封闭——论延安文学的民族化、大众化与现代化》，《西南民族大学学报》，2006 年第 5 期。

［68］王银辉：《关于文艺人民性的四维度理论构建》，《兰州学刊》，2018 年第 6 期。

［69］泓峻：《优秀传统文化的发扬与文艺人民性的实现》，《湖南社会科学》，2015 年第 3 期。

［70］袁盛勇：《延安文学及延安文学刍议》，《文学评论》，2005 年第 1 期。

［71］黄景春：《当代红色歌谣及其社会记忆——以湘鄂西地区红色歌谣为主线》，《民族文学研究》，2017 年第 3 期。

［72］高有鹏：《红色歌谣是中华珍贵的民族文化遗产》，《民间文化论坛》，2011 年第 3 期。

［73］张鲁：《峥嵘岁月的歌——忆"鲁艺"河防将士访问团》，《音乐研究》，2001 年第 2 期。

附　录

《歌谣》周刊 150 期目录

20 世纪 20 年代前期（1922 年 12 月 17 日第 1 期—1924 年 3 月 23 日第 48 期）编辑常惠、周作人，竖排。

20 世纪 20 年代后期（1924 年 4 月 6 日第 49 期—1925 年 6 月 28 日第 97 期）编辑顾颉刚、董作宾，横排。

20 世纪 30 年代（1936 年 4 月 4 日 2 卷 1 期—1937 年 6 月 26 日 3 卷 13 期）编辑徐芳、李素芳、胡适等，竖排。

注：前九期均在内容之前附有《本刊启事》：（一）本刊现在属于日刊的附张，每逢星期一随日刊加赠一份，暂不零售。（二）本刊欢迎关于歌谣、谚语和民间风俗的论文；但是因为篇幅有限，投稿要简短精确的才好。

期数	时间	研究文章 1	研究文章 2	选录歌谣	来件、转录等
1	1922.12.17	沈兼士《歌谣周刊缘起》	周作人《发刊词》常惠《对于投稿诸君进一解》	民歌（广西 2、广东 2、浙江 2）儿歌（广东 3、浙江 2、江苏 1、四川 2）	《本会征集全国近世歌谣简章》、来件

期数	时间	研究文章1	研究文章2	选录歌谣	来件、转录等
2	1922.12.24	常惠《我们为什么要研究歌谣（上）》		民歌（江苏3、安徽1、湖北3）儿歌（江苏2、安徽3、湖北4）	来件
3	1922.12.31	常惠《我们为什么要研究歌谣（下）》		民歌（河南2、直隶4、山东2）儿歌（河南3、直隶2、山东2）	来件
4	1923.1.7	白启明、常惠的通信《几首可作比较研究的歌谣》	蔚文、常惠通信 为君（常惠）《歌谣的起源》	歌谣集录（《下雨下雪》）河南3浙江1山东1直隶2陕西1	更正、来函简章、来件
5	1923.1.14	张四维、常惠等讨论		民歌（江西2、湖南2、贵州4）儿歌（江西5、陕西2）	来件
6	1923.1.21	编者《几首不完全的歌谣》		民歌（陕西3、湖北1、山东1）儿歌（陕西4、京兆4）	转录周作人《中国民歌的价值》来件
7	1923.1.28	腥脓《再比较一下》		民歌（安徽2）儿歌（湖北3、山西3）	来件、转录《歌谣讨论》顾颉刚和沈兼士《晨报》通信
8	1923.3.4	常惠《歌谣中的家庭问题》		民歌（奉天4、山西13）儿歌（山西4）	公布、来件转录《歌谣讨论》顾颉刚和魏建功《晨报》通信

期数	时间	研究文章 1	研究文章 2	选录歌谣	来件、转录等
9	1923.3.11	编者《台湾的歌谣序》		民谣（台湾 30）童谣（台湾 19）	转录《歌谣讨论》顾颉刚、魏建功、沈兼士讨论、来件
10	1923.3.18	周作人《读〈童谣大观〉》		民歌（云南 4、贵州 2、四川 2、广西 4）儿歌（云南 4、贵州 4、四川 4、广东 2、广西 2）	《本会征集全国近世歌谣简章》来件
11	1923.3.25	常惠、戴般若《通信》		民歌（云南 4、四川 7、湖南 2、广东 22）歌谣集录《麻野雀》（通行于直隶、山东、安徽、京兆、天津、河南、江西、江苏、广西等县 35 首）	来函 张四维、常惠《通信》来件
12	1923.4.1	周作人《吕坤的"演小儿语"》		《演小儿语》（46）附录（儿歌 6）儿歌（安徽 16、浙江 5）	转录郭绍虞《村歌俚谣在文艺上的位置》来件
13	1923.4.8	邵纯熙《我对于研究歌谣发表一点意见》（分类）		民歌（京兆 2、直隶 4、河南 4、山东 6）儿歌（直隶 2、河南 6）歌谣集录《姑娘吊孝》2 首	

期数	时间	研究文章1	研究文章2	选录歌谣	来件、转录等
14	1923.4.15	杨世清《一首歌谣整理的经过》	白启明《对〈我对于研究歌谣发表一点意见〉的商榷》	民歌（江西1、湖南10、广东33、广西4）	转录李嵿《歌谣谚语注释引言》来件
15	1923.4.22	邵纯熙《歌谣分类问题》		民歌（江苏8）儿歌（江苏2、江西2、浙江14）	来稿照登郑宾于《通信》转录顾颉刚《吴歈集录的序》更正
16	1923.4.29	家斌译《英国搜集歌谣的运动》	刘文林、白启明《再论歌谣分类问题》	民歌（湖南8、湖北4）儿歌（湖南8、湖北3）	来件转录仲密《歌谣》
17	1923.5.6	常惠、邵纯熙讨论《歌谣分类问题》		民歌（河南10、山西12）儿歌（河南16、山西14）	来件勘误
18	1923.5.13	家斌译《民歌》Andrew lang 著		民歌（京兆7、直隶9、陕西5）儿歌（京兆7、直隶12）	转录常悲《帮助研究近世歌谣的朋友》、韦大列《北京的歌谣序》来件
19	1923.5.20	家斌译《民歌》（续）Andrew lang 著		民歌（山东14）儿歌（山东24、陕西4）	

期数	时间	研究文章1	研究文章2	选录歌谣	来件、转录等
20	1923.5.27	周作人《读〈各省童谣集〉》	青柳《读〈各省童谣集〉第一册》	民歌（广西柳州情歌108）	来件 转录周作人译 韦大列《北京的歌谣序》
21	1923.6.3	白启明《歌谣中"儿"音的问题》		民歌（湖北7、江西2、湖南1）儿歌（湖北8、江西6、湖南10）	转录 何德兰《中国的儿歌序》
22	1923.6.10	为君《"子"和"儿"的问题》		民歌（浙江5、江苏6、安徽4）儿歌（浙江10、江苏8、安徽4）	转录 王礼锡《安福歌谣的研究》
23	1923.6.17	家斌《歌谣的特质》		民歌（京兆5、奉天1）儿歌（京兆5、直隶8、奉天1）歌谣集录《姑娘吊孝》2首	转录 王礼锡《安福歌谣的研究》（续）
24	1923.6.24	编者《我们将来的希望》		江阴船歌（20）刘半农 湖南山歌（19）	来件《本会收到歌谣数目（1922.12—1923.6）》3569首

自25期起"本周刊因外界各方面的要求，自本期起改为另售，不再与'日刊'附送了"。

期数	时间	研究文章1	研究文章2	选录歌谣	来件、转录等
25	1923.9.23	刘复 《海外的中国民歌》		民歌（广西15） 儿歌（广西25）	来件
26	1923.9.30	《俄国伊凤阁和北大歌谣研究会的通信》		民歌（湖南20、广西5） 儿歌（湖南19、广西2）	来件 简章
27	1923.10.7	何植三、常惠 《歌谣分类的商榷》		民歌（云南24） 儿歌（云南16）	来件
28	1923.10.14	温寿链 《福建龙岩县的风俗调查》		民歌（安徽15） 儿歌（安徽29）	来件
29	1923.10.21	何植三 《搜集歌谣的困难》		民歌（湖北6、四川18） 儿歌（湖北7、四川19）	来件 简章
30	1923.10.28	刘经庵 《歌谣与妇女》	舒丹鹤 《与歌谣研究会通信》	民歌（山东10） 儿歌（山东16）	转录 来件
31	1923.11.4	周作人 《歌谣与方言调查》		民歌（山东22） 儿歌（山东18）	来件
32	1923.11.11	董作宾 《歌谣与方音问题》		民歌（山西15） 儿歌（山西19）	来件
33	1923.11.18	黄檗 《歌谣谈》		民歌（直隶17） 儿歌（直隶29）	转录 周作人《儿歌之研究》
34	1923.11.25	白启明 《采集歌谣的一个经济方法》	董作宾、编者 《关于方音问题的讨论》	民歌（直隶13） 儿歌（直隶16）	转录 周作人《儿歌之研究》（续）
35	1923.12.2	容肇祖 《征集方言的我见》		民歌（江苏18） 儿歌（江苏14）	来件

《歌谣》周刊 与新文学的建构

期数	时间	研究文章 1	研究文章 2	选录歌谣	来件、转录等
36	1923.12.9	何植三《搜集歌谣的附带收获》	何以庄《我对歌谣研究会的一点希望》	民歌（浙江 22）儿歌（浙江 31）	来件
37	1924.12.16			月歌集录 58 首（有关月亮的歌）（直隶 11、奉天 1、山东 2、河南 1、山西 3、江苏 1、安徽 4、江西 3、福建 2、浙江 2、湖北 2、湖南 4、陕西 1、四川 4、广东 12、广西 2、云南 3、贵州 1）	

1923.12.17 另出《歌谣周年纪念增刊》

钱玄同　　《歌谣音标私议》

林玉堂　　《研究方言应有的几个语言学观察点》

魏建功　　《记录歌谣应全注音并标语调之提议》

黎锦熙　　《歌谣调查根本谈》

沈兼士　　《今后研究方言之新趋势》

杨世清　　《怎样研究歌谣》

周作人　　《猥亵的歌谣》

章洪熙　　《中国的情歌》

张四维　　《云南山歌与猓猡歌谣》

刘达九　　《从采集歌谣得来的经验和佛偈子的介绍》

白启明　　《一首古代歌谣（弹歌）的研究》

卫景周　　《歌谣在诗中的地位》

何植三　《歌谣与新诗》

黄　朴　《歌谣与政治》

何　尤　《我的研究歌谣》

邵纯熙　《我之采集歌谣的兴趣与经过及本刊将来的希望》

常　惠　《一年的回顾》

期数	时间	研究文章1	研究文章2	选录歌谣	来件、转录等
38	1923.12.23	舒大桢、顾颉刚通信《我对于研究歌谣的一点小小意见》		民歌（广东29）儿歌（广东27）	来件
39	1923.12.30	顾颉刚《从诗经中整理出歌谣的意见》	刘策奇《我采录歌谣的说明》	民歌（广东平远山歌82、平远情歌38、澄海山歌9、五华情歌30）	
40	1924.1.6	编者《一九二四年应做的事》	孙少仙《论云南的歌谣》	民歌（云南弥渡山歌26、个旧山歌75）	来件
41	1924.1.13	魏建功《歌谣表现法之最重要者——重奏复沓》		民歌（河南14）儿歌（河南21）	来件
42	1924.1.20	许竹真《我今后研究歌谣的方法》	许竹真《看歌谣后的一点感想》	民歌（河南5）儿歌（河南19）	来件 转录常惠《谈北京的歌谣》
43	1924.1.27	孙少仙《研究歌谣应该打破的几个观念》	许竹真《我采集迷信歌后的一点感想》	民歌（江西12）儿歌（江西15）	转录常惠《谈北京的歌谣》（续）来件 更正

附录
FULU

《歌谣》周刊与新文学的建构

期数	时间	研究文章1	研究文章2	选录歌谣	来件、转录等
44	1924.2.24	白启明《采集歌谣所兼收的歇后语》	杨德瑞、常惠《读歌谣周刊后所采集的几种歌谣》	民歌（陕西9）儿歌（陕西4）	
45	1924.3.2	王肇鼎《怎样去研究和整理歌谣》		民歌（湖北5）儿歌（湖北9）	纪事《本会常会并欢迎新会员纪事》来件
46	1924.3.9	刘经庵《歌谣中的舅母与继母——妇女的教育与儿童的文学》		民歌（四川6）儿歌（四川6）	转录Q（胡适）《歌谣的比较的研究法的一个例》
47	1924.3.16	林玉堂《北大研究所国学门方言调查会宣言书》	杨德瑞《几首关于政治的歌谣》	民歌（京兆6）儿歌（京兆14）	转录白启明《歌谣谜语谈——白启明在河南第一师校讲演》
48	1924.3.23	杨世清《从歌谣看我国妇女的地位》		民歌（山东6）儿歌（山东10）	通讯刘复在巴黎与沈兼士、周作人、常惠通信

从49期起，《歌谣》周刊变为横排，内容侧重于民俗与方言，编辑变为顾颉刚、董作宾等。

期数	时间	研究文章1	研究文章2	选录歌谣	专集、来件、纪事等
49	1924.4.6	董作宾《为方言进一解》通讯 林玉堂、毛坤	许竹真《论云南民歌》	江苏山歌44	
50	1924.4.13	顾颉刚《东岳庙的七十二司》	董作宾《"研究婴孩发音"的提议》	民歌（安徽10）儿歌（安徽10）	来件《歌谣纪念增刊》的广告
51	1924.4.20	魏建功《拗语的地方性》		民歌（福建16）儿歌（福建9）	转录 吴立模《五更调与五更转》刘复与吴立模的通信
52	1924.4.27	容肇祖《反切的秘密语》	顾颉刚《两个出殡的导子账》	民歌（四川16）儿歌（四川10）	
53	1924.5.4	吴立模《苏州的嘲笑与诅骂的歌谣》	白启明《河南民众文艺之一（谜语）的例举及其类目》	民歌（奉天4）儿歌（奉天3）	
54	1924.5.11	刘策奇《獞话的我见》《故事中的歌谣》	刘枝《对于搜集民间故事的一点小小意见》	民歌（奉天10）儿歌（奉天17）	通讯 黄檗和顾颉刚关于东岳庙的通信 来件、更正

期数	时间	研究文章1	研究文章2	选录歌谣	专集、来件、纪事等
55	1924.5.18	林玉堂《方言标音专号》《方言调查会方音字母草案》	《方言标音实例》北京音、苏州音、绍兴音、绩溪音、南阳音、黄冈音、湘潭音、昆明音、广州音、潮州音、厦门音、成都音、福州音、蕉岭音		《方言研究会简章及第二次常会纪事》
56	1924.5.25	婚姻专号之一董作宾《一对歌谣家的婚仪》	杨德瑞《北京的旧式婚姻》顾颉刚《一个"全金六礼"的总礼单》	歌谣（直隶1、河南4、天津1）	本刊启事
57	1924.6.1	婚姻专号之二郑宾于《歌谣中的婚姻观》宁淑《几首北京的婚姻的谣歌——拟常维钧的歌谣中的家庭问题》	孙少仙《云南关于婚姻的歌谣》刘策奇《瑶人的婚姻》	歌谣（直隶1、广东1、江苏1、浙江4）	
58	1924.6.8	婚姻专号之三顾颉刚《一个光绪十五年的"夜目"》	孙少仙《云南旧式婚仪之一斑》黄樸《读书人之妻的婚姻观》	歌谣（云南5）	纪事《研究所国学门风俗调查会开会纪事》来件

期数	时间	研究文章1	研究文章2	选录歌谣	专集、来件、纪事等
59	1924.6.15	婚姻专号之四 白启明 《河南婚姻歌谣的一斑》			
60	1924.6.22	乐均士 《我为什么要做介绍人》 张安人《龙县闹洞房的歌谣》	重九 《苏州的唱本》 刘策奇 《獞人情歌》（官话）	歌谣（摇货郎）（类似唱本）	
61	1924.6.29	顾颉刚 《东岳庙游记》	黄檗 《搜集歌谣所兼收之又一部分——截尾语》		转载 嘉白 《童谣底艺术的价值》 来件 《本会收到各省歌谣数目总表》（1923.6—1924.6） 7667首
62	1924.10.5 前刊《本刊的今后》	专号一 "看见她" （流传于陕西、山西、河北、直隶、河南、山东、江西、四川、湖北、湖南、江苏、安徽等地的同一母体歌谣45首）			
63	1924.10.12	专号一"看见她"（2） 董作宾《一首歌谣整理研究的尝试》			

期数	时间	研究文章1	研究文章2	选录歌谣	专集、来件、纪事等
64	1924.10.19	董作宾《一首歌谣整理研究的尝试（续）》	刘经庵、董作宾《关于"看见她"的通讯》		专集 顾颉刚《吴歌甲集目录》《吴歌甲集卷上》征题二"孟姜女"来件
65	1924.10.26	魏建功《医事用的歌谣》	Tsertshii Lieu《再论歌谣采集的方法》		专集 顾颉刚《吴歌甲集卷上》（续）传说 沈安贫《一般关于歌谣的传说》征题三"医事用的歌谣"
66	1924.11.2		《方言标音实例》（补）如皋音		专集 顾颉刚《吴歌甲集卷上》（二续）传说 魏建功《"耕青草"歌谣的传说》征题四"关于歌谣的传说"

期数	时间	研究文章1	研究文章2	选录歌谣	专集、来件、纪事等
67	1924.11.9	董作宾《民俗文学中的"鸦片烟"》			专集 顾颉刚《吴歌甲集卷下》 歌谣杂谈（一）钟敬文《读"粤东笔记"》 征题五 关于"鸦片烟"的民间作品 《方言研究会启事》
68	1924.11.16	傅振伦《歌谣杂说》	傅振伦《谜语歇后语研究之一斑》		专集 顾颉刚《吴歌甲集卷下》（续） 歌谣杂谈 钟敬文《读"粤东笔记"》（续） 征题六"娶了媳妇忘了娘" 《方言研究会启事》
69	1924.11.23	专号二"孟姜女"顾颉刚《孟姜女故事的转变》			
70	1924.11.30	董作宾《北京城里方言化的地名》	胡适、许原道与董作宾《关于"看见她"的通讯》		专集 顾颉刚《吴歌甲集卷下》（续） 歌谣杂谈（二）钟敬文《南洋的歌谣》

续表

期数	时间	研究文章1	研究文章2	选录歌谣	专集、来件、纪事等
71	1924.12.7	C.K.《歌曲之辞语及调谱》	郑孝观（郑宾于）与壮严、魏建功、顾颉刚等通信《江南风俗一零》		专集 顾颉刚《吴歌甲集卷下》（续）歌谣杂谈（三）钟敬文《山歌》征题七："雷峰塔与白蛇娘娘"歌谣小丛书第一编"看见她"出版
72	1924.12.14	魏建功《暇辞》	钟敬文与王嗣顺通信		专集 顾颉刚《吴歌甲集卷下》（续）歌谣杂谈（四）钟敬文《潮州婚姻的俗诗》来件 征题八："腊八粥"
73	1924.12.21	专号二"孟姜女"（2）顾颉刚《孟姜女故事的转变》（续）	附录一《孟姜女寻夫（鼓词）》附录二《孟姜女十二月花名（唱春调）》附录三《最新孟姜女十二月花名（南京唱本）》		

期数	时间	研究文章1	研究文章2	选录歌谣	专集、来件、纪事等
74	1924.12.28	刘策奇《迷信的术语》	杨德瑞《读〈医事用的歌谣〉的杂感》		专集 顾颉刚《吴歌甲集卷下》（续） 歌谣杂谈（五）钟敬文《海丰人表现于歌谣中之婚姻观》 歌谣杂谈（六）《猥亵的歌谣》 征题九"蓝靛厂哭五更"
75	1925.1.4	专号三"腊八粥" 乐均士《北京的"腊八粥"》 董作宾《南阳的腊八粥》 程慧生《山西的腊八粥》 刘澄清《束鹿的腊八粥》 陶模《崇明的腊八粥》	问题及答案（平山、滦县、高阳、无极、易县、赵县、固安、大同、开封、成都、济源、彭水、峨眉、苏州、江阴、砀山、太兴、绩溪、陕西）等地方有八宝粥 绍兴、江山、西阳阿迷等地方没有八宝粥		

附录
FULU

263

期数	时间	研究文章1	研究文章2	选录歌谣	专集、来件、纪事等
76	1925.1.11	专号二"孟姜女"（3）顾颉刚《顾颉刚启事》附录二补工尺谱《孟姜女十二月花名（唱春调）》工尺谱	附录四《孟姜女十二月歌》（广西象县）附录五《孟姜四季歌》（北京）附录六《孟姜女哭长城》（河南唱本）附录七《孟姜仙女宝卷》（广西象县）		
77	1925.1.18	壮严《由坤宁宫得到的几种满人旧风俗》李璞《川东通行的医事歌谣》	刘策奇《奶母经》张苹、董作宾《关于"看见她"的通讯（四）》		专集 顾颉刚《吴歌甲集卷下》（续）歌谣杂谈（七）钟敬文《故事之俚谚》歌谣杂谈（八）钟敬文《从古诗改出来的歌谣》征题十"监狱五更"
78	1925.2.15	尚严《由坤宁宫得到的几种满人旧风俗》（二）	钟敬文《答王嗣顺先生讨论山歌的信》刘策奇《关于"看见她"通讯（五）》		专集 顾颉刚《吴歌甲集卷下》（续）歌谣杂谈（九）钟敬文《附会的歌谣》本刊征题（十一）"一个娘三寸长"

期数	时间	研究文章1	研究文章2	选录歌谣	专集、来件、纪事等
79	1925.2.22	专号二"孟姜女"(4) 顾颉刚 《关于孟姜女故事的通讯》(与钟敬文、刘策奇、郭绍虞、伍家宥、何植三、徐光熙等的通信)	附录七《孟姜女宝卷》(续)		
80	1925.3.1	尚严 《由坤宁宫得到的几种满人旧风俗》(三)	何植三 《读〈医事用的歌谣〉》 通讯 刘复 《太平天国时代的民歌》		专集 顾颉刚 《吴歌甲集卷下》(续) 歌谣杂谈(十) 钟敬文 《歌谣之一种表现法——双关语》
81	1925.3.8	刘策奇 《广西语言概论》 王文彬 《关于完婚的几首歌谣》	张四维、常维钧 《关于"看见她"的通讯》(六)		专集 顾颉刚 《吴歌甲集卷下》(续) 歌谣杂谈(十一) 钟敬文 《海丰的邪歌》 来件 转录《无线电传达歌谣》
82	1925.3.15	袁复礼 《甘肃的歌谣——"话儿"》		甘肃歌谣34 陕西歌谣17	传说 《刘三姐》刘策奇

期数	时间	研究文章 1	研究文章 2	选录歌谣	专集、来件、纪事等
83	1925.3.22	专号二"孟姜女"（5）顾颉刚《启事》	顾颉刚与刘复、钟敬文等通信《敦煌写本中之孟姜女小唱》《情史及戏曲大全中之孟姜女》		图书《宋本列女传中之杞梁妻》顾颉刚《插图的说明》附录《孟姜仙女宝卷（再续）》云山风月主人
84	1925.3.29	林玉堂《征求关于方言的文章》傅振伦《歌谣分类问题的我见》			专集 顾颉刚《吴歌甲集卷下》（续）
85	1925.4.5	《方言字母表》刘策奇《明贤遗歌》	钟敬文、董作宾《关于"看见她"的通讯》（七）		专集 台静农《淮南民歌第一辑》歌谣杂谈（十二）钟敬文《故事的歌谣》（十三）《再谈海丰医事用的歌谣》（十四）偏韵语（十五）叠韵语 勘误
86	1925.4.12	专号二"孟姜女"（6）顾颉刚《杞梁妻的哭崩梁山》	魏建功、顾颉刚通信《杞梁姓名的变迁与哭崩之城的变迁》		致谢 图画《宝卷中之万里侯喜良与孟姜仙女》

期数	时间	研究文章1	研究文章2	选录歌谣	专集、来件、纪事等
87	1925.4.19	傅振伦《歌谣的起源》	鲁迅、王森然通信	歌谣辑录 曲周9首	专集 台静农《淮南民歌第一辑》(续)
88	1925.4.26	董作宾《福州民歌的第一章》		歌谣辑录 黔北一带佛偈子16首	专集 台静农《淮南民歌第一集》(续) 杂记 顾颉刚《吴歌甲集附录(一)》
89	1925.5.3	方言研究号 易秋声《对于征求方言一点意见》 毛坤(译)《现行中国之异族语及中国方言之分类》	林语堂《关于中国方言的洋文论著目录》 傅振伦《方言研究之一零》		
90	1925.5.11	专号二"孟姜女"(7) 顾颉刚《孟姜女十二月歌与放羊调》 钱肇基《黄世康秦孟姜碑文》	通讯 钱肇基《南曲谱及民众艺术中之孟姜女》 钟敬文《送寒衣的传说与俗歌》		图画 《戏剧中的孟姜女》 附录七 《孟姜仙女宝卷》 顾颉刚致谢
91	1925.5.18	郑宾于《在保定留守真庙会中得的一首唱歌》 钟敬文《谈谈海丰医事用的歌谣》	徐玉诺《泉州的民众艺术》	口北歌谣15首 《电车十怕》(最近通行于北京的歌谣)	专集 台静农《淮南民歌第一集》(续) 写歌杂记 顾颉刚《野有死麕》

《歌谣》周刊与新文学的建构

期数	时间	研究文章 1	研究文章 2	选录歌谣	专集、来件、纪事等
92	1925.5.24	敬文《混号》	建功《读歌札记》	口北歌谣 97 首	杂记 顾颉刚《吴歌甲集附录 （一）》（续）
93	1925.5.31	专号二 "孟姜女"（8） 顾颉刚《杞梁妻哭甭的城》	通讯 钱肇基《孟姜女鼓词与听稗鼓词》 郑孝观《畿辅通志中的孟姜女》 周作人《山海关孟姜女墓》		附录七《孟姜女宝卷》（续）
94	1925.6.7	锡襄《"诸娘"衣饰》 钱肇基《"俗谜"溯原》	建功《读歌札记》（续）		杂记 顾颉刚《吴歌甲集附录（一）》《野有死麕》（二）
95	1925.6.14	江鼎伊《我为童谣的过去和将来》	建功《读歌札记》（续）		杂记 顾颉刚《吴歌甲集附录（一）》九 跳槽之二十、儿歌比较一斑

期数	时间	研究文章1	研究文章2	选录歌谣	专集、来件、纪事等
96	1925.6.21	专号二"孟姜女"(9) 顾颉刚 《孟姜女专号的小结束》 征求（十则）	通讯 钟敬文《筑城曲与贯休诗》 钱肇基《南曲谱一词两见之理由》 郭绍虞《万卷堂书目中之孟姜女集》 容庚《曹娥碑之真迹与拓本的问题》		附录七 《孟姜女宝卷》（续） 附录八 《孟姜女四季歌》（浙江） 致谢 《孟姜女专号》总目录
97	1925.6.28	启事 顾颉刚 《吴歌甲集自序》 台静农 《致淮南民歌的读者》 钱肇基 《"俗谜"溯原补》			转录 台静农 《山歌原始之传说》 来件 介绍新著 《南通方言疏证》 《通俗常言疏证》

《歌谣》周刊停刊并入北京大学研究所《国学门周刊》，于1925年10月14日创刊，由国学门编辑室、歌谣研究会、方言调查会、风俗调查会、考古学会和明清史料整理会所有的材料组合而成。

《歌谣》周刊于1936年复刊，编排重新变为竖排，编辑主要是徐芳、李素英，胡适做指导。

期数	时间	研究文章1	研究文章2	歌谣、故事等选录	来件、启事等
1	1936.4.4	胡适《复刊词》	徐芳《儿歌的唱法》	湖南情歌2 湖南歌谣3 浙江歌谣3 广东儿歌2 安徽歌谣2 江苏歌谣1	《编印新国风丛书计划》 本刊启事
2	1936.4.11	朱光潜《从研究歌谣后发我对诗的形式问题意见的变迁》	李素英《吴歌的特质》	贵州歌谣1 河北歌谣4	本刊启事
3	1936.4.18	周作人《绍兴儿歌述略序》容肇祖《说山歌的起源》	顾颉刚《卖解的歌》	江苏渔歌3 山东歌谣2 安徽山歌5 广西采茶歌2 湖南歌谣8 客家山歌12 福建情歌2 河北儿歌5	通信《关于〈儿歌的唱法——孙揆百先生来信〉》
4	1936.4.25	吴世昌《打趣的歌谣》	孔藏《广州的民歌》	四川歌谣3 四川民歌4 贵州歌谣3 广东山歌8 湖北歌谣2 湖南情歌5	启事《国语周刊社征求〈歌谣〉周刊》
5	1936.5.2	魏建功《从如皋山歌与冯梦龙山歌见到采录歌谣应该注意的事》		河南民歌10 河北儿歌5	

期数	时间	研究文章1	研究文章2	歌谣、故事等选录	来件、启事等
6	1936.5.9	李长之《歌谣是什么》	杨向奎《歌谣中的姑嫂》	云南儿歌5 河北儿歌3 山东儿歌2 山东民歌2	编者的话
7	1936.5.16	罗庸《歌谣的衬字与泛声》（有谱式）	容肇祖《一千年前的一首吴音山歌》罗香林《民间世说序》	贵州山歌4 广东小调1 湖南情歌2 客家山歌4 江苏歌谣2 江苏船歌1	
8	1936.5.23	刘万章《广东潮阳的儿歌——序林桢潮阳儿歌集》		广东山歌3 广西山歌1 河北歌谣3 安徽歌谣10 山东歌谣1	记事《风谣学会组织大纲》
9	1936.5.30	梁实秋《歌谣与新诗》	寿生《莫把活人抬在死人坑》	江苏歌谣13 福建歌谣1	
10	1936.6.6	孟森《唱山歌之清史料》	容肇祖《宋明集录谣谚的两种书》卓循《写给歌谣是什么的作者》	浙江歌谣3 广东儿歌7 湖南歌谣6	通信 顾颉刚和编辑的通信
11	1936.6.13	林庚《歌谣不是乐府亦不是诗》	李家瑞《三宗宝》	四川儿歌4	
12	1936.6.20	李长之《论歌谣仍是个人的创作》	林庚《为"歌谣"作文有感》闻宥《摩些情歌》	安徽歌谣2 河北儿歌8 湖南儿歌2 山东歌谣2	

《歌谣》周刊与新文学的建构

期数	时间	研究文章1	研究文章2	歌谣、故事等选录	来件、启事等
13	1936.6.27	寿生《答李长之先生》	郝瑞恒《晋省中部的秧歌》	江苏歌谣2 江苏儿歌2 福建歌谣3 广东儿歌2 山东儿歌2	启事
14	1936.9.5	容肇祖《粤讴及其作者》	林培庐《汉代崔寔的"农家谚"》	山东儿歌12 浙江民歌2 河北歌谣3 广东儿歌3 河南民歌4	编者的话
15	1936.9.12	苏子涵《儿歌中的教训与希望》		浙江歌谣12 江苏歌谣2	王国栋《河北省谚语类辑——写在河北省谚语类辑的前面》赵元任《苏州方音注音符号与宽式国际音标对照表》
16	1936.9.19	台静农《从"杵歌"说到歌谣的起源》		河南歌谣2 塞北歌谣10	王国栋辑《河北省谚语类辑》（续）
17	1936.9.26	徐芳《北平的喜歌》		贵州儿歌5 广东儿歌4 安徽歌谣2 浙江歌谣7	
18	1936.10.3	郭麟阁《法兰西古代的恋歌》		河北歌谣5 湖北歌谣8	王国栋辑《河北省谚语类辑》（续）

期数	时间	研究文章1	研究文章2	歌谣、故事等选录	来件、启事等
19	1936.10.10	冯沅君《论杵歌》	赵景深《宁波的歌谣》	浙江歌谣 3 云南歌谣 1 湖南歌谣 3 客家山歌 12 河北儿歌 3	张清水《〈梅县童歌〉书评》 通信 徐芳、李永俟关于《北平的喜歌》的通信
20	1936.10.17	赵元任《无锡方音宽式国际音标草案》	佟晶心《夯歌》	富阳故事谜 3 青海蕃族情歌12 塞北儿歌 15 河北歌谣 11	
21	1936.10.24	于道源译《歌谣论——卡塔鲁尼亚卡隆司原作》	屈翼鹏《农村里对于物质文明的观感所产生的歌谣》 寿生《贵州民间故事》	浙江歌谣 8 广东歌谣 2 河南儿歌 2 四川歌谣 2 福建歌谣 2 福建儿歌 1 四川情歌 3	编者的话
22	1936.10.31	于道源译《歌谣论——卡塔鲁尼亚卡隆司原作》（续）	傅志蠡《定州塔的故事》	浙江歌谣 5 湖南歌谣 2 河南歌谣 5 湖南情歌 2	王国栋《河北省谚语类辑》
23	1936.11.7	吴歌专号 顾颉刚《吴歌小史》			
24	1936.11.14	周丰一译《"乡土童谣"与"乡土民谣"——野口雨情原作》	于道源译《童话型式表——翟孟生原著》 永炭《北平故事谜》	陕西歌谣 3 河北歌谣 5 四川儿歌 2 福建歌谣 5	

期数	时间	研究文章1	研究文章2	歌谣、故事等选录	来件、启事等
25	1936.11.21	李家瑞《谈嫁娶喜歌》	于道源译《童话型式表》	湖南情歌 4 河北歌谣 9 塞北歌谣 7	王国栋《河北省谚语类辑》
26	1936.11.28	朱光潜《性欲"母题"在原始诗歌中的位置》	于道源译《童话型式表》 熊海平《回忆中的两首沈县歌谣》	浙江歌谣 14 安徽采茶歌 10 河北歌谣 2	通信
27	1936.12.5	娄子匡《谭训导故事——序娄子伦编译"小老鼠的冒险"》 傅志蠢《鬼修城的故事》	于道源译《童话型式表》	浙江歌谣 7 客家山歌 4 贵州山歌 3	书报介绍 书名:《巫术科学宗教与神话》 作者:英国马林诺夫斯基 译者:李安宅
28	1936.12.12	陆侃如《读〈吴歌小史〉》 杨向奎译《蒙古的歌谣——吉村忠三原著》	于道源译《童话型式表》	豫西民间小曲 1 广东歌谣 4 浙江歌谣 2 河北儿歌 2	通信 两封讨论"吴歌"的信 (一)赵万里先生来信 (二)李家瑞先生来信
29	1936.12.19	知堂译《儿歌里的萤火——北原白秋著"日本童谣讲话"之一章》	于道源译《童话型式表》 李永俟《北平故事谜》3	塞北歌谣 7 江西儿歌 8 陕西歌谣 4	通信 周作人和读者侯力关于日文《流行歌民谣全集》的通信

期数	时间	研究文章1	研究文章2	歌谣、故事等选录	来件、启事等
30	1936.12.26	顾随《山东省民间流行的水浒传》方纪生译《俄国之民俗文学——克鲁泡特金原著》	张为纲《江西南昌的长工歌》	河南儿歌6河北歌谣8	书籍广告批评介绍中国出版物的《书人月刊》
31	1937.1.2	容肇祖《粤讴之作者招子庸传》	张为纲《歌谣中之联响跟联想》	四川情歌9	
32	1937.1.9	寿生《我所知道的山歌的分类》		江苏歌谣2河北歌谣1四川情歌3	
33	1937.1.16	顾廷龙《补"吴歌小史"》	宗丕风《察北蒙人礼谷》顾良《十二支花鼓》	河南歌谣10湖南歌谣6	通信张为纲和编辑的通信
34	1937.1.23	於菟《言语的禁忌》	刘万章《歌谣中的庾词》	贵州山歌32河北歌谣1	
35	1937.1.30	於菟《萤火虫——一个歌谣母题的比较》	马诒统遗著《天壶书札》林培庐《潮州民间传说》	河南歌谣3江苏儿歌4湖南情歌3河北歌谣3塞北歌谣13	启事
36	1937.2.27	李长之《略谈德国民歌》			

期数	时间	研究文章1	研究文章2	歌谣、故事等选录	来件、启事等
37	1937.3.6	佟晶心《探讨"宝卷"在俗文学上的地位》	清水《旧历新年广州人的风俗》顾良《紫姑在三林塘》	河北歌谣10塞北歌谣9	编者的话提倡方言文学
38	1937.3.13	王祥珩《广西南部民间情歌》		江苏歌谣5察哈尔歌谣7河北歌谣2河北儿歌2安徽民间俗曲（十杯酒）	通信於菟和编辑有关《言语的禁忌》的通信
39	1937.3.20	王祥珩《广西民间情歌（续）》	于道源译《童话型式表》林培庐《潮州梁祝故事的歌谣——呈钱南扬先生》	江苏儿歌4河北歌谣1江苏歌谣3	
40	1937.3.27	吴晓铃《关于"影戏"与"宝卷"及"潮州影戏"的名称》佟晶心《答吴晓铃先生关于"影戏"的问题》	于道源译《童话型式表》	安徽情歌4塞北歌谣10河北歌谣1	编者的话

期数	时间	研究文章1	研究文章2	歌谣、故事等选录	来件、启事等
三卷第一期 歌谣周年纪念号 胡适　《全国歌谣调查的建议》 周作人　《歌谣与名物》 朱自清　《歌谣与诗》 顾颉刚　《苏州近代乐歌》 葛孚英　《谈童话》 熊海平　《母歌实验谈》 徐芳　《数来宝里的"顺口溜"》 张为纲　《"张打铁"的研究》 魏建功　《歌谣采集十五年的回顾》					
2	1937.4.10	董作宾《"看见她"之回顾》吴世昌《除了"这里""那里"》	赵景深《关于大鼓》宋丕风《略谈我搜集歌谣的经过》		来件
3	1937.4.17	傅惜华《"绣荷包"考》李素英《读歌谣后所得的一知半解》	佟晶心《由灯歌说到秧歌》娄子匡《谈喇嘛之谣——序仓央底情歌》		通信叶德均与佟晶心关于"影戏"的通信来件
4	1937.4.24	李家瑞《十盃酒（俗曲）》			
5	1937.5.1	歌谣汇录《张打铁歌谣》			来件
6	1937.5.8	张寿林《踏歌》	佟晶心《军歌》	歌谣集录《水仙花》	通信叶德均和佟晶心关于影戏的通信

期数	时间	研究文章1	研究文章2	歌谣、故事等选录	来件、启事等
7	1937.5.15	吴晓铃《撒帐词》叶德均《明代撒帐歌抄》	张为纲《江西南昌的贺郎歌》宗丕风《塞北的新婚令》	江苏喜歌5	来件
8	1937.5.22	张寿林《再论踏歌》佟晶心《踏歌书后》	叶镜铭《我也谈谈搜集歌谣的经过》刘经庵《关于"看见她"》	江苏儿歌2浙江儿歌10河南儿歌12山东儿歌3	来件
9	1937.5.29	吴晓铃《杂谈"影戏"——兼答佟晶心先生》	固子《介绍"北平音系十三辙"》	广西山歌20贵州山歌10湖南山歌7	编者的话来件
10	1937.6.5	周丰一译《新民谣与古民谣——日本白鸟省吾原作》	叶德均《关于俗曲的流传演变——读俗曲小记》	安徽山歌13	纪事《风谣学会第一次年会纪事》来件
11	1937.6.12				
12	1937.6.19	赵焕篪《谈北平歌谣中的"儿"字》魏建功《谈"儿"赘说》	陈梦家《"风""谣"释名》	湖南儿歌4湖北儿歌4四川谜歌9	征题来件

期数	时间	研究文章 1	研究文章 2	歌谣、故事等选录	来件、启事等
13	1937.6.26	陶元珍《歌谣与民意》	徐芳《表达民意的歌谣》		启事"本刊在暑假中停刊,准备 9 月 4 日继续出版第十四期。如有稿件,请仍寄沙滩北大研究所文科研究所本会"。

《北京大学征集全国近世歌谣简章》①

一、本大学拟于相当期限内刊印左列二书：

1. 中国近世歌谣汇编；

2. 中国近世歌谣选粹。

二、其材料之征集用左列二法：

1. 本校教职员学生各就闻见所及自行搜集。

2. 嘱托各省官厅转嘱各县学校或教育团体代为搜集。

三、规定时间自宋以及于当代。

四、入选之歌谣当具左列各项资格之一：

1. 有关一地方、一社会或一时代之人情风俗政教沿革者；

2. 寓意深远有类格言者；

3. 征夫野老游女怨妇之辞，不涉淫亵，而自然成趣者；

4. 童谣谶语，似解非解，而有天然之神韵者。

五、歌谣之长短无定限。

六、歌谣之来历如左所限：

1. 不知作者姓名而自然通行于一社会或一时代中者；

2. 虽为个人著述，然确已通行于一社会或一时代中者。

七、寄稿人应行注意之事项：

1. 字迹贵清楚；如用洋纸，只写一面。

2. 方言成语当加以解释。

3. 歌辞文俗一仍其真，不加以润饰，俗字俗语亦不可改为官话。

4. 一地通行之俗字为字书所不载者，当附注字音，能用罗马字或

---

①《本会（北京大学歌谣研究会）征集全国近世歌谣简章》，《北京大学日刊》，1922 年 12 月 6 日，第 1—2 版。

phonetics 尤佳；

5. 有有其音无其字者，当在其原处地位画一空格如口，而以罗马字或 phonetics 附注其音，并详注字义，以便考证；

6. 歌谣通行于某社会、某时代，当注明之。

7. 歌谣中有关于历史地理或地方风物之辞句，当注明其所以；

8. 歌谣之有音节者，当附注音谱（用中国工尺、日本简谱或西洋五线谱，均可。）

9. 寄稿者当书明籍贯姓氏，以便刊入书中。

10 寄稿者当书明详细住址，将来书成之后，依所寄稿件多少，赠以"汇编"或"选粹"一部。

11. 稿件寄交"北京东安门内北京大学法科刘复收"，封面应写明"某省某县歌谣"，以便分类保存，且免与私人函件相混。

12. 稿件过多者，应粘订成册，挂号付寄。

八、此项征集，由左列四人分任其事：沈尹默主任一切，并编辑"选粹"；刘复担任来稿之初次审定，并编辑"汇编"；钱玄同、沈兼士考订方言。

九、来稿之合用与否，寄稿人当与本校以自由审定之权；

十、定民国八年六月三十一日为征集截止期，九年十二月三十一日为编辑告竣期，十年本校二十五周年纪念日为"汇编""选粹"两书出版期。

《北京大学歌谣研究会征集全国近世歌谣简章》

一、本会拟刊印左列二书：

1. 中国近世歌谣汇编

2. 中国近世歌谣选录

二、其材料之征集用左列三法：

1. 本校职教员学生，各就闻见所及，自行搜集。

2. 嘱托各省官厅，转嘱各县学校或教育团体，代为搜集。

3. 如有私人搜集寄示，不拘多少，均所欢迎。

三、规定时期，以当代通行为限。

四、寄稿人应行注意之事项：

1. 字迹宜清楚；如用洋纸，只写一面。

2. 方言成语，当加以解释。

3. 歌辞文俗，一仍其真，不可加以润饰，俗字俗语，亦不可改为官话。

4. 歌谣性质并无限制；即语涉迷信或猥亵者，亦有研究之价值，当一并录寄，不必先由寄稿者加以甄择。

5. 一地通行之俗字，及有其音无其字者，均当以注音字母，或罗马字母，或国际音标（international phonetic alphabet）注其音；并详注其义，以便考证。

6. 歌谣通行于某地方某社会，当注明之。

7. 歌谣中有关于历史地理，或地方风俗之辞句，当注明其所以。

8. 歌谣之有音节者；当附注音谱（用中国工尺，日本简谱，或西洋五线谱均可。）

9. 寄稿者当书明籍贯姓氏，以便刊入书中。

10. 寄稿者当书明详细住址，将来书成之后，依所寄稿件多少，赠以

"汇编"或"选录"。

11. 稿件寄交"北京大学第一院研究所国学门歌谣研究室"。

12. 稿件过多者，应粘订成册，挂号付寄。

五、来稿之合用与否，寄稿人当与本会以自由审查之权；

六、稿件如须寄还，来函中应声明之。

七、如有个人搜集某处或数处歌谣，已经编辑成书者；本会亦可酌量代印。

八、本会征集关于研究中国歌谣之书籍：

1. 无论古今

2. 不拘何国文字

3. 已经刻印者：或增或售，以及借阅，均可函商。

4. 未曾刻印者：须以挂号将稿寄下，阅毕亦以挂号奉还。

后 记

　　这部书稿是在我的博士论文基础上修改而成的，也融入了我在河南大学在读博士后的一些思考。

　　2015 年，我改变了原有的生活圈子和工作节奏，来北京中央民族大学攻读博士学位。那时，我在河南科技学院从事教学科研工作已近十年。为人妻母，家中独女，无论工作还是生活，都算得上安稳舒适。从这样一种人生阶段中抽离出来，全脱产地读几年书，对我来说，无异于物质和精神上的高级"奢侈品"，自然倍加珍惜。导师刘淑玲教授在业内以研究期刊《大公报》闻名。很信服那种从原始材料中生发文学问题的研究思路与范式，不虚，不空，言之凿凿。曾经教授《民间文学》和《现代文学》课程的经历使我将目光集中在《歌谣》周刊上。

　　最初的设想似乎很顺畅，但是当我真正面对这个刊物时，才发现它与我的想象相差甚远，其复杂难懂大大超出了我的预期。屡屡不懂的方言字词，各种不规范的标音符号，大量的堆垛式歌谣，因年代久远而模糊难辨的字迹……刊物从 20 世纪 20 年代持续至 30 年代，涉及新文学发展中的种种复杂重要的问题。而且，《歌谣》本是一份综合性文化刊物，文学之外，还有民俗、历史、语言等诸多学科的内容。千头万绪，关山难越。多少次，我坐在国家图书馆的缩微馆里，看得眼睛发酸、发红、流泪，也没有多少收获。我不禁打起了退堂鼓，怀疑自己是否能完成这样的博士选题，几次想放弃。刘老师得知后，告诉我研究期刊既要入乎内，又要出乎外。首重材料，但必须对材料背后的东西了然于心，才能明白它何以如此呈现。看我一趟趟地跑国家图书馆查看不方便，刘老师还拿出近两千元的经费帮助我把《歌谣》全部复印下来。上课期间，杨天舒老师同样对这个选题给予大力支持，认为它虽有难度，但很有研究的价值，希望我能坚持。有了老师们的鼓励，我克服了畏难心理，扩大了阅读范围，采取内—外—内的次序方法，先爬梳刊物，再扎实文学史，最后再回到期刊本身。不知熬了多少个夜晚，也记不清经历了多少次挫折重写，终于如期完成了毕业论文，基本捋清了以"歌谣"为代表的民间文艺渗入新文学建构的过程，并顺利通过了答辩。

感谢导师刘淑玲教授。论文从题目的确定、具体章节的撰写到最终的定稿，每个环节都离不开她的指导。她对论文要求非常严格，大到思路框架，小到字句表达乃至标点符号，都严谨斟酌，毫不马虎。论述的漏洞、表达的含混总能被她一眼看穿，惭愧的同时不得不佩服老师的水平和眼力，为我树立了师者的风范和榜样。同为女性，刘老师对我的生活和家庭也非常关心，有几次谈完论文，我们还聊起各自的父母、孩子，她的率真和温情让我强烈感受到一个女学者身上浓浓的人情味。

感谢解志熙教授，在我论文写作的过程中，他及时提出了一些建设性的意见，在为我授业解惑的同时，还给了我人格上的启迪。感谢徐文海教授、敬文东教授、杨天舒老师、冷霜老师、毕海老师、刘震老师。他们在开题时所提出的有价值的建议使我在论文思路的开拓、论题的深入方面受益颇多。

感谢贺桂梅教授、李新宇教授、李林荣教授、李双教授、钟进文教授、汪立珍教授在答辩时对我论文的肯定与鼓励，它对我今后的学术研究将产生积极的影响。感谢我的博士同学张梦瑶、王辰龙、杨碧薇，与他们在一起，让我又回到昔日的青春岁月，他们给予我的真诚帮助常令我感动不已；感谢我的硕士同学张东旭、杨烜、王晓丽，每当遇到写作的困难，我总是向他们各种"吐槽"，正是他们的倾听包容让我缓解了焦虑，获得了力量。感谢我的硕士导师曹书文教授一直以来对我的关心和鼓励。感谢河南科技学院中文系的领导和同事们，周全星、张东旭、王振军院长们对我的关照和帮助令人动容。这是一个年轻、鲜活又和谐、温暖的集体，我愿意用我的所学与她共同成长。

后记
HOUJI

285

感谢《河南师范大学学报》《社会科学家》《当代文坛》等刊物的支持，论文中的部分相关内容发表于此，向辛苦工作的编辑老师表示衷心感谢。

感谢我亲爱的家人。没有他们对我所做事情无条件的理解、支持、赞赏以及为此担负的家庭重任，我是无论如何也不可能完成学业和书稿的写作的。一句致谢的话无以表达我对他们的爱与歉意，只有日后加倍回报。

博士毕业后回到河南科技学院继续工作。历经三载，"歌谣"就像生命中不可分割的一部分，虽然只能在纸上凝视它们，却好像时时响彻耳畔一样，同时，也迫切感到关于"歌谣"的问题还需继续思考。

感谢武新军教授。2018年底我有幸到河南大学"中国语言文学"博士后站，跟随武老师继续学习和研究。他对我的博士论文给予肯定的同时，还提供了新的研究思路与视角，建议将研究视域扩展到延安文艺乃至十七年当中，在一个更长的历史时段看待"歌谣"，可能将《歌谣》周刊、"歌谣"运动的潜在影响乃至历史局限看得更为清楚。武老师关于20世纪中国文艺传播中的"人民性"问题研究的系列文章也让我深受启发。

2019年，利用周末和假期，我几次去了河南新县、商城县、桐柏县、确山县等第二次国内革命战争时期的鄂豫皖红色根据地，走访了中原的一些革命遗址、革命教育基地，采访了当地的老红军及家人。在商城，听到当地老乡深沉的哼唱"八月桂花遍地开，鲜红的旗帜竖呀竖起来，张灯又结彩啊，张灯又结彩啊，光辉灿烂闪出新世界。亲爱的工友们呀，亲爱的农友们呀，唱一曲国际歌，庆祝苏维埃……"在确山，一位年逾九旬的老妇手拿鲜红的《毛主席语录》，向我娓娓讲唱一首首动人的红色歌谣"哥哥当红军，妹妹家中等，不到翻身不见面，不得自由不结婚""红旗滚滚过山来，日子过好要土改，农民收回自己地，新天新地重安排。日头一出鸡冠红，领路人是毛泽东，我们跟着共产党，世世代代享太平……"

望着这些最普通的大众百姓，听着他们从心底唱出的歌谣，我不禁百感交集，感慨万千，意识到："歌谣"的生命力正是存在于这些亿万"人民"之中，它承载着厚重的历史云烟，既记载着生命个体的悲欢离合，又体现着民族国家的坚韧乐观，是我们民族历史记忆的重要体现。"歌谣"

的魅力绝不仅存在于田野乡间，也绝不止于书斋知识分子的学术研究对象，相反，它存在于最广大人民的口耳之中，在现当代中国的历史舞台上有着不可替代的重要作用。可以说，"歌谣"中蕴含着深刻的"人民性"，以它为代表的民间文艺始终都是近现代中国形塑自己成为伟大民族国家的符码。

我深刻地意识到以往自己研究的局限，意识到只有走出文本，结合社会，真正接触唱着"歌谣"的人民，把文章写到祖国的大地上，才可能去理解"歌谣"文化的魅力。2019年金秋，学院承办了"中华文学史料学会近现代史料学分会第四届学术年会"，全国各地的专家学者云集新乡，我有幸请教了孙先科教授、徐希平教授等，向他们谈及了我的研究思路和方向，得到了老师们的鼓励和肯定。

在师友们的帮助影响下，我也在一点点地进步成长，尝试申请了河南省博后科研项目《"歌谣"与新文学的"人民性"研究》，成功获批一等资助；中国博士后第67批面上项目《延安文艺"人民性"建构的形式机制与美学阐释》获得二等资助，河南省哲学社会科学规划项目《延安文艺"人民性"建构的传统民间资源向度研究》与河南省软科学项目《河南红色歌谣的搜集整理与推广传播研究》也先后申请成功，这些坚定鼓励了我以新的思路研究歌谣的信心。我将这些新的不成熟的思考整理成文融入书稿中，其中的稚嫩、单薄权当一段时间阅读的痕迹吧，让它时时提醒我：这本小书绝不是结束，而是新的研究的开始。

写作的过程中，我愈发喜欢上了承载生命个体悲欢与民族国家力量的"歌谣"，她们让我感动，让我走出象牙塔，听到乡土中国的亲切回声，看到中国人民的坚韧精神。我想我仍然会在歌谣研究这条道路上继续走下去，在历史中触摸她的脉搏，在人民中聆听她的声韵，在文学中感受她的魅力，并努力去探寻她在当代中国社会生活的光彩。

张　敏

2020 年 6 月于河南新乡

后记
HOUJI